Hercule Florence em quatro tempos

Leituras cruzadas em textos e imagens

Hercule Florence em quatro tempos

Leituras cruzadas em textos e imagens

Maria de Fátima Costa
Jacques Leenhardt
Antonio Herculano Lopes
Chiara Vangelista

alameda

Edição: Haroldo Ceravolo Sereza & Joana Monteleone

Projeto gráfico, diagramação e capa: Ana Júlia Ribeiro

Assistente acadêmica: Tamara Santos

Revisão: Alexandra Colontini

Imagens da capa: Hercule Florence : As três horas da tarde, Céu de S. E. 1832 [CHF 258-acervo IMS].

CIP-BRASIL. CATALOGAÇÃO NA PUBLICAÇÃO
SINDICATO NACIONAL DOS EDITORES DE LIVROS, RJ

H464

Hercule Florence em quatro tempos : leituras cruzadas em textos e imagens / Maria de Fátima Costa ... [et al.]. - 1. ed. - São Paulo : Alameda, 2023.
292 p. ; 21 cm.

Inclui bibliografia
ISBN 978-65-5966-228-9

1. Florence, Hércules, 1804-1879. 2. Fotógrafos - Biografia - França. 3. Fotografia - Brasil. I. Costa, Maria de Fátima.

CDD: 770.92
23-87078 CDU: 929:77

Meri Gleice Rodrigues de Souza - Bibliotecária - CRB-7/6439

ALAMEDA CASA EDITORIAL
Rua 13 de Maio, 353 – Bela Vista
CEP 01327-000 – São Paulo, SP
Tel. (11) 3012-2403
www.alamedaeditorial.com.br

Sumário

Nota dos autores

Os ensaios que compõem este livro são fruto de um diálogo entre os seus autores no espírito do Clíope, grupo internacional de pesquisa que por mais de uma década, movido em grande parte por iniciativa da historiadora Sandra Jatahy Pesavento (1946-2009), produziu trabalhos colaborativos no campo das relações entre a história e a literatura. Sandra foi uma pioneira da história cultural no Brasil e uma articuladora de redes internacionais que, desde os anos 1990, produziram uma perspectiva inovadora nas humanidades, na esteira das discussões entre o moderno e o pós-moderno, reunindo contribuições da filosofia, da linguística, da antropologia, da sociologia, da crítica literária e artística, entre outras disciplinas.

O Clíope começou a produzir textos colaborativos já em meados dos anos 1990 e teve várias conformações, envolvendo intelectuais brasileiros e europeus. A partir de uma reunião em Roma, em 2001, ganhou certa estabilidade e buscou produzir uma nova obra a cada dois anos, sendo desse período livros sobre Érico Veríssimo, Sérgio Buarque de Holanda, Gilberto Freyre e viajantes franceses no Brasil (em particular, Debret e Ferdinand Denis).[1]

Depois da morte de Pesavento em 2009, houve algumas tentativas de reorganizar o grupo, que acabou obtendo a conformação atual, primeiro com uma reunião em Gênova, em 2016, quando decidimos (Jacques Leenhardt, Chiara Vangelista e Antonio Herculano Lopes) escolher Hercule Florence como nosso objeto de investigação. Em seguida, com a incorporação de Maria de Fátima Costa, em 2017, no Rio de Janeiro. O personagem, misto de artista plástico, inventor e narrador de si e de suas empreitadas, nos levou a uma mudança de nome. Assim, o espírito de Clíope (musa mestiça de Clio e Calíope) renasceu no Clióptico, como jocosamente batizamos o novo momento do grupo, ao trazer também a imagem para o centro das nossas atenções.

Florence já vinha sendo objeto de interesse acadêmico, sobretudo pelo pioneirismo de suas investigações em torno da fotografia e de outros métodos de fixação da imagem, assim como por seu papel central na documentação visual e literária da expedição Langsdorff. Também atraiu a atenção dos estudiosos seu método de registro da voz dos pássaros, a que chamou de zoofonia, e a importante documentação visual que produziu da paisagem em transformação do interior paulista, num momento em que a cafeicultura substituía os canaviais na região em torno da então São Carlos de Campinas. Fiéis à proposta original de Clíope e sua afi-

1 Pesavento, Sandra Jatahy; Leenhardt, Jacques; Chiappini, Ligia; Aguiar, Flávio (org.). *O romance da história*. São Paulo: Nova Alexandria, 2001; Pesavento, Sandra Jatahy (org.). *Um historiador nas fronteiras*: o Brasil de Sérgio Buarque de Holanda. Belo Horizonte: UFMG, 2005; Dimas, Antonio; Leenhardt, Jacques; Pesavento, Sandra Jatahy (org.). *Reinventar o Brasil*: Gilberto Freyre entre história e ficção. Porto Alegre: UFRGS; São Paulo: USP, 2006; e Leenhardt, Jacques (org.). *A construção francesa do Brasil*. São Paulo: Hucitec, 2008.

liação às perspectivas de análise oferecidas pela história cultural, interessavam-nos em particular as representações sobre si mesmo de nosso personagem. Para tanto, contávamos com os volumosos escritos autobiográficos guardados no Instituto Hercule Florence, de São Paulo.

Uma terceira reunião do grupo em Roussillon, no sul da França, permitiu-nos chegar ao desenho do produto final, com a personalidade intelectual de cada um refletida no seu recorte, mas com os conteúdos se beneficiando do intenso diálogo no grupo. Esse método de operar resulta numa rede de referências internas, explícitas ou não, que põe os textos em interlocução e confronto entre si, enquanto fruto de discussão, pesquisa e trabalho coletivo. Agora, colocamos o resultado desse prazeroso exercício à disposição dos leitores que, como nós, se sintam atraídos por Hercule Florence, figura múltipla de intelectual, artista e cientista, saído da pequena Mônaco europeia e, depois de muitas peripécias, radicado na pequena São Carlos, do interior da América do Sul.

À Sandra, que "te partiste tão cedo desta vida descontente", nosso eterno carinho.

Maria de Fátima Costa
Jacques Leenhardt
Antonio Herculano Lopes
Chiara Vangelista

Sobre as fontes manuscritas

Uma dificuldade que encontramos na pesquisa sobre Hercule Florence é que sua abundante produção de diários, cadernos de trabalho, estudos, projetos de publicação, anotações de pensamentos e outros gêneros de escritas de si foi realizada ao longo de mais de 50 anos, misturando tais gêneros, realizando diversas versões do mesmo texto, na maior parte do tempo sem datar cada nova entrada. Os manuscritos autógrafos que chegaram a nós estão espalhados em vários acervos em diferentes países, nem todos com acesso facilitado. Nesse sentido, devemos fazer um agradecimento muito especial ao Instituto Hercule Florence (IHF), em São Paulo, em particular ao seu criador e presidente, Antonio Florence, e à sua diretora, Francis Melvin Lee, que sempre nos franquearam todo o acervo da instituição e se propuseram a nos ajudar com o que estivesse ao seu alcance.

Abaixo, listamos as fontes primárias que consultamos, com destaque para os manuscritos autógrafos de Florence, além de outros referentes a ele e mesmo fontes indiretas, que permitiram uma leitura mais precisa do personagem. A forma abreviada como esse conjunto de fontes é citado nesta publicação, tendo em vista eventuais dificuldades com a datação e questões de ordem prática, é referida entre colchetes. Os manuscritos que o IHF possui foram transcritos em trabalho de excelente qualidade de Thierry Thomas, historiador belga, e cedidos a nós em arquivos digitais.

Manuscritos autógrafos

FLORENCE, Hercule. *Voyage dans l'intérieure du Brésil, fait par le soussigné, en qualité de Dessinateurs de M^{r} le Chevalier de Langsdorff, Naturaliste et Consul Général de Russie au Brésil. Années 1825-1826-1827-1828 et 1829*. Manuscrito com 244 páginas. Coleção Cyrillo Hercule Florence, São Paulo, Brasil. Inventário: de 2528-hf a 2771-hf. [Voyage I, 1825-1829].

FLORENCE, Hercule. *Esquisse pittoresque du voyage de Porto-Feliz a Cuyabá et explication de dessins ci-joints*. Manuscrito. Arquivo da Academia das Ciências de São Petersburgo, São Petersburgo, Rússia. Fundo 63, inventário 1, n. 35, folhas 1-5, verso. [Voyage II, 1825-1829].

FLORENCE, Hercule. *Continuation de l'esquisse du Voyage de M. de Langsdorff dans l'intérieure du Brésil depuis 7bre 1825 jusqu'en Mars 1829. Par le 2-ème Dessinateur de ce Voyage Hercule Florence. Livre deuxième*. Arquivo da Academia das Ciências de São Petersburgo, São Petersburgo, Rússia. Fundo 63, inventário 1, n. 8, folhas 1-70. [Voyage III, 1825-1829].

FLORENCE, Hercule. *Expédition au Brésil de la mission russe du commandant Langsdorff (1824-1829)*. Album de croquis dessinés par Hercule de Florence. Manuscrito com 134 páginas com desenhos aquarelados. Bibliothèque Nationale de France, Paris, França. FRBNF40363343. Disponível em: <https://gallica.bnf.fr/ark:/12148/btv1b84511196/f93.double>. Acesso em: 6 set. 2019. [VOYAGE IV, 1825-1829].

FLORENCE, Hercule. *Livre d'annotations et de premiers matériaux*. Manuscrito com 171 folhas escritas na frente e no verso e numeradas apenas na frente, mais duas folhas no início, não numeradas. Instituto Hercule Florence, São Paulo, Brasil. [Diário I, 1829-1836].[1]

FLORENCE, Hercule. *2me. livre de premiers matériaux, pour le livre intitulé: Recherches et découvertes sur différents sujets nouveaux, par un ami des arts, livré à lui-même pendant .... années de résidence dans l'intérieur du Brésil.* Manuscrito com 185 páginas numeradas em frente e verso, mais folha de rosto. Instituto Hercule Florence, São Paulo, Brasil. [Diário II, 1836-1840].[2]

FLORENCE, Hercule. *3me. livre de premiers matériaux, pour le livre intitulé: L'ami des arts livré à lui-même pendant .... années de résidence dans l'intérieur du Brésil.* Manuscrito com 115 páginas numeradas em frente e verso, mais folha de rosto. Instituto Hercule Florence, São Paulo, Brasil. [Diário III, 1840-1860].

FLORENCE, Hercule. *L'ami des arts livré à lui même (ou Recherches et découvertes sur différents sujets nouveaux).* Manuscrito com 423 páginas numeradas em frente e verso, mais folha de rosto. Instituto Hercule Florence, São Paulo, Brasil. [LADA, 1837-1859].[3]

1 Por alguma razão, em torno de 1855, quando do nascimento de seu primeiro filho com Carolina, Hercule decidiu aproveitar o espaço em branco ao final desse seu livro de anotações e fez um balanço de todos os 13 filhos nascidos de Angélica, com data e hora de nascimento e, quando foi o caso, data, hora e condição em que morreu. As folhas não numeradas no início do manuscrito incluem, além da página de rosto, anotações datadas de dezembro de 1829, quando Florence tinha acabado de chegar em São Carlos (Campinas), a respeito de cores e de produções pictóricas suas.

2 Em 1859, portanto também em data posterior ao suposto encerramento desse segundo livro de anotações, Florence adicionou uma folha na frente do manuscrito, falando de sua descoberta e paixão pela pintura "*à l'huile incrusté*".

3 O manuscrito se encontra publicado desde 2018 pelo IHF, em edição de luxo, restrita a 300 exemplares, portanto de difícil acesso público. Nós tra-

FLORENCE, Hercule. *L'inventeur au Brésil: Correspondances et pièces scientifiques*. Manuscrito com 170 páginas numeradas em frente e verso, mais folha de rosto. Instituto Hercule Florence, São Paulo, Brasil. [Correspondances, 1862-1879].

Fontes diretas ou indiretas sobre Hercule Florence

Arquivo Nacional, Rio de Janeiro. *Registro de estrangeiros*. Arquivo Nacional do Rio de Janeiro (ANRJ), Rio de Janeiro, Brasil, col. 423, livro 1. [ANRJ].

Archivio Storico dell'Accademia delle Scienze di Torino. *Registro dei pareri su richieste di privilegio dal 1816 al 1855*. Accademia delle Scienze di Torino, Archivio Storico Istituzionale (Asast), Turim, Itália, cat. 1, invent. 1966-1967. [ASAST, 1816-1855].

Archivio Storico dell'Accademia delle Scienze di Torino. *Richieste di privilegio della Reale Accademia delle Scienze di Torino*. Accademia delle Scienze di Torino, Archivio Storico Istituzionale, Turim, Itália, n. 276-518 (1835-1848). [ASAST, 1835-1848].

Archivio Storico dell'Accademia delle Scienze di Torino. *Attività Scientifica*. Accademia delle Scienze di Torino, Archivio Storico Istituzionale, Turim, Itália, cat. 5, classe III, mazzi 165, 166, 167, 168. [ASAST].

Archivio Storico dell'Accademia delle Scienze di Torino. *Regia Segreteria di Stato per gli Affari dell'Interno*. Accademia delle Scienze di Torino, Archivio Storico Istituzionale, Turim, Itália, divisione 3. [ASAST].

Archivio Storico dell'Accademia delle Scienze di Torino. *Registro delle relazioni dei deputati...* Accademia delle Scienze di Torino,

balhamos, como dito acima, com arquivos digitais tanto fac-similares do próprio manuscrito quanto da transcrição realizada por Thierry Thomas.

Archivio Storico Istituzionale, Turim, Itália, cat. 5, classe III, mazzo 165. [ASAST].

Archivio di Stato di Torino. *Consolati Nazionali, Rio de Janeiro, 1834-1859*. Archivio di Stato di Torino (Asto), Turim, Itália. [ASTO, 1834-1859].

Instruktion für den Maler, welcher nach Brasilien gehen soll, s/d [1818?]. Manuscrito. Bayerische Akademie der Wissenschaften (BAW), Munique, Alemanha. Acervo Martius. [BAW, 1818?].

KARWINSKY, W. F. von. *Mémoire concis sur une Expédition scientifique dans l'Amérique Méridionale* (25.10.1815). Manuscrito. Bayerische Akademie der Wissenschaften, Munique, Alemanha. Acervo Martius. [KARWINSKY, 1815].

LANGSDORFF, G. H. von. *Carta de Langsdorff a K. V. Nesselrode em 30 de agosto de 1825* (rascunho). Manuscrito. Arquivo da Academia das Ciências de São Petersburgo, São Petersburgo, Rússia. Fundo 63, inventário 2, n. 46, folha 26-27, verso. [LANGSDORFF, 1825].

LANGSDORFF, G. H. von. *Carta de Langsdorff a destinatário não identificado, sem data* [1825?]. Manuscrito. Arquivo da Academia das Ciências de São Petersburgo, São Petersburgo, Rússia. Fundo 63, inventário 1, n. 46, folha 121. [LANGSDORFF, 1825?].

LANGSDORFF, G. H. Von Langsdorff. *Os diários de Langsdorff. Mato Grosso e Amazonas.* Utilizo a transcrição a partir da cópia datilografada guardada nos arquivos da Fundação Oswaldo Cruz /Fiocruz, Rio de Janeiro, p. 16-17.

TAUNAY, Aimé-Adrien. *Carta de Taunay a Langsdorff*, 12 de abril de 1827. Manuscrito, AACSP, Fundo 63, inventário 1, n. 41, folhas 10-11.

Prefácio
Muitas vidas, muitos mundos: Hercule Florence, mediador cultural

Márcia Abreu

Quantas vidas pode viver um homem?

Se esse homem for Hercule Florence, a resposta é: várias e diversas.

No começo do século XIX, ele foi um viajante que percorreu o interior do Brasil por quatro anos. Ser viajante, naquele período, era ser um misto de aventureiro, cientista e desbravador. No caso de Florence, a esses papeis se somava o de artista, o que significava registrar pictograficamente aspectos da fauna e da flora, das pessoas e dos locais por onde passou a expedição.

Tempos depois, viveu vida de fazendeiro produtor de café em uma cidade do interior da província de São Paulo. Foi dono de escravos, mas também empenhou-se em levar colonos suíços livres para trabalhar em suas terras, em tentativa de substituição da mão de obra escravizada.

Viveu vida de político e jornalista, como fundador de um periódico revolucionário, intitulado *O Paulista*, no qual trabalhou ao lado do padre Feijó. Sua militância junto aos liberais, assim como o jornal, não tiveram longa duração, mas deixam evidente sua conexão com membros relevantes das chamadas Revoltas Liberais de 1842.

Mais profícua foi sua vida como administrador de estabelecimento de ensino e professor. Ao lado de sua segunda esposa, Carolina Florence, fundou o Colégio Florence para Moças, em Campinas, uma escola bastante avançada para a época.

Ele teve, também, uma existência de inventor, bem sucedido na criação da técnica da fotografia e da impressão com base em resina, denominada poligrafia, mas mal sucedido no reconhecimento de seus inventos, desenvolvidos mais ou menos simultaneamente na Europa, lá reconhecidos e incorporados aos avanços da civilização.

Viveu vida familiar, iniciada em um núcleo pobre de Mônaco, e terminada no interior do Brasil, como um próspero fazendeiro, após dois casamentos e 20 filhos.

Em quantos mundos pode viver um homem?

Se esse homem for Hercule Florence, a resposta novamente é: vários e diversos.

Ele nasceu em Nice, em 1804, e permaneceu na região até os 16 anos de idade. O condado de Nice era ligado ao reino da Sardenha, mas seu passaporte foi expedido pelo principado de Mônaco, onde seus pais haviam se estabelecido. Nas escolas do principado ensinava-se francês e italiano, após idas e vindas na relação com a França e com a Sardenha. Assim, já na infância, ele transitava entre condados, principados e reinos, o que se intensificou quando embarcou como faz-tudo em um navio que o levou à Antuérpia. Desventuras diversas e a impossibilidade de obter o emprego almejado, fizeram com que ele tivesse que retornar à sua casa pouco tempo depois, por terra, atravessando a França até chegar em Mônaco. Percorrendo um território que era possível atravessar a pé (com algum esforço, é verdade), o jovem Florence transitava entre diferentes línguas e culturas, num período em que os movimentos nacionalistas apenas começavam a aflorar.

Pouco anos depois, embarcou para o Brasil, onde acabou sendo contratado por uma expedição russa comandada por G. H. von Langsdorff. Dentro de um único país, havia mundos diversos como a Amazônia, o Mato Grosso e o Rio de Janeiro. Mundos distantes e de difícil acesso, em lombo de mula ou em embarcações fluviais, com populações esparsas e falantes de distintas línguas nativas. Uma única expedição, como a de Langsdorff, podia conter em seu interior distintos mundos profissionais, étnicos e culturais. Nela conviviam um zoólogo e um desenhista franceses, um botânico e um artista alemão, um astrônomo e um capitão russos, tropeiros mestiços, guias indígenas e africanos escravizados aos quais cabia todo tipo de função, como remeiros, carregadores e caçadores. A expedição era uma pequena Babel, em que coexistiam línguas indígenas e africanas ao lado de idiomas como o francês, o russo, o alemão, o português, o que tornava a comunicação particularmente difícil, uma vez que poucos eram verdadeiramente bilíngues.

O trânsito entre diferentes mundos permaneceu após o retorno da expedição e o estabelecimento de Florence no interior de São Paulo, onde casou-se com Maria Angélica Álvares Machado de Vasconcelos, filha de um médico de província que se tornaria importante político paulista. Região da expansão do café, a mão de obra onipresente nas fazendas era composta por escravizados, oriundos de diferentes partes da África, e por seus filhos, nascidos no cativeiro, muitas vezes do contato entre pessoas de povos e culturas distintos.

Casou-se, em segundas núpcias, com uma tedesca, educada na Alemanha e na Suíça, e chegada ao Brasil apenas dois anos antes, com seus pais e quatro irmãos, que, como ela, tinham pouca familiaridade com a cultura brasileira.

A Babel em que viveu desde a infância fazia com que, em algumas ocasiões, misturasse o português e o francês, como ocorreu ao escrever um poema sobre as cascatas do rio Tietê: "Et dans un moment d'enthousiasme, je me suis écrié : Avanhandava! Ainda vejo e admiro". Do francês ao tupi, do tupi ao português, o entusiasmo diante da natureza brasileira.

Tantas vidas e tantos mundos caracterizam os *passeurs culturels,* ou mediadores culturais, aqueles capazes de transitar por diferentes lugares e culturas, favorecendo a circulação de ideias e as transferências culturais, seja entre grupos sociais diversos, entre comunidades linguísticas variadas, seja entre distintas nações. Atravessando fronteiras – físicas, sociais ou culturais – o mediador favorece os encontros e as trocas, a partir dos quais pessoas e povos se transformam e dos quais ele próprio sai modificado.

O diálogo intercultural fica evidente na pluralidade de línguas e dialetos com os quais Florence conviveu ao longo da vida. Em sua região de origem, falava-se o italiano, o francês, o niçardo, o monegasco, o lígure; na escola, aprendeu a ler e escrever o francês e o italiano. Na expedição Langsdorff havia quem falasse francês, alemão e russo, além de um sem-número de línguas africanas e indígenas. Contariam eles com um "língua", como Gomes de Santo Estevão, que era capaz de se comunicar nas "sete partes do mundo", como se descreve no *Acto do infante d. Pedro de Portugal, o qual andou as sete partidas do mundo*? Certamente, pois sem um tradutor, o mediador por excelência, a comunicação entre tantos grupos seria praticamente impossível. Em sua vida familiar no Brasil, Florence também transitava entre línguas, principalmente o francês e o português, em seus múltiplos dialetos, já que, em suas primeiras núpcias casou-se com uma brasileira, filha de brasileiros há muitas gerações. Em seu segundo casamento, é mais provável que falasse francês, pois sua esposa, assim como os pais e irmãos dela haviam chegado ao Brasil apenas poucos anos antes. Os seus 16 filhos que foram além da tenra infância transitavam entre o alemão, o francês e o português para poder se comunicar com os parentes e para desenvolver seus estudos, iniciados no Brasil e concluídos, em sua maior parte, na França e na Alemanha. Em uma época de constituição de nacionalidades, Florence falava e escrevia sobretudo em francês, mas julgava-se italiano, mais especificamente, sardo. Língua e cultura caminham juntas, portanto o simples rol de línguas com as quais Hercule Florence manteve estreito contato revela o ambiente pluricultural em que viveu e no qual agiu.

A expedição Langsdorff é outro exemplo claro de mediação cultural. Patrocinada pelo czar Alexandre I, da Rússia, e apoiada pelo imperador Pedro I, do Brasil, tinha por objetivo estreitar relações comerciais entre os dois países e realizar descobertas científicas, ampliando o conhecimento da geografia, da fauna e da flora brasileiras. A construção e a consolidação de alianças externas eram decisivas em um momento de criação de estados nacionais. Assim a expedição tinha o objetivo de favorecer a inserção do Brasil no contexto político e diplomático internacionais. Além disso, o conhecimento produzido pelos membros da expedição passaria a fazer parte da cultura comum a partir da publicação de textos e desenhos, bem como da divulgação de informações sobre espécies animais e vegetais. Estima-se que, durante a expedição, tenham sido coletadas em torno de 100 mil espécies de plantas. Parte desse material ficou no Brasil, parte foi enviada à Rússia em uma colaboração que permitiu o conhecimento de aproximadamente 15% da flora brasileira. O material coletado pela malograda expedição, encerrada prematuramente pelo adoecimento da maior parte da equipe, foi encaminhado à Rússia e passou a fazer parte de seus acervos históricos e botânicos. Pouco importa que a documentação lá conservada só tenha sido processada e estudada um século mais tarde: os dados recolhidos aproximaram os dois lados do planeta e o tornaram mais conhecido. A expedição contribuiu também para criar um imaginário sobre os povos que viviam no Brasil ao produzir e difundir gravuras que os retratavam em textos e imagens – especialmente as elaboradas por Johann Moritz Rugendas, que as publicou à revelia de Langsdorff . Concebidos a partir de um olhar europeu, seus trabalhos contribuíram para criar estereótipos segundo os quais a natureza brasileira seria exuberante e generosa, enquanto os grupos humanos, especialmente os indígenas e os escravizados, seriam preguiçosos, ignorantes e sensuais. Sua incessante reprodução em livros didáticos perpetuou uma visão sobre o passado plasmada por esses mediadores culturais que nem sempre compreendiam bem o que viam e ouviam, mas tudo interpretavam segundo os valores forjados em seus lugares de origem.

Finda a expedição, Hercule Florence aproximou-se do cotidiano de fazendeiros e políticos do interior paulista, onde predominava a escravidão como principal força de trabalho. Tornando-se ele próprio um fazendeiro escravista, produtor de café no interior de São Paulo, teve de lidar com aquilo que tanto o incomodara ao desembarcar no Brasil pela primeira vez. Logo à chegada, "entristeceu-se" ao ver uma "população variada de brancos, negros e mulatos de todas as gradações", como anotou em seu diário, intitulado *L'ami des arts livré à lui-même ou recherches et découvertes sur différents sujets nouveaux*, iniciado em 1849. Nesse mesmo momento, horrorizou-se ao ver que "um negro amarrado ao pelourinho era açoitado" a poucos passos de uma igreja em cuja fachada se lia "Charitas". A situação fez com que ele começasse a "amaldiçoar um povo que afetava a caridade e que açoitava os negros". Talvez esse sentimento o tenha levado a buscar famílias suíças pobres para trabalhar em sua propriedade. Entretanto, não levou a substituição de mão de obra adiante, desistindo de recorrer à imigração europeia e mantendo escravos até sua própria morte, quando, ao contrário do que ocorria muitas vezes, não os alforriou, legando-os em herança a seus filhos. Os efeitos da mediação cultural nesse caso se deixam ver com clareza, pois Florence agiu sobre o meio em que se encontrava, rejeitando inicialmente a escravidão e tendo participação ativa nos contatos econômicos e culturais com a Europa ao favorecer a imigração de suíços. Mas o meio familiar e social também atuou sobre ele, fazendo com que incorporasse a escravização de pessoas à sua rotina, tanto nas plantações como no interior de sua própria casa. Possivelmente, o contato estreito com outros fazendeiros e com os parentes de sua primeira esposa o tenham convencido de que essa era a melhor maneira de manter uma fazenda produtiva.

Em seu segundo casamento manteve escravos em casa. Não sabemos o que sua esposa alemã, seus pais e irmãos pensavam sobre serem servidos por pessoas privadas de liberdade. Mas sabemos que Carolina Florence tinha ideias avançadas sobre educação, principalmente de mulheres, e colocou-as em prática ao fundar o Colégio Florence para Moças. Diferentemente do que ocorria em boa parte das escolas, o ensino ali não se limitava à instrução religiosa e ao cuidado da família, mas voltava-se para a formação de repertório para vida em sociedade e para participação na cultura erudita. Também contrariando as práticas comuns naquele momento, Carolina Florence era uma mulher que recebeu formação em nível superior. Em seus estudos na Europa, conheceu o método Pestalozzi, que propugnava uma formação não apenas intelectual, mas também física e moral, por meio do chamado método intuitivo, que aliava os sentidos e a experiência à aquisição de conhecimento. Diversamente do que ocorria com suas contemporâneas de mesma condição social, ela exercia atividades remuneradas, primeiro como professora, na Alemanha, e depois como diretora pedagógica de um colégio no Brasil. Era uma pessoa altamente instruída e interessada no desenvolvimento intelectual das mulheres. A perspectiva inovadora adotada em sua escola não se limitou à seleção de matérias e leituras. Mais radical foi a composição do corpo docente: contando com mestres vindos de diferentes partes do mundo, havia tanto professoras mulheres, como era comum em colégios para garotas, mas também diversos homens para ministrar as mais variadas disciplinas, entre eles Hercule Florence. O casal Florence e seu colégio são um bom exemplo de mediação cultural, pois ambos, assim como o método Pestalozzi, seguramente se modificaram pelo contato com professores oriundos de diversas partes e com garotas brasileiras e sua cultura. Ao passar pelo colégio, meninas tiveram sua experiência de vida transformada e, é provável, modificaram também o cotidiano de seus familiares.

Hercule Florence, ao longo de seus 75 anos, conheceu paisagens, encontrou pessoas, viveu situações e experenciou culturas que muitos mal seriam capazes de imaginar. Modificou os vários mundos pelos quais passou e foi por eles modificado. Um verdadeiro mediador cultural.

As várias facetas de Hercule Florence são detalhadamente examinadas neste livro. A questão da identidade nacional foi estudada em profundidade por Chiara Vangelista no capítulo "Hercule Florence, migrante". Maria de Fátima Costa, em

"Hercule Florence, artista-viajante", examinou minuciosamente as diversas representações realizadas por Hercule Florence sobre si mesmo e sobre o Brasil no período em que participou da expedição Landsdorff. O capítulo "Hercule Florence, a tentação do romance" analisa em detalhe textos escritos, reescritos e reelaborados constantemente por Florence, compreendidos por Jacques Leenhardt como um "quase romance" no qual se faz uma reflexão sobre a própria trajetória. Parte desse material foi também meticulosamente estudado por Antonio Herculano Lopes, sob a perspectiva da análise de ideias-força e construções ideológicas presentes na escrita de si, no capítulo "Hercule Florence e o século".

Este livro é, certamente, uma contribuição notável não apenas para o conhecimento dessa personalidade singular, mas também para a compreensão das formas pelas quais pessoas, ideias, textos e imagens circulavam no mundo no século XIX.

Hercule Florence, migrante

Chiara Vangelista

Hercule Florence entre biografia e história

Hercule Florence é um personagem multifacetado, cuja trajetória pode ser estudada em diferentes perspectivas, na sua atividade de desenhista, de pintor, de viajante, de inventor, de criador da palavra *photographie*, de ativista político. Entretanto, tomado cada aspecto individualmente, o perfil do artista perde nitidez, parece não possuir aquelas características que geralmente se consideram dignas de um trabalho histórico monográfico.

Florence foi desenhista na prestigiosa e promissora expedição Langsdorff e seu trabalho foi apreciado pelo chefe da expedição; porém sua produção – como, aliás, estava estabelecido em contrato – consistiu principalmente em realizar apontamentos visuais, ainda que pormenorizados, e não alcançou o acabamento profissional que seus contemporâneos apresentaram. Também foi pintor; no entanto, quase que autodidata, tendo na sua experiência poucas aulas de pintura e de desenho, e nunca em um curso oficial de belas-artes. Foi inventor, todavia não conseguiu em vida o reconhecimento das academias científicas, tanto na Europa como no Brasil, e foi esquecido após sua morte. Foi o primeiro a escrever a palavra *fotografia*, mas, como ele mesmo afirmou, não praticou essa técnica.[1] Por fim, dedicou-se à política, contudo, à sombra de seu sogro e ao mesmo tempo em conflito com ele.

Apesar de tudo isso, e talvez justamente por isso, Hercule Florence é, na sua atuação e até na sua própria vida, uma figura importante e emblemática do Brasil do século XIX. Como um náufrago mergulhado nas solidões do interior do Brasil, ele nos enviou várias *mensagens na garrafa* – solidão que de fato não foi tanta, porque ele fez parte de uma ampla rede de relações: sociais, familiares e políticas.

Os historiadores podem estudar Hercule Florence graças a muitas redescobertas e a um legado. O descobridor foi Alfredo d'Escragnolle Taunay, que tomou conhecimento do diário de viagem escrito por Hercule Florence. A expedição Langsdorff foi causa de luto da família Taunay, pela morte de Aimé-Adrien Taunay, falecido aos 25 anos, em 5 de janeiro de 1828, afogado nas águas do Guaporé, durante a expedição, na qual havia sido contratado como primeiro desenhista.[2] Alfredo, homem de armas, mas sobretudo aristocrata romântico, político e autor de música e de relatos fundamentais sobre a Guerra do Paraguai, apadrinhou Hercule em homenagem ao tio tragicamente falecido. De fato, ter-

1 É provável que a palavra *photographie* tenha nascido das conversas de Florence com o farmacêutico Joaquim Correia de Mello (1816-1877), que trabalhava em Campinas e que o ajudou em suas primeiras experiências científicas. Ver Correspondances, p. 103: "Em 1832 tive a ideia de imprimir pela ação da luz sobre o nitrato de prata; o Sr. Corréa-de-Mello e eu chamamos esse processo de 'fotografia'". (No original: "*En 1832 l'idée me vient d'imprimer par l'action de la lumière sur le nitrate argentique; Mr. Corréa-de-Mello et moi appelons ce procédé, 'photographie'*"). Sobre o mesmo assunto, ver Bourroul, 1900, p. 160: "O Sr. Joaquim Corrêa de Mello me ajuda a dar a este processo o nome de *Photographia*".

2 Costa, 2007.

minada a guerra e tendo regressado ao Rio de Janeiro, ele encontrou nos velhos papéis de família o manuscrito de Florence, que o próprio autor havia entregado aos Taunay logo na volta da expedição.[3] Alfredo Taunay o traduziu do francês para o português, para ser publicado na *Revista do Instituto Histórico e Geográfico Brasileiro*,[4] incluindo umas páginas a mais, que Florence acrescentou para a ocasião.

De acordo com os estudos de Dirceu Franco Ferreira,

> A publicação dessa narrativa [...] foi, portanto, resultado de trabalho editorial do Visconde de Taunay a partir de textos de Florence escritos em contextos diversos. Além da tradução, Taunay criou subtítulos, excluiu trechos e finalizou o texto em tom, ao mesmo tempo, heroico e trágico.[5]

Um século depois, Boris Kossoy, em seu livro pioneiro publicado pela primeira vez em 1977, reivindicou a *descoberta isolada* da fotografia por Florence e o colocou no contexto político e cultural do Brasil oitocentista.[6] No mesmo ano houve uma nova edição de *Viagem fluvial*, sempre com tradução do Visconde de Taunay, com a reprodução de numerosos desenhos de Florence e o prefácio de Mário Guimarães Ferri.[7]

Enfim, a possibilidade de acessar uma parte consistente dos escritos e das obras visuais de Florence se deve ao trabalho de

3 Ferreira, 2014.

4 Florence, 1875 e 1876.

5 Ibid., p. 189. Neste mesmo volume, Maria de Fátima Costa aprofunda o tema das elaborações posteriores das anotações de viagem.

6 Kossoy, 2006.

7 Florence, 1977.

recuperação, conservação e difusão de seu legado, realizado por alguns de seus descendentes, começando por seus filhos e pelos jovens da família, como o sobrinho Philibert Florence, que em 1913 editou em Mônaco o *Viagem fluvial*.[8]

Não obstante a conservação da memória familiar, quem quisesse se aproximar de Hercule no final do século passado teria acessado uma bibliografia bastante limitada. Além da reedição de *Viagem fluvial*[9] e das pesquisas de Boris Kossoy, tinha como passagem obrigatória a biografia publicada por Estevam Leão Bourroul em 1900: uma obra muito ampla, integrada por vários anexos, para a qual o autor teve acesso a parte dos documentos da família Florence, e cujo caráter hagiográfico fica evidente nas linhas finais da introdução ao livro: "Honremos a memória de Hercule Florence. E n'ele honraremos o Talento, a Virtude, a Família, a Tradição, a Ciência, as Letras, a Religião e o Patriotismo".[10]

Voltando ao tema inicial, é preciso considerar que a sensação de incompletude que proporcionam as múltiplas atividades de Hercule Florence deriva também da narração que ele mesmo fez de sua vida, tanto nos textos que preparou para a publicação como em seus escritos pessoais.[11] Florence, de fato, constrói um enredo vivencial de solidão e de decepções. Ter atravessado as fronteiras do lugar de origem para enfrentar o desconhecido, o que proporciona desafios e aventuras, aspecto necessário para que uma narração e autonarração moldem a figura do herói,[12] a seu

8 Ferreira, 2014, p. 19.

9 Florence, 1977.

10 Bourroul, 1900, p. XVI. Neste ensaio, todas as citações em português, francês e italiano respeitam a ortografia original.

11 Sobre as formas de autorrepresentação de Florence, ver neste volume o ensaio de Jacques Leenhardt.

12 Lotman, 1975 e 1985.

ver, não deu certo, porque, no desenvolvimento da história, em um determinado ponto, o herói tem que ser socialmente reconhecido como tal e, por consequência, apreciado e prestigiado: posição que Hercule Florence parece não ter alcançado em vida.

Entretanto, os pesquisadores que trabalham com os depoimentos autobiográficos poderiam, com certeza, argumentar que os eventos da vida de Florence também serviriam para compor um enredo diferente, isto é, seriam um roteiro de constantes melhorias, intelectuais e sociais, narrariam o trajeto de um jovem, órfão de pai, pobre e de pouca instrução (apesar de pertencer à pequena burguesia, golpeada porém pelas vicissitudes sofridas na época, entre Napoleão e a Restauração), que, atravessando seus limites geográficos e sociais, e graças a alguns encontros-chave, consegue uma série de bons êxitos: viajar de Marselha até o Rio de Janeiro; participar de uma importante expedição planejada por uma das maiores monarquias do mundo – a Rússia dos czares Alexandre I e Nicolau I –; casar-se com uma jovem e graciosa brasileira, Angélica de Vasconcellos, filha de Álvares Machado e Vasconcellos, homem culto e de prestígio, e que atingiu altos cargos do Estado e, por causa de tudo isso, ser aceito para conviver com os notáveis de São Carlos, depois chamada Campinas, a cidade onde ele vivia.

Como consequência de pesados lutos familiares (a morte do sogro, da esposa e da sogra), Hercule tornou-se, de fato, um pequeno fazendeiro, gerente de uma propriedade aberta à modernidade; casou-se, pela segunda vez, com Carolina Krüg, uma professora alemã, culta e empreendedora, irmã do médico Georg Krüg, um dos homens mais respeitados da região, e fundou com ela uma escola, o Colégio Florence, que rapidamente ganhou renome por ser a instituição de formação das jovens das famílias abastadas de uma região que vivia uma fase de expansão econômica, devido ao crescimento da economia cafeeira.[13]

Neste percurso de ascensão social, Florence foi inventor também, mas suas criações infelizmente não tiveram a possibilidade de ser plenamente concretizadas, por falta de recursos (isto é, por não ter à disposição o dinheiro necessário para ser investido neste âmbito) e por não ter acesso aos círculos científicos europeus, não possuindo ele os títulos necessários. De toda maneira, suas invenções receberam reconhecimentos não comuns numa época em que não faltavam inventores. Em 1839, o *Jornal do Commercio* fez uma exposição, na sua sede, dos trabalhos de Hercule Florence sobre a poligrafia; em 1843, seus projetos tiveram duas apreciações oficiais, uma da Academia das Ciências de Turim, outra da Academia Imperial de Belas Artes do Rio de Janeiro; em 1877, foi aceito à unanimidade como correspondente do Instituto Histórico e Geográfico do Brasil. Além desses feitos, há outros que ainda precisam ser confirmados por pesquisadores, como ter ganhado, em 1874, o primeiro prêmio da Exposição Internacional de Marselha, por seus trabalhos sobre a poligrafia; ou ter recebido, em 1876, Dom Pedro II no Colégio Florence, obtendo a aprovação do Imperador. Enfim, pela instrução e pela cultura, sua e de sua família de origem, Hercule manteve constantes relações epistolares com seus parentes e conseguiu inclusive voltar uma última vez à sua amada Nice, recebendo, no dia de sua partida do Rio, as saudações oficiais dos representantes da França e do Reino da Sardenha. Ademais, enviou a maioria de seus filhos para estudar na França e na Alemanha.

Compilando essa lista de sucessos sociais (ainda que numa situação de modestos recursos econômicos) e de decepções científicas, já se pode pensar na razão da narração pessimista que

---

13 Ribeiro, 2006.

Hercule Florence fez de si mesmo: ele se percebeu como um sábio em exílio, obstaculizado em seus projetos e em suas aspirações, seja pela dupla distância da pátria de origem e dos meios urbanos brasileiros – centros avançados da cultura e da política –, seja pela escassez de seus recursos econômicos.

Ao que consta, Florence parece não ter apreciado o crescimento intelectual e de seu círculo de relações proporcionado por sua viagem até o Brasil e por sua permanência no país; o artista nunca se apresenta na sua dimensão de emigrante, apesar de ter sido um dos muitos que na primeira metade do século XIX deixaram a Europa para as Américas do Norte e do Sul. Um fluxo modesto de pessoas se comparado à grande imigração do último quarto do século; porém qualitativamente importante, porque protagonista da circulação de ideias, de saberes, de mercadorias e de modernidade; uma imigração que no Brasil também favoreceu as novas formas pós-coloniais de inserção política e cultural no mundo ocidental, delineadas após a Independência.

Até agora, os historiadores aprofundaram as múltiplas faces da ação e da personalidade de Hercule Florence – viajante, inventor, pintor, fazendeiro –, deixando de lado, como se fosse nada mais que um acidente, o aspecto que está na origem dessas múltiplas atividades: ter ele emigrado para o Brasil da maneira que a maioria fazia – compensando uma passagem num navio com trabalho a bordo – e desembarcado no Novo Mundo.

Adotando essa perspectiva, quero integrar a vertente biográfica com a história, colocando Hercule Florence num fenômeno a que ele se recusou a tomar parte e ao qual, pelo contrário, ele pertence de direito: a imigração para o Brasil nos anos imediatamente posteriores à Independência. É nessa perspectiva que vou desenvolver minha leitura, conjugando a narração autobiográfica com os processos históricos.

Emigrar entre o Novo e o Antigo Regime

> *Mr. de Rosamel arriva à Toulon, il me dit: venez en Amérique et je vous permettrai de débarquer où vous voudrez*
>
> (Hercule Florence, *L'Ami des arts...*, 1837, p. 192).[14]

Em fevereiro de 1824, Hercule Florence embarcou no navio francês *Marie Thérèse*, que era comandado por Claude Ducampe de Rosamel, e desembarcou no Rio de Janeiro após um mês e meio de navegação. O pacto estava claro desde o início: o jovem Hercule não teve um contrato formal como grumete, fato que o haveria impedido de desembarcar *onde ele teria querido*, porque, no caso, teria sido considerado um desertor e, como tal, perseguido pela lei francesa, dado que o navio era francês. Tratou-se, pelo contrário, de um acordo informal, baseado no conhecimento e no apreço que o comandante tinha por Hercule Florence e seu caso.[15] Florence já havia trabalhado no *Marie Thérèse* na ocasião do bloqueio do porto de Barcelona, em 1823. Ele estava ali por-

14 *L'Ami des arts livré à lui-même ou Recherches et découvertes sur différents sujets nouveaux par Hercule Florence, Sam Carlos, Province de St. Paul, le 11 août, 1837* é um manuscrito preparado pelo próprio autor para a publicação, no qual estão coletados relatórios e apontamentos sobre os experimentos científicos, mas também anotações de caráter pessoal, uma breve autobiografia e o relato da viagem de exploração da expedição Langsdorff. Os textos aqui recolhidos ultrapassam a data indicada na capa do manuscrito. Meu texto de referência é a transcrição feita por Thierry Thomas para o Instituto Hercule Florence de São Paulo, de agora em diante indicada como Lada.

15 Estas e outras informações biográficas constam em *L'inventeur au Brésil, ou Recherches et Découvertes d'un Européen, pendant vingt ans de résidence dans l'intérieur de cet empire*, de Hercule Florence, em Lada, p. 175-196, e Bourroul, 1900.

que havia renunciado a um emprego na Marinha, após uma dura experiência no navio *Annibal*, e porque o *Marie Thérèse*, na previsão da rápida capitulação de Barcelona, estava se armando para uma viagem em volta do mundo. Um comandante e um navio que podiam satisfazer o desejo de Hercule Florence de viajar até os países mais longínquos, com os quais ele tinha sonhado quando passava "horas folheando um bom atlas que tínhamos".[16]

Ao que parece, Hercule Florence teria podido desembarcar onde quisesse, na rota do *Marie Thérèse*. Porém a escolha do Rio de Janeiro talvez não tenha sido um simples acaso. Provavelmente se tratava da primeira parada não europeia na qual o comandante De Rosamel tinha contatos consolidados.

O Rio de Janeiro era uma das cidades da América do Sul em que, já em 1824, um comandante francês, inglês ou genovês poderia ter algumas relações, seja por contatos diretos, seja por indicações feitas por pessoas conhecidas. Enquanto os demais portos da América hispânica abriram-se às relações diretas com o mundo só depois das declarações de independência, São Salvador e Rio de Janeiro liberaram seus portos já em 1808, por causa da presença no Brasil da Rainha Maria I e do Príncipe Regente Dom João. Dessa maneira, o Rio acabou sendo um porto livre ainda numa situação de pleno *ancien régime*.

Sabe-se que a transferência da Corte Portuguesa ao Rio trouxe milhares de pessoas para uma cidade que precisou alterar ra-

16 Lada, p. 177. No original: "*des heures sur un bon atlas que nous avions*". Notas biográficas de Rosamel, retiradas de Bourroul, 1900, p. 42: "*Claude C. M. du Campe de Rosamel foi official general da Marinha franceza. Grumete aos 15 anos, aspirante em 1792, contr'almirante em 1823, serviu na América do Sul, no Levante, na expedição d'Alger, contra o Bey de Tripoli em 1830. Foi prefeito marítimo de Toulon; vice-almirante em 1831; deputado em 1833; ministro da Marinha de 1836 a 1839; e Par de França. Falleceu em 1848 com 74 annos*".

pidamente sua fisionomia. Nesse contexto, iniciou-se um fluxo migratório heterogêneo, formado por soldados, artesãos, operários, músicos, cantores líricos, artistas mambembes, professores e professoras, damas de companhia, desenhistas, mascates, copistas de música, cozinheiros, sorveteiros.[17] Eram pessoas que tinham um ofício, mas que precisariam adaptá-lo às novas circunstâncias, e que haviam chegado ao Rio graças aos numerosos navios procedentes até da China, porém mais frequentemente de Londres, Marselha, Gênova e Livorno.

A primeira Revolução Industrial estava produzindo alguns efeitos do outro lado do Atlântico também, em primeiro lugar trazendo mercadorias, que no início não fizeram sucesso,[18] sendo baixa a circulação de moeda e o mercado carioca muito segmentado. Os migrantes contribuíram para formar um estrato urbano popular diferente do já existente. Os recém-chegados, porém, demoravam para se afirmar, seja por causa das doenças, que golpeavam de maneira mais cruel os estrangeiros que não tinham os recursos para deixar a cidade nos períodos das epidemias, seja pela competição com os escravos, que tinham de fato o monopólio do artesanato, dos serviços domésticos e do comércio ambulante[19] e que, inclusive, recebiam pagamentos mais altos que os trabalhadores livres europeus, ainda na metade do século XIX, como, por exemplo, na construção da estrada Rio-Petrópolis.[20] Os europeus conseguiam sobreviver apenas em algumas áreas, como no exército e na marinha, na tipografia, na hotelaria, nas casas de moda, nas sorveterias, na artesania e no comércio especializado,

17 Vangelista, 1992 e 2015.

18 Mawe, 1817; Graham, 1956.

19 Mawe, 1817; Walsh, 1985; Debret, 1978.

20 Vangelista, 2011.

nas atividades farmacêuticas, no emprego doméstico de alto nível, para o cuidado dos filhos da aristocracia, as aulas de música ou de francês dadas nas casas abastadas.[21]

Em 1824, assim como nas três décadas posteriores, essa heterogênea porção de europeus de origens culturais e sociais diversas tinha na sua maioria um denominador comum, o de trazer de seu passado pessoal ou familiar diferentes experiências nas guerras napoleônicas: como pertencentes à *Grande Armée* derrotada, como vítimas diretas ou indiretas da difícil fase de passagem desde o Império, ou das Repúblicas liberais derrotadas, até a Restauração. Neste último grupo se coloca Hercule Florence, cuja família tinha passado graves problemas econômicos por causa da precária situação de trabalho do pai, agravados pela sua morte prematura.[22] Cada migrante europeu dessa época que desembarcava no continente americano carregava experiências parecidas nas suas diversidades: a perda de *status* social, os problemas econômicos, as decepções políticas e até condenações judiciais. A esse grupo majoritário acrescentavam-se os pequenos fluxos em parte distintos, mormente ligados às casas de comércio inglesas e catalãs, que com a abertura dos portos latino-americanos estendiam suas atividades às antigas colônias ibéricas.

Esse perfil, apesar de suas profundas diferenças internas, de classe e de cultura, se manteve tendencialmente estável até a metade do século, quando as crises agrárias europeias e a Guerra da Crimeia deram origem às novas ondas migratórias, formadas por camponeses, operários e veteranos da guerra, que se dirigi-

21 Vangelista, 1992.

22 Bourroul, 1900; Luret, 2001.

ram com mais intensidade aos quatro países de maior imigração: Estados Unidos, Brasil, Uruguai, Argentina.[23]

No contexto geral do continente, e especificamente dos países apenas citados, o Brasil representou durante toda a primeira metade do século um caso especial. Com efeito, essa migração que estava fugindo dos efeitos traumáticos das mudanças políticas e da pretendida volta ao *Ancien Régime*, dirigiu-se, na América, a países nos quais se estava construindo um modelo republicano e liberal. No caso do Brasil, pelo contrário, a situação era oposta, de maneira marcante antes da Independência, mas inclusive após a promulgação da Constituição.[24]

De toda forma, a imigração no Brasil também manteve os traços cosmopolitas que eram próprios dessas gerações que se deslocavam entre Europa e América e dentro dos países americanos. No caso do Rio, os europeus já estabelecidos ofereciam aos recém-chegados uma rede de informações e pontos de referência para que eles pudessem construir seu próprio mapa de ação, um específico espaço social no interior da cidade.[25]

Depois de poucos anos, quando Hercule Florence já havia partido para outros lugares, esses pontos de apoio teriam se multiplicado (hotéis, farmácias, lojas de tecidos etc.), mas mesmo em 1824 esses espaços existiam, ainda que pouco numerosos. Pode-se imaginar que o comandante De Rosamel tivesse procurado seus contatos para encontrar um emprego para o jovem Hercule Florence, que também visitou vários negociantes franceses, pedindo trabalho e não o achando. Não era fácil, porque cada um vivia ou sobrevivia com a própria ocupação e com a ajuda de um ou dois escravos,

23 Vangelista e Pagnotta, 2020.

24 Candido, 1990; Vangelista, 2015.

25 Vangelista, 2015.

utilizados principalmente para os afazeres domésticos. Porém, enfim, após um mês, o comandante apresentou Hercule Florence ao senhor Dillon, francês, "um de seus velhos amigos".[26]

Nesse contato, há um traço evidente das redes de relações entre os recém-imigrados franceses no Rio de Janeiro. Pierre Dillon havia chegado em 1816, formando parte da Missão Artística, na qualidade de secretário do chefe da Missão, Joaquim Lebreton. Comerciante, Dillon entrou no grupo dos artistas no porto de Le Havre, e talvez tenha emprestado dinheiro a Lebreton para cobrir uma parte dos custos da viagem.[27] Dillon contratou Hercule Florence como balconista em sua loja de tecidos. Tratava-se de uma solução costumeira naquela cidade e naquele tempo, assim como a passagem seguinte, mais interessante para o artista, na tipografia e editora de Pierre Plancher, que em 1827 teria fundado o *Jornal do Commercio*. De fato, após um ano de trabalho na casa Dillon, Hercule Florence despediu-se:

> Se eu tivesse espírito de comércio, a oportunidade era favorável, de fazer noviciado no caminho da fortuna mercantil, porque a casa estava em movimento; mas eu era muito inepto para isso, e um ano depois eu saí da Casa do Sr. Dillon, sem saber por onde entrar e sem dinheiro [...]. No mesmo dia entrei no Sr. Plancher, impressor e livreiro; meu trabalho era vender livros, dos quais gostava mais e sobrava muito tempo para estudar.[28]

26 Lada, p. 193.

27 Taunay, 1983, p. 20; Pedrosa e Arantes, 2004, p. 49.

28 Lada, p. 194. No original: "*Si j'avais eu l'esprit du commerce, l'occasion était favorable, pour faire mon noviciat dans le chemin de la fortune mercantile, car la maison était en vogue; mais j'étais trop inepte pour cela, et un an après, je sortis de chez Mr. Dillon, sans savoire où entrer, et sans*

Florence ficou pouco nesse emprego, mas foi nessa ocasião que executou as primeiras litografias gravadas no Rio.[29] Após quatro meses, chegou a notícia de que Langsdorff procurava um pintor para a viagem ao interior do Brasil que ele estava organizando:

> Quando eu contei ao Sr. Plancher sobre esta viajem, ele e seus amigos se opuseram. Ele me fez propostas favoráveis; fiquei indeciso por uma semana, mas no final saí de sua casa e fui para a casa do Sr. Langsdorff. Se eu tivesse ficado com o Sr. Plancher, teria precisado só um pouco de aplicação, para fazer minha fortuna antes dos trinta anos.[30]

Mas a atitude de Hercule Florence não derivava somente da juventude e do desejo de aventura. Ao deixar o emprego na tipografia-editora Plancher para o contrato na expedição Langsdorff, ele viu a possibilidade de algo mais que um trabalho para viver: se distinguir nas atividades com Langsdorff e acumular conhecimentos e habilidades que lhe abririam uma oportunidade para um emprego na Rússia.[31]

---

argent [...]. Le même jour j'entrai chez Mr. Plancher, Imprimeur-Libraire; mon employ était de vendre des livres, ce qui me plaisait davantage, et il me restait beaucoup de temps pour me livrer à l'étude".

29 Sodré, 1977, p. 116.

30 Lada, p. 195-196. No original: "*Lorsque je parlai de ce voyage à Mr Plancher, il s'y opposa, lui et ses amis. Il me fit de propositions avantageuses; je fus indécis pendant une semaine, mais à la fin je sortis de chez lui e je fus chez Mr. Langsdorff. Si j'eusse resté chez Mr. Plancher il m'aurait suffi d'un peu d'aptitude, pour avoir fait ma fortune avant l'âge de trente ans*".

31 Diário II, p. 12; Lada, p. 422. Sobre as tarefas de Florence na expedição russa, ver neste mesmo volume o ensaio de Maria de Fátima Costa, "Florence: artista-viajante".

Os senhores Dillon e Plancher representavam duas etapas a mais do projeto de Hercule Florence e não podiam representar o destino final. Por um lado, ele tinha recebido algumas propostas de trabalho na França também, no exército e como empregado da marinha: em outras palavras, no Brasil ele não estava procurando um trabalho qualquer para se manter. Por outro lado, ele já havia se acostumado a deslocar-se sozinho, na mais tenra idade. Com um mecanismo costumeiro nesta e em outras gerações, as migrações do campo para a cidade, ou ao interior de seu próprio país, ou, enfim, fora dos confins da pátria, constituíam uma espécie de iniciação para a emigração mais desafiadora, aquela rumo ao Novo Mundo.

As notas autobiográficas de Hercule Florence mostram esse tipo de percurso, feito na adolescência, de Mônaco para Nice, e de Nice até a Antuérpia, com uma carta de apresentação de um comerciante conhecido. Porém, na Antuérpia não achou um emprego ao qual ele se adequasse. Não demorou a voltar para casa, a pé ou utilizando meios fortuitos e passando fome, como acontecia com centenas de outros adolescentes que naquela época deslocavam-se pela Europa à procura de emprego, utilizando em geral rotas consolidadas pelos antigos trajetos de seus patrícios.

De fato, como observou um viajante francês que passou por Nice e Mônaco no início do século XIX, "a essas pessoas não faltam capacidades, mas, como não podem exercê-las em seu país, onde não há manufaturas nem comércios, vão procurar fortuna no exterior".[32]

Poucos anos depois, outro viajante, Aubin-Louis Millin, observava que na terra de Florence era muito difundida a migração das crianças, que começava em uma idade bem menor que a de Hercule

32 Papon, 1804, p. 97.

na viagem à Antuérpia: os maiores tinham dez anos, partiam no inverno para o trabalho itinerante de limpadores de chaminés e voltavam na primavera, para ajudarem em casa na criação e na lavoura.[33]

Nesse contexto de migrações e de trabalho juvenil, a viagem de navio de Hercule Florence à Antuérpia e a volta para casa[34] não foram uma aventura heroica, como afirmado em várias ocasiões, mas uma etapa habitual de iniciação ao trabalho, como ocorria a qualquer jovem da época. Aliás, o comandante do *Marie Thérèse*, De Rosamel, iniciou sua carreira como grumete aos 15 anos, e o mais conhecido patrício de Florence, Giuseppe Garibaldi, se alistou no registro dos grumetes em 1821, aos 14 anos.

O problema, para Hercule Florence, era que ele, diferentemente da maioria dos migrantes adolescentes da época, não tinha os meios necessários para enfrentar a viagem até a Antuérpia, como demonstra a narração bastante pormenorizada dessa primeira migração fracassada, que ele viveu como uma verdadeira derrota e com um sentimento de culpa em relação a sua família, principalmente sua mãe, que lhe havia entregue para a viagem uma importante quantia de dinheiro, correspondente a um terço de sua renda anual.[35]

Em toda a experiência dessa sua primeira tentativa de emigração, Hercule Florence mostra o sofrimento de uma dupla solidão social. Como filho de uma família pequeno-burguesa, ele não podia nem pensar em entrar nas linhas migratórias de tantos jovens de seu país, que atravessavam as fronteiras, ainda porosas, para trabalhar na França, contribuindo assim no sustento da família de origem. Esse não era o mundo de Hercule. Para ele,

33 Millin, 1816, t. I, p. 71.

34 Lada, p. 179-185.

35 Lada, p. 180.

o deslocamento não entrava no âmbito das migrações, mas das viagens e das explorações: o pai, cirurgião e filho de cirurgião, servira como militar nos portos franceses do Atlântico e nas colônias;[36] na família da mãe, contavam-se três pintores que se haviam formado em Roma: "Do lado da família materna, a viagem, pelo menos o *tour* pela Itália, havia-se tornado normal".[37]

Porém, a família, empobrecida e privada da figura do pai, não podia dispor da rede social necessária para enviá-lo como aprendiz a um lugar onde ele pudesse criar sólidas bases para suas aspirações e ambições. Em síntese, ele não possuía os meios para aproveitar sua viagem até a Antuérpia. A leitura do conjunto dos manuscritos que compõem *L'Ami des arts...* revela que Hercule Florence nunca se libertou dessa profunda solidão social e da certeza de viver permanentemente deslocado.

O Rio de Janeiro também não era feito para Hercule Florence. Logo que desembarcou do *Marie Thérèse*, o primeiro impacto foi traumático e o juízo severo:

> Desembarcamos, e a primeira impressão foi acompanhada de algo doloroso. Foi um palpite? A visão dessa população variada de brancos, negros e mulatos de todas as gradações me entristeceu um pouco. Atravessei a pequena Praza do Capim, onde um negro amarrado ao pelourinho era açoitado. Essa visão me chocou, pois eu era novo na escravidão negra. Mais adiante vi a fachada da Igreja de São Francisco de Paula, onde estava escrito em letras grandes Charitas, e eu comecei a amaldiçoar um povo que afetava a caridade e que açoitava os negros.[38]

36 Luret, 2001, p. 214.

37 Fouilleron, 2017, p. 169-170.

38 Lada, p. 193. No original: "*Nous descendîmes à terre, et la première im-*

Hercule Florence, extremamente religioso e, ao mesmo tempo, profundamente laico (traço característico de uma geração que passou da religião revolucionária francesa ao restabelecimento do culto católico), não podia aceitar a escravidão, nem uma Igreja que parecia não a perceber. A violência social se manifestou logo na sua pior brutalidade: chicotadas no meio da rua. É o mesmo Rio representado nos textos e nas imagens de Jean-Baptiste Debret, mas retratado em suas cores mais violentas. Aqui não há o olhar participante de Debret, nem seu projeto de resgate.[39]

O Rio de Janeiro, com suas ruas estreitas, seu calor úmido, suas lojas geralmente modestas, seus esgotos ao ar livre e seus escravos, só podia ser uma breve etapa na realização dos projetos de Hercule Florence.

Os lugares de origem

Hercule Florence deveu sua vinda ao Rio de Janeiro à proteção do comandante De Rosamel, que provavelmente tinha apreciado seu trabalho de copista a bordo do *Marie Thérèse* e simpatizava com o entusiasmo do jovem aspirante a viajante. De Rosamel deu-lhe uma passagem no seu navio, e a falta de um contrato específico – tratou-se apenas, conforme já dito anteriormente, de um acordo verbal antes da viagem – proporcionou a Florence a

---

pression que j'éprouvai fut accompagnée de quelque chose de pénible. Etait-ce un pressentiment? La vue de cette population bigarrée de blancs, noirs et mulâtres de toutes les gradations, m'attrista un peu. Je traversai la petite place du Capim, oú l'on fouettait un noir attaché au Pilori. Cette vue me révolta, car j'étais novice en fait d'esclavage des noirs. Plus loin je vis la façade de S. François de Paule, où il était écrit en grosses lettres Charitas, et je me mis à maudire un peuple qui afectait de la charité, et qui fouettait les noirs". Neste mesmo volume, Antonio Herculano Lopes analisa a postura de Florence com respeito à escravidão.

39 Debret, 1978.

liberdade de desembarcar onde ele quisesse, sem ser perseguido pela justiça como desertor, ação que podia ser feita seja pelo consulado francês, que fora inaugurado em 1815 pelo coronel Jean-Baptiste Malar[40] e que representava o país do *Marie Thérèse*; seja pelo consulado do Reino da Sardenha, que representava o país de nascimento de Hercule Florence e que havia sido instalado no Rio em 1819.[41] Pelos documentos oficiais, não se tem certeza da nacionalidade declarada por Florence no momento do desembarque, porque não há anotação de sua entrada no registro dos passaportes do Rio de Janeiro, talvez por seu *status* de integrante, ainda que informal, da tripulação do *Marie Thérèse*.

É curioso que na literatura relativa a Hercule Florence nunca se aprofunde o tema da sua nacionalidade, que tem raízes bastante complexas. Natural de Nice, onde nasceu em 1804 – a mesma cidade na qual três anos depois teria nascido Giuseppe Garibaldi, batizado como Joseph Marie –, Florence era o produto e até o filho de uma sociedade em movimento. O pai, médico e filho de um médico, pelas vicissitudes da Revolução Francesa e do Primeiro Império se encontrava exercendo sua profissão em Nice, cidade ocupada por Napoleão de 1792 até 1814. Em 1793 casou-se com Augustine Vignalis, natural de Mônaco, no ano da anexação à França daquele principado.

40 Saby, 2016, p. 95.

41 Mariano e Sacchi, 2006, p. 343. De 1713 (Tratado de Utrecht) até 1718, os Savoia estenderam seus domínios a Sicília, assumindo o nome de Reis da Sicília, mantendo a capital em Turim. Em 1718, Vittorio Amedeo II renunciou à Sicília em favor da ilha da Sardenha. A denominação de Reino da Sardenha foi mantida até o dia 17 de março de 1861, quando, após as guerras de independência e as anexações ao reino de extensas porções da península por meio de plebiscitos, o Reino da Sardenha passou a fazer parte do Reino da Itália.

O contexto político, institucional e social dos lugares de seu nascimento (Nice) e de sua infância e adolescência (Mônaco) estão na raiz da complexa personalidade de Florence. A ocupação francesa da região tinha subvertido repentinamente e por breve período uma ordem estabelecida há vários séculos, seja em Nice, seja em Mônaco. Desde o ano de 1388, Nice havia sido capital de condado, sob o Ducado de Savoia, que em 1718 assumiu o nome de Reino da Sardenha, mantendo como sua capital a cidade de Turim.[42] Então, no momento da ocupação francesa, Nice e seu território tinham uma história de mais de quatro séculos de incorporação nos domínios da dinastia dos Savoia (v. mapa 1). Mônaco, por seu lado, tinha um longo passado de lutas contra Gênova e Paris, pela autonomia e independência, alcançadas pela família Grimaldi no final do século XIII e afirmadas definitivamente com a instituição, em 1612, do Principado de Mônaco, que incluía, além dos atuais, os municípios de Menton e de Roquebrune.

42 Os Savoia transferiram a capital de Chambéry para Turim em 1561. Sobre a incorporação de Nice à Savoia em 1388, ver Cleyet-Michaud, 1990.

Mapa 1. O Piemonte-Savoia após o tratado de Utrecht (fonte: Wikipedia).

Em 1814, a derrota da França e a volta dos reis (a chamada Restauração) comportou duas situações distintas em Nice e em Mônaco. No caso de Nice, os Savoia voltaram logo, já em meados de 1814, com a ajuda das tropas austríacas,[43] e o antigo condado integrou-se rapidamente ao Reino da Sardenha: afinal, 22 anos de ocupação francesa eram um período muito breve, em comparação com os séculos do antecedente reinado dos Savoia (v.

43 Toselli, 1867-1869, v. 3, p. 435 e s.

mapa 2). Turim restabeleceu logo os laços com Nice, que, aliás, Napoleão havia mantido: para facilitar a administração dos novos territórios, a cidade de referência não foi tanto Paris quanto Turim, ela também ocupada pela França.[44] Na vertente institucional e administrativa, em Nice os laços restabeleceram-se por meio do envio de um governador;[45] na dimensão simbólica, com festas (entre elas, o conhecido carnaval de Nice) e com celebrações públicas que acompanharam a vida e a morte dos monarcas e que tiveram momentos importantes em 1826, como a visita do Rei Carlo Felice à cidade, e, anos depois, nas grandes festas que, quase contemporaneamente, uniram Nice e Turim para a celebração das reformas liberais do Rei Carlo Alberto, de 1847, e da elaboração da Constituição, em 1848.[46]

44 Boa parte do Reino da Sardenha foi ocupada por Napoleão de 1800 até 1814. Sob o poder de Napoleão, Turim transformou-se na capital do *Département du Po*.

45 Toselli, 1867-1869, v. 2, p. 435-442; Barelli, 1990, p. 453-465.

46 Toselli, 1867-1869, v. 4, p. 122, p. 248-264; Barelli, 1990, p. 453-465.

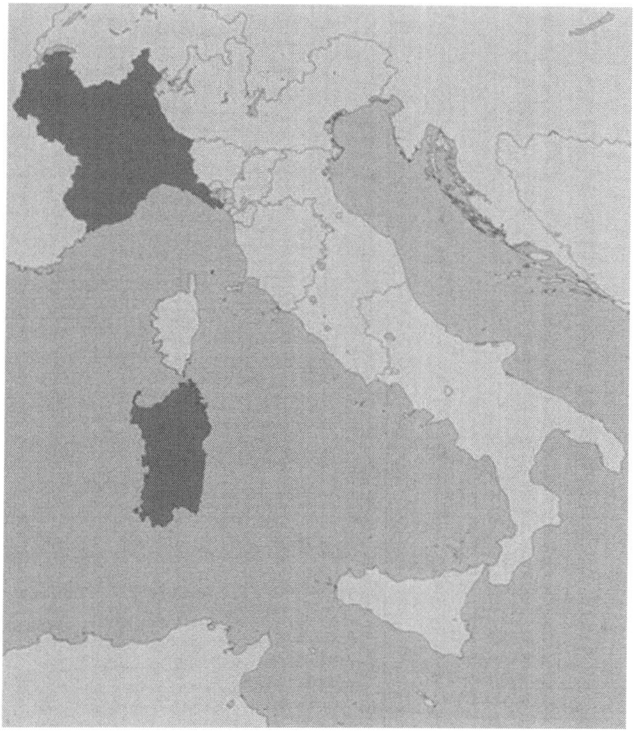

Mapa 2. O Reino da Sardenha em 1815 (fonte: Wikipedia).

Em 1814, quando o rei da Sardenha voltou para Turim e, por consequência, em Nice, Hercule Florence vivia com a mãe e os irmãos em Mônaco, onde a situação política e social era diferente. Com o fim da ocupação de Napoleão, Mônaco ganhou outra vez a autonomia e a volta do príncipe e de seus sucessores (Honoré IV, Honoré V, Florestan I) – que, aliás, continuaram vivendo mais em Paris que em seu próprio principado –,[47] porém não conquistou a independência, pois em 1815 Honoré IV reivindicou o protetorado piemontês, isto é, do Reino da Sardenha e dos Savoia, os quais

47 Rendu, 1848, p. 48-54.

enviaram em sua defesa tropas piemontesas e inglesas.[48] Por boa parte do século, Mônaco esteve, de fato, sob o poder do Reino da Sardenha, tendo autonomia nas questões internas e o alívio dos gastos para a defesa, que ficavam a cargo de Turim.[49] No entanto, o protetorado significou para Mônaco a perda do poder legislativo, o esvaziamento dos cofres públicos, por causa da renúncia aos monopólios (sal, tabaco, correio), e a estagnação de uma economia já destruída ao longo dos vinte anos da ocupação francesa.[50]

A Mônaco da adolescência de Florence era uma vila com uma população de 700 a 800 habitantes[51] e com um porto praticamente inexistente e invadido pela areia,[52] que abrigava dois ou três barcos, usados para transportar, para Nice ou Marselha, o azeite de oliva e os limões produzidos nas roças e nos quintais.[53]

Desde 1815, a escola primária era gratuita e com duas línguas oficiais, italiano e francês,[54] mas os habitantes, ainda que entendendo os dois idiomas oficiais, falavam a língua local, uma mistura de lígure e piemontês, com algumas palavras de provençal e de espanhol:[55] uma espécie de língua geral, um meio de comunicação útil para se deslocar fora do território do principado,

48 Ibid., p. 49. Com a denominação *Piemonte*, entende-se nesse período histórico não a atual região da República Italiana, mas a extensão geográfico-administrativa que correspondia aos domínios continentais dos Savoia e principalmente os que se localizavam a leste dos Alpes.

49 Ibid., p. 49.

50 Ibid., p. 50.

51 Papon, 1804, p. 45.

52 Rendu, 1848, p. 155.

53 Papon, 1804, p. 51.

54 Fouilleron, 2017, p. 177. Em Nice, o italiano foi a língua oficial a partir de 1561.

55 Papon, 1804, p. 100-103; Rendu, 1848, p. 166.

para procurar trabalho e, assim, se alimentar melhor. Em plena ocupação francesa, o viajante Papon notou uma alimentação escassa, vegetariana e sem pão, porque este último era muito caro. Por consequência, "seu físico é debilitado por esse modo de vida [...]. A maioria deles, principalmente em Mônaco, só têm pele fina grudada nos ossos".[56]

Na autobiografia de Florence, há a recordação do almoço que a mãe organizou para festejar a volta dele de uma das suas viagens à procura de um emprego na Marinha. O filho, que tinha vergonha de se apresentar vencido e sem dinheiro, foi acolhido com ternura e com a melhor comida que havia em casa, que era pouca coisa. Florence nem fez referência ao pão, que provavelmente não havia:

> A refeição consistia em uma salada de feijão verde e cebola, comida com garfos de bambu cortados em duas pontas; mas comemos em uma grande mola redonda, de pedra, que meu avô transformara em mesa, à prova do tempo; estávamos embaixo de uma treliça cheia de uvas: perdoem-me esses detalhes; esta festa foi o último reflexo do pouco de felicidade da qual gozei, entrelaçada com os sofrimentos dos meus primeiros anos.[57]

56 Papon, 1804, p. 98-99.

57 Lada, p. 188. No original: "*Le repas consista en une salade de haricots verts et d'oignons, mangée avec des fourchettes de roseau, coupées en deux pointes; mais nous mangions sur une grande meule ronde, de pierre, dont mon grand père avait fait une table, à l'épreuve des temps; nous* étions *sous une treille remplie des raisins: que l'on me perdonne ces détails; cette* fête a été *le dernier reflet du peu de bonheur dont j'ai joui, entremuêlé des souffrances de mes premières années*".

Na situação de pobreza, a popularidade dos príncipes media-se em função da maior ou menor implantação de uma política de assistência aos pobres, como se pode deduzir das análises de Abel Rendu[58] e de Jean-Baptiste Toselli.[59]

Além da escola pública primária, a formação dos jovens era limitada ao que as famílias podiam proporcionar, como foi o caso de Hercule Florence, de família pobre, mas não na miséria, de boa cultura e de língua francesa, meio de comunicação para o mundo que se estendia além do território de Provença. Em geral, os jovens e os menos jovens abriam-se ao mundo exterior por meio dos sonhos e das fabulações construídas ao longo dos contos dos migrantes que voltavam para casa: "É aqui que gostam de contar aos filhos e vizinhos o que mais os impressionou durante as suas viagens".[60] No mais, havia apenas a paisagem do mar. Escreve Millin: "Quando estive em Mônaco, não havia outro prazer para os habitantes do que contemplar constantemente o vasto mar e observar a passagem dos navios".[61] E Papon registrou: "se deixa sem pesar este lugar tão triste".[62]

A descrição da paisagem avistada do terraço da cidadela de Mônaco torna-se, nesses anos, uma passagem obrigatória em cada livro de viagem. Papon o oferece a nós e de maneira pormenorizada em três momentos distintos do dia: amanhecer, meio-dia e pôr do sol.[63] Há duas descrições da mesma paisagem, feitas pelo

58 Rendu, 1848.

59 Toselli, 1867-1869.

60 Papon, 1804, p. 98.

61 Millin, 1816, t. 2, p. 143.

62 Papon, 1804, p. 52.

63 Ibid., p. 46-47.

próprio Florence, nas páginas da breve autobiografia,[64] sobre as quais voltarei.

Junto com os problemas econômicos e sociais, ambos em parte resolvidos com a emigração de seus habitantes, o principado de Mônaco também sofreu, ao longo da primeira metade do século XIX, tensões políticas que resultaram na perda da maior parte de seu território. No principado havia uma evidente diferenciação econômico-social entre Mônaco, pobre, quase que em ruína e despovoada, e a cidade de Menton, mais rica e dinâmica, que havia sido comprada pelos Grimaldi na metade do século XIV.[65] Escrevia o botânico Foderé, em 1821: "Mônaco é a capital e Menton a principal cidade deste pequeno estado: a primeira tem pergaminhos, nobreza e dignidade; a segunda tem as riquezas".[66]

Os motins liberais de 1821, que incendiaram a região inteira, passaram por Menton também, quando o povo se manifestou nas ruas, levando rosetas à moda dos carbonários e chegando a propor a Constituição de Cádis de 1812. O príncipe Honoré V ficou silente e ausente, voltando ao palácio de Mônaco só no ano seguinte, com a situação já resolvida.[67] As várias repressões, tanto em Mônaco como no Reino da Sardenha, proporcionaram uma trégua, ainda que cheia de tensões, até a mudança radical da política dos Savoia, em Turim.

De fato, em 1848, o rei da Sardenha, Carlo Alberto (reinado de 1831-1849), em poucos dias realizou importantes reformas, de porte histórico. No dia 17 de fevereiro, concedeu direitos civis aos súditos de religião valdense (que em poucos anos inicia-

64 Lada, p. 178 e 293-294.

65 Papon, 1804, p. 58.

66 *Apud* Fouilleron, 2017, p. 189.

67 Fouilleron, 2017, p. 186-189.

ram a emigração até a América); no dia 4 de março, promulgou a Constituição (que passou a ser a lei constitucional do Reino da Itália até a constituição republicana de 1948); e, por fim, no dia 29 de março, também concedeu direitos civis aos súditos judeus, abrindo assim as portas dos guetos das cidades piemontesas. No que se refere aos valdenses e aos judeus, Carlo Alberto, na verdade, retomou as reformas feitas por Napoleão durante a ocupação do Reino da Sardenha e que haviam sido canceladas com a Restauração.

As reformas liberais do Rei Carlo Alberto inflamaram o povo dentro e fora do reino. Nesse contexto de mudanças radicais, já no fim de 1847, os habitantes de Menton desceram às ruas cantando, todos os dias, o hino da Itália,[68] sob o olhar impassível das tropas. Em março de 1848, em Menton, trabalhava-se a redação de uma constituição igual à recém-promulgada em Turim; mas o príncipe Honoré V não entendeu a gravidade da situação. Formou-se um governo provisório, adotou-se a bandeira italiana, e Menton e Roquebrune declararam-se cidades independentes; poucos meses depois, em julho, pediram a anexação ao Reino da Sardenha.[69] Dessa maneira, enquanto Hercule Florence vivia no Brasil há 24 anos, o Principado de Mônaco perdeu para sempre os municípios que se estendiam até o Piemonte e reduziu-se aos limites atuais, circundado pelo território francês.

O processo de construção do estado italiano continuou tendo influências decisivas para as terras de origem de Florence. Exatamente uma década após a anexação de Menton e Roquebrune, em julho de 1858, em Plombières, vila francesa de veraneio, foram estipulados acordos verbais e secretos entre

68 Rendu, 1848, p. 73.

69 Rendu, 1848, p. 46-85; Toselli, 1867-1869, v. 4, p. 278-290.

Camillo Benso, conde de Cavour, primeiro-ministro do Reino da Sardenha, e Napoleão III, imperador da França. O pacto, formalizado oficialmente com o Tratado de Turim de 24 de março de 1860, estabelecia que os condados de Nice e de Savoia, territórios que os Savoia possuíam desde a Idade Média, passassem a fazer parte da França, como indenização ao apoio militar francês na segunda guerra de independência da Itália.

Para completar esse assunto, há que lembrar que a cessão à França de uma parte considerável do território do Reino da Sardenha (incluída a antiga capital dos Savoia, Chambéry), embora fosse um sacrifício necessário para obter o apoio francês no processo de unificação italiana, na época não foi compreendida, tendo sido até considerada uma traição do governo dos Savoia aos súditos do além dos Alpes.

Em 1870-1871, Hercule Florence teve que assistir, de muito longe, às novas tensões na sua cidade natal, ocasionadas pela derrota francesa na guerra franco-prussiana e pelo nascimento da Terceira República francesa. Esses acontecimentos coincidiram temporalmente com a conquista italiana da cidade de Roma (20 de setembro de 1870), que marcou a realização do projeto liberal de completa unificação da península e o fim do poder político da Igreja Católica e dos pontífices.[70]

Todos esses eventos significativos fizeram com que em Nice e em sua província a campanha para as eleições nacionais da nova Câmara republicana francesa fosse caracterizada também por um consistente movimento pró-italiano, reprimido de várias formas por Paris e malvisto pelo governo de Roma também – entre seus chefes, encontrava-se Giuseppe Garibaldi. O movimento pró-i-

70 De fato, o Vêneto e o Friuli foram integrados ao Reino da Itália em 1866. Os limites atuais foram definidos em 1947 – e permanecem assim até a atualidade –, mas do lado francês houve mais modificações.

taliano levou ao parlamento o maior número de representantes locais, entre eles Garibaldi,[71] que ficou na Assembleia Nacional francesa por poucos dias, sendo ele de nacionalidade italiana.

As pesquisas de Henri Courrière apontam, por um lado, a "fragilidade dos apoios à anexação de 1860"[72] e, por outro, algo que interessa diretamente ao estudo das múltiplas identidades de Hercule Florence: no processo de forte nacionalização desenvolvido por Napoleão III, no contraponto entre ser italiano ou ser francês, para boa parte da população da região o compromisso cultural e político foi o de se concentrar na identidade regional: ser "niçardo".[73]

A questão da nacionalidade

O contexto histórico traçado brevemente no item anterior é necessário para entender melhor o perfil cultural e social de Hercule Florence. Francês por parte de pai e, transitoriamente, por lugar de nascimento, ele, desde 1814, com a Restauração, foi *sardo*, no sentido de súdito do Reino da Sardenha, cuja capital era Turim.

Estando o Principado de Mônaco – país de sua mãe e lugar de moradia da família – sob o protetorado do Reino da Sardenha desde 1814, no momento de viajar à Antuérpia, Florence não teve dificuldade nenhuma para obter o passaporte. Em março de 1860, data da passagem dos condados de Nice e da Savoia à França, Hercule se tornou, automaticamente, francês. Nesse ponto, gra-

71 Courrière, 2007; 2014, p. 168-198.

72 Courrière, 2007, parágrafo 23 da versão *on-line*.

73 Courrière, 2007, 2008, 2014. Sobre o tema das múltiplas identidades nessa região de fronteira e nessa época, ver, no caso específico do exército dos Savoia, o livro fundamental de Heyries, 2001.

ças à sua rede de conhecidos, no caso, o barão von Tschudi,[74] em setembro do mesmo ano Florence obteve novamente a nacionalidade sarda – que, de fato, ele havia perdido por apenas seis meses (de março a setembro de 1860) –, por ele solicitada ao cônsul-geral da Sardenha. Consequentemente, a partir de 17 de março de 1861, dia da unificação da Itália, Florence tornou-se italiano.

Em 1860, Florence fez esse pedido porque "esperava que seus projetos fossem [em Turim] mais reconhecidos e apoiados do que na França".[75] É verdade que a Academia das Ciências de Turim reconheceu – ou, melhor dizendo, fez um encorajamento – uma das invenções de Florence, que naquela cidade ele talvez tivesse mais ligações que em outros contextos, mas a decisão de adquirir a nacionalidade tem, em geral, motivações mais profundas nessa época de tensões internacionais na Europa continental. É preciso considerar também o grande movimento internacional de matriz liberal contra a chamada traição de Cavour, representada pela cessão de Nice e Savoia à França. Essa contestação, como já foi dito aqui, tinha um líder conhecido em todo o Ocidente: Giuseppe Garibaldi, patrício de Hercule.

Além disso, é improvável que Florence, que sentia "repugnância pelo despotismo moscovita",[76] tivesse simpatia por Luís Bonaparte, ou Napoleão III, que era objeto dos ataques seja dos

74 Florence, Leila, 2017, p. 364.

75 Ibid., p. 364. Esse tema está em uma carta ao irmão, Fortuné, de 24 de março de 1862: "Espero que a Academia me conceda este favor, não só por justiça, mas também por patriotismo, para que prove que a poligrafia foi inventada por um italiano muito antes de ser anunciada na França." (Lada, p. 27). No original: "*J'espère que l'Académie m'accordera cette faveur non seulement par justice mais aussi par patriotisme, porqu'elle prouvera que la polygraphie a été inventée par un italien longtemps avant qu'elle fût annoncée en France*".

76 Lada, p. 422.

liberais, seja dos marxistas;[77] uma impopularidade que até culminou em dois atentados, ambos por mãos de italianos: o de Giovanni Pianori, em 1855, e o mais conhecido de Felice Orsini, em janeiro de 1858, que provocou a morte de doze pessoas e 156 feridos, poucos meses antes dos acordos secretos de Plombière.

Nesse contexto, a rápida escolha de Florence pela cidadania sarda poderia ter razões mais complexas que as de simples oportunidade, e proceder também de sua conclamada fé liberal e da *repugnância* pelo despotismo.

Voltando à cartografia de Florence, ele, como será evidenciado adiante, mantinha correspondência com Turim e sua Real Academia das Ciências, embora sem especiais satisfações. O fato é que em Turim ele tinha uma pequena rede de conhecidos – inclusive parentes que passavam por lá – e os súditos sardos que estavam no estrangeiro recebiam atenção, se não especial assistência, e eram algo mais que números e nomes.[78]

Turim, como Nice, fazia parte dos *lugares* de Hercule Florence, muito mais do que Paris. O Reino da Sardenha, ainda que de modesta extensão, tinha um perfil multiétnico e multicultural,[79] como pode-se perceber pela pluralidade de suas línguas oficiais, que eram o catalão, o francês, o espanhol e o italiano, além do franco-provençal, o occitano, o piemontês, o lígure e o lombardo, mas na comunicação culta ou oficial predominava o francês, ainda que, já a partir de meados do século XVI, houvesse uma política de difusão do italiano como língua oficial.

77 Marx, 1896 e 1969.

78 Vários exemplos desse especial cuidado estão analisados em Vangelista, 2015.

79 Para uma introdução a essas características comuns em todas as monarquias europeias da idade moderna, ver Elliott, 1990; no caso específico dos Savoia, ver Barbero, 2002.

Trata-se de uma complexidade pouco percebida na historiografia que não se refira especialmente àquela realidade social, cultural e política. Por causa disso, no caso dos estudos da imigração na América da primeira metade do século XIX, os desentendimentos são muitos, seja pela menor atenção dedicada a esses fluxos precoces, seja pelo costume bastante comum de atribuir pragmaticamente aos imigrantes uma nacionalidade que corresponda à pronúncia do sobrenome: se parece francês, o imigrante é francês etc. Esse mecanismo fica evidente no caso dos súditos do Reino da Sardenha, onde os sobrenomes que não são considerados italianos são atribuídos a outros países europeus.[80]

Por um erro grosseiro, mas não por isso pouco frequente, os numerosos *sardos* que se encontram nas fontes são agora geralmente considerados procedentes da ilha da Sardenha, que naquela época não tinha uma emigração significativa para a América.[81] A confusão pode aumentar porque os procedentes do Reino da Sardenha eram definidos – ou se definiam – de várias maneiras: *sabáudo* (raramente), *sardo* (a definição mais comum), *piemontês*, *genovês*. Um natural de Nice era definido, na maioria das vezes, como piemontês, ou como sardo, a palavra que indicava melhor a nacionalidade.

Estudando as séries do *Registro dos Estrangeiros* do porto do Rio de Janeiro, verifica-se que essas definições se repetem e ao mesmo tempo variam para a mesma pessoa. Encontram-se pelo menos quatro vezes Hercule Florence; não na sua primeira entrada em 1824, mas em posteriores passagens na cidade. Em 1836, ele foi definido como francês; em 1838, sardo; em 1842, italiano;[82]

80 Vangelista, 2015.

81 Vangelista, 1992.

82 ANRJ, *Registro de Estrangeiros*, 1º de setembro de 1836, col. 417, vol. 2, fl.

em 1846, anotou-se *Herculo* Florence, sardo, vindo de Santos no vapor *Ypiranga*.[83] No escritório da alfândega, Hercule Florence teve a sorte de muitos outros que, passando pelos portos marítimos, receberam as mesmas variações de nacionalidade. Sobre esse assunto, poder-se-iam fazer reflexões a mais, que se referem às dinâmicas geradas no momento de identificação do passageiro estrangeiro, resultado de uma mediação cultural entre o migrante e o funcionário, a troca de nome (em 1838, Florence é registrado como Hércules Florencio),[84] mas também as distintas formas de definição da nacionalidade, que às vezes se reduz ao lugar de nascimento.

O contexto histórico é importante para decifrar a complexa personalidade de Hercule Florence e seu espaço intelectual. Na autobiografia *L'Ami des arts...*, seus pontos de origem são claros. Em primeiro lugar, a França republicana e imperial, pátria de seu pai e de Napoleão. Por parte de mãe, o principado de Mônaco. Porém, sua nacionalidade foi sarda e posteriormente italiana: por motivo de nascimento, até 1860; por escolha, de 1860 para frente.

Há também que se considerar que para aquela geração, que em poucos anos do novo regime voltou ao velho e que ainda jovem aprendeu a viajar pelo mundo, as fronteiras políticas tinham

---

50; 8 de setembro de 1838 (com destinação Rio de Janeiro), col. 415, vol. 3, fl.117; 9 de fevereiro de 1842 (negociante, parte para São Paulo), col. 423, vol. 12, fl. 221v.

83 *Diário do Rio de Janeiro*, sábbado [sic] 20 de janeiro de 1846, p. 4. Agradeço a Maria de Fátima Costa por esse dado, que não encontrei no ANRJ. O mesmo jornal cita a passagem de Florence em 9 de fevereiro de 1842, mencionada no *Registro dos Estrangeiros* também.

84 Aliás, Florencio parece ter sido o sobrenome usado durante a expedição Langsdorff. Ver carta de Adrien Taunay em Costa e Diener, 2014, p. 123.

uma importância relativa; o que interessava eram as instituições e as autoridades às quais fazer referência.

Para suas ambições de viagem além do mediterrâneo, o jovem Hercule Florence dirigiu-se ao consulado da França em Nice, recém-instituído:[85] como já visto, o porto de Mônaco não existia e a marinha francesa possuía navios, por certo, de mais larga navegação oceânica em relação aos dos Savoia, que, porém, havia se reforçado enormemente com a anexação em 1815 de Gênova e de seu porto. Por outro lado, Nice havia crescido muito e podia suscitar as fantasias de um jovem aspirante explorador, mas certamente não alcançava os níveis do porto de Marselha, nem da marinha francesa. Além disso, o consulado francês podia ser uma maneira de encontrar alguém que lembrasse o nome do pai de Hercule.[86]

Para suas invenções, Hercule Florence dirigiu-se, entre muitas outras instituições e personalidades, à Real Academia das Ciências de Turim, a capital do reino do qual ele era súdito, talvez obtendo por causa disso um pouco mais de atenção que em outras instituições. Em 1841, Hercule Florence enviou à Academia das Ciências de Turim seu relatório sobre a poligrafia, se apresentan-

85 Lada, p. 185.

86 De toda maneira, no final do século XVIII foi construído o porto de Nice, que substituiu aos poucos o antigo porto principal da casa Savoia, Villa Franca Marittima, atual Villefranche sur Mer (Lo Basso, 2002, p. 31-43; Calcagno, 2019, p. 25-43), cujas estruturas, na metade do século XIX, foram dadas em uso à marinha russa. Então, ainda que sendo uma pequena cidade, Nice tinha relações marítimas com várias partes do mundo, em primeiro lugar com Londres e Leão, que absorviam cerca do 80% das exportações piemontesas, mas havia também linhas para a Europa do Norte, a Rússia, a Nova Zelândia e a América (Romeo, 1975; Caligaris, 1985).

do como súdito do Rei Carlo Alberto, fato que ninguém pôs em dúvida.[87]

Então, por que se perdeu o perfil real da nacionalidade de Florence? Por que ao longo do tempo ele foi só francês e, recentemente, "monegasco nascido em Nice"?[88]

Deixando de lado a questão da identidade, que será tratada brevemente nas páginas seguintes, a resposta se encontra na biografia de Florence, escrita por Estevam Leão Bourroul e publicada em 1900, que continua sendo até hoje a obra mais completa sobre o artista e referência constante, direta ou indireta, e até oculta, nos escritos sobre ele. De fato, o livro de Bourroul pode ser interpretado como o ato de fundação de uma memória consolidada e compartilhada, a qual, aceita pela análise histórica, se transforma ela mesma em fonte histórica. Estevam Leão Bourroul afirma com veemência a nacionalidade francesa de Florence, até desmentindo o próprio filho de Hercule, Amador, que numa nota de 1880, em memória ao pai recém-falecido, definiu-o como "um dos filhos da inspirada Itália".[89] O aspecto interessante do texto de Bourroul é a paixão com a qual o autor afirma a nacionalidade francesa de Hercule, cancelando completamente a nacionalidade sarda:

> a família de Hercules[90] Florence, além de franceza de nascimento e de coração, mesmo em território pro-

87 Asto, 1° mazzo, lettera n. 73, 14 giugno 1842, que refere à carta de 15 de abril de 1841, acompanhando o envio da poligrafia.

88 Nouveau Musée National de Monaco, 2017, p. 6 e 7.

89 O artigo, escrito para o *Almanach Literario* de Campinas de 1881, está reproduzido por inteiro em Bourroul, 1900, p. 520-524. Na página 521, Bourroul reafirma em nota a "falsidade" da nacionalidade italiana de Florence.

90 Bourroul escreve Hercules, à portuguesa, e não Hercule. A ortografia da citação é a original.

> priamente italiano, como Vintimille, nelle residiu sob o domínio francez. Aquellas populações preferiam a annexação ao Imperio Napoleonico a continuar sob o predominio desmantelado de *principes sem prestigio nem garantia, e sem liberdade.*[91]
>
> Hercules [...] era francez, e não italiano, como alguns pensavam. Não se trata, aliás, de uma questão de nacionalidade; porque o Genio não tem Patria. Cumpre, entretanto, respeitar a verdade historica em sua plenitude. Si, por vezes, Hercules dirigiu-se ao *governo da Sardenha* e a corporações scientificas sardas, isto explica-se facilmente: Mônaco, após a fatal Restauração de 1814-1815, ficára encravado em território italiano; Nice passára a ser, *temporariamente*, possessão sarda. E por isso, embora franceza, á sua familia era mais facil entender-se com auctoridades e associações sardas. [...] Em todo caso, Hercules nasceu francez. Francezes, os seus pais. Franceza, toda a sua família.[92]

Esse é o único ponto em que Bourroul menciona o Reino da Sardenha, definindo-o, significativamente, como *governo da Sardenha*; no restante, alude ao reino vizinho com perífrases, como *as armas estrangeiras*, ou a aqui citada referência a *príncipes sem prestígio nem garantia e sem liberdade*. Ainda mais: ele considera uma simples extensão da França o Principado de Mônaco, que, pelo contrário, sempre combateu a anexação à França, ou a Gênova. Em outras partes do livro, até omite fatos históricos, para evitar escrever sobre as reformas liberais de Turim, sobre a independência dos municípios de Menton e de Roquebrune e

91 Bourroul, 1900, p. 7 (grifos meus).

92 Bourroul, 1900, p. 442-443, *passim* (grifos meus).

sua imediata anexação ao Reino da Sardenha.[93] Nessa construção mais nacionalista que histórica, o passaporte sardo e o pedido de Florence de cidadania sarda, e de fato italiana, eram pormenores que não deviam ser lembrados. Ou, para melhor dizer: tinham que ser ocultados.

Numa perspectiva histórica, essa afirmação apaixonada da *francesidade* de Hercule Florence por parte de Estevam Bourroul é a manifestação de um aspecto importante da construção da nacionalidade ao longo do século XIX. Enquanto Hercule, nascido na primeira metade do século, convivia com seu ser francês-monegasco-sardo-italiano, sem que por isso seu pertencimento à cultura francesa estivesse reduzido ou desvalorizado, Estevam Leão Bourroul era um homem da segunda metade do século, dominada pela afirmação de uma nacionalidade exclusiva, que queria cancelar a pluralidade identitária e até censurar a história.

Na base de suas próprias notas autobiográficas,[94] Bourroul nasceu em Nice em 1856 (então como cidadão sardo), foi levado quando criança para o Brasil, voltou a Nice em 1865 para estudar no Liceu Imperial até 1872, quando voltou definitivamente para São Paulo, onde se formou em Direito e, em seguida, dedicou-se ao jornalismo e à atividade política.[95] Em outras palavras, a estada de Bourroul em Nice corresponde à sua adolescência e à sua formação escolar secundária, e se coloca naquele período bastante complicado de transformação de uma cidade italiana, com uma identidade municipal muito enraizada,[96] em cidade e província

93 Ibid., p. 24.

94 Ibid., p. 513-516.

95 Bourroul (1900, p. 514) escreve de si mesmo: "Foi sempre jornalista conservador e cathólico; e escreveu grande número de livros e panfletos em defeza de suas idéas políticas e religiosas".

96 Courrière, 2008; 2014, p. 196.

francesa, por meio de uma narração pública de volta à pátria mãe, após um breve parêntese de ocupação estrangeira, proporcionando assim uma continuidade entre o Primeiro e o Segundo Império (entre Napoleão I e Napoleão III) e omitindo a história dos quatro séculos antecedentes à ocupação francesa de Nice, em 1793.[97]

Estevam Bourroul aderiu perfeitamente a esse discurso aprendido no Liceu Imperial de Nice, perpetuando a total *francesidade* de Florence, mesmo o artista tendo decidido, em 1860, ano da anexação de Nice à França, optar pela nacionalidade italiana, em continuação à mais antiga história de sua cidade.

O exílio e as pátrias de Florence

A breve autobiografia de Hercule Florence que está em *L'Ami des arts...*[98] termina com o fim de sua viagem na expedição Langsdorff, as poucas linhas de descrição de sua volta ao Rio de Janeiro e o registro da decisão de ficar no país: como se só o relato da expedição proporcionasse a Florence o *direito* a uma autobiografia, enquanto o restante da sua vida fosse interessante apenas pelas pesquisas e invenções, em cujos relatórios entram, de vez em quando, anotações autobiográficas.

As viagens pararam, perdeu-se o sentido de continuar a autobiografia. Hercule não escreve de sua própria família, só daquela de origem, mas isso é comum, seja pela época, seja pelos *topoi* consolidados da autonarração masculina. Nela não há lugar para as duas esposas, os vinte filhos, os sogros, os amigos.[99] Em *L'Ami*

97 Courrière, 2008, parágrafo 35 da versão *on-line*.

98 Lada, p. 175-196.

99 Há, pelo contrário, muitas referências à família de Hercule nos escritos que não são para a publicação, dos quais foram acessíveis os três "Diários" e a "Correspondência", transcritos e datilografados aos cuidados do Instituto Hercule Florence em São Paulo, que os conserva.

des arts... a única referência à família que ele mesmo formou e a seus afetos está neste adendo, à margem de *Moyens d'imiter parfaitement le clair de lune...*:

> Seres insensíveis que me deixam morrer, acreditem que se laços sagrados não me prendessem entre vocês, eu teria me mudado faz tempo! Eu só lamentaria algumas almas bonitas, e não as riquezas que tantos outros vêm buscar em suas praias.[100]

Os textos de *L'Ami des arts*..., preparados para a publicação, contêm fragmentos autobiográficos como este; aliás, essa prática era comum entre os inventores,[101] e em Florence essas notas às vezes parecem verdadeiros gritos da alma. Refiro-me ao apenas citado e também a umas formas de prece que estão no texto ou em suas margens, como esta: "Só Deus pode encher o coração do homem".[102]

As viagens pararam e ficou o exílio espiritual e material, do qual Florence tomou consciência após o casamento, em 1830, com Angélica de Vasconcellos, filha do amigo Francisco Álvares Machado e Vasconcellos, homem de pouca fortuna, mas de grande prestígio, acumulado com sua profissão de cirurgião e com sua atividade política em nível provincial e nacional. Os muitos filhos e os poucos meios econômicos marcaram o enraizamento definitivo no Brasil e em São Carlos, depois nomeada Campinas, que era a cidade do sogro. De fato, já a partir dos anos 1830, surge

100 Lada, p. 109. No original: "Êtres insensibles que me laissez périr, croyez que si des liens sacrés ne me retenaient parmi vous il y aurait longtemps que je me serait éloigné! Je ne regretterais que quelques belles-âmes, et non les richesses que tant d'autres viennent chercher sur vos plages".

101 Ferreira, 2014.

102 Lada, p. 149; ver também p. 189.

com força o tema do exílio, a consciência de que uma escolha de juventude marcará a vida inteira. Desde logo, começa também a computação dos "anos de Brasil", que continua até o fim de sua vida e que, aliás, é comum entre os imigrantes: "quinze anos de ausência da Europa, deste país privilegiado";[103] "Minha vida tem sido uma longa expiação por vinte anos";[104] "Minha vida tem sido trinta e dois anos de martírio";[105] "isolamento absoluto de 47 anos".[106]

Nos escritos de Florence, a palavra *exílio* é muito frequente e tem vários significados. Há o exílio geográfico, longe da Europa ("Europa, país privilegiado"), que se desdobra no Brasil, porque este país não só é o lugar de seu exílio, mas também porque São Carlos representa o exílio no exílio, longe como está de São Paulo e do Rio de Janeiro.

Porém, seu exílio está ainda mais na condição de marginalidade da comunidade de sábios e do meio artístico e cultural, europeu ou brasileiro, o qual poderia proporcionar pequenas e essenciais ajudas no ofício de inventor e de artista. Em suma, Florence angustiava-se enormemente pela distância, que se fazia sempre maior, entre alguns países da Europa em plena Revolução Industrial (ele faz principalmente referência à Inglaterra e à França) e o Brasil, aonde chegavam só as migalhas da modernidade, e ainda por cima na forma que ele considerava a pior: a predominância do interesse pelo dinheiro.

Então, além de sua dimensão geográfica, o exílio de Hercule Florence em relação aos lugares de origem é mais social e cultural

103 Ibid., p. 129.

104 Ibid., p. 188.

105 Correspondances, p. 30.

106 Correspondances, p. 150.

do que político e identitário, porque, num meio a seu ver mais desenvolvido que o Brasil, ele teria podido – no seu imaginário – alcançar sua realização: ser socialmente reconhecido como inventor e viver dos proveitos de suas invenções.

A atitude para com seus lugares de origem é, em Florence, o pesar saudoso pelo tempo passado de sua juventude e de amargura profunda pelo que se perdeu após a queda de Napoleão. A visão da ilha da Córsega, desde a altura de Mônaco, é apresentada na autobiografia *L'Ami des arts...*

> Pode-se ver de Mônaco a ilha da Córsega, mas só de manhã, e no final do dia, quando o tempo está calmo. Ficava satisfeito, cada vez que via esta ilha montanhosa, eu sentia que respirava o mesmo ar que Napoleão havia respirado em sua infância, eu então era seu concidadão. Quando o dia estava bom, seu berço emergia do Mediterrâneo, colorido nos matizes do amanhecer, e as altas montanhas da ilha pareciam ser gigantes postos na guarda do berço do gigante da história moderna. Hoje vivo na mesma latitude onde morreu e também suporto os tormentos do exílio: uma abordagem singular, que às vezes me faz refletir sobre a força moral de que Napoleão precisava para sobreviver à maior glória que um homem pode adquirir: então, eu me consolo um pouco, se eu, criatura tão insignificante, não pude alcançar a porção de glória que, durante vinte anos, foi mostrada em meus olhos, em meu exílio.[107]

107 Lada, p. 178. No original: "*On aperçoit de Monaco, l'île de Corse, mais seulement le matin, et la fin du jour, quand le temps est serin [sic]. J'étais satisfait, chaque fois que j'apercevais cette* île *montagneuse, je sentais que je respirais le même air qu'avait respiré Napoléon dans son enfance, j'étais donc son concitoyen. Quand la journée s'annonçait belle, son berceau sortait de la Méditerranée, coloré des teintes de l'Aurore, et les hautes montagnes*

A mágica visão, agora tão rara, da ilha da Córsega nas manhãs ensolaradas de inverno, o céu limpo pelo mistral, as montanhas que são pouco mais que uma miragem além do mar, bem expressam a sensibilidade de Hercule Florence, que está, "mesquinha criatura", ao limiar da cena e, ao mesmo tempo, no centro dela. Em poucas linhas, ele passa de ser às margens da história, mas de alguma maneira dela partícipe no espírito ("Eu era seu concidadão"), ao centro do discurso e ao mesmo tempo fora do lugar, no exílio brasileiro, à mesma latitude de onde Napoleão morreu. Esse trecho expõe os sentimentos de Florence, o olhar terno para com ele mesmo quando jovem, sua adesão aos ideais que Napoleão representava e a introspecção da idade adulta, quando o destino do corso está mais próximo a sua vida de *exiliado* e lhe serve de exemplo e de conforto. A ilha de Santa Helena vira, para o próprio Hercule, um lugar da alma.

Ao mesmo tempo, ser "concidadão de Napoleão" era muito mais do que ser francês. Aliás, no *Deuxième livre de premiers matériaux*, Florence exclama: "Napoleão! O italiano vê o seu berço todos os dias ao acordar!".[108] Entrever a miragem das montanhas e respirar a brisa procedente da Córsega eram como se sentir cidadão do mundo. Significava participar, no espírito – no ar que o próprio Napoleão tinha respirado –, da grande empresa de libertação da opressão das monarquias atrasadas, do poder ma-

de l'île, semblaient être *des géants postés à la garde du berceau du géant de l'histoire moderne. Aujourd'hui j'habite sous la même latitude où il est mort et j'y endure aussi les tourmentes de l'exil: singulier approchement, qui me fait quelquefois réfléchir à la force d'âme qu'il a fallu à Napoléon, pour survivre à la plus grande gloire qu'un homme puisse acquérir: alors, je me console un peu, de ce que moi, si chétive créature, je n'ai pu atteindre à la portion de gloire qui, pendant vingt ans s'est montrée à mes yeux, dans mon exil*".

108 Diário II, p. 171. No original: "*Napoléon! L'Italien voit ton berceau tous le jours à son réveil!*"

terial e despótico da Igreja Católica, do estado de ignorância e de abandono do povo. O ar da Córsega é a metáfora do recado que Hercule recebe, de uma forma quase mística, do herói de sua infância. Um legado que se manifesta tanto na ação política de Florence no Brasil como nas palavras que ele escreve em seus diários, ou, para melhor dizer, em seus livros de *premiers matériaux*.

Na ode ao Brasil, escrita em várias versões entre 1840 e 1846,[109] Florence saúda com entusiasmo o novo curso da monarquia brasileira, que evidentemente espera seja distinto do período antecedente, quando em São Paulo houve o assassinato de seu patrício Líbero Badaró, em 1830. No *incipit*, ele se apresenta na sua alteridade: ele não é brasileiro, mas filho de Ausónia, a definição poética clássica da Itália antiga: "O soberbo Amazonas não rejeita, / D'ignorado ribeiro, a leve offerta: / Brazil escuta d'um filho d'Auzonia, / O canto amigo e puro!".[110]

Em 1840, Hercule Florence escreve vários rascunhos de composições poéticas dedicadas à Itália. Nesses textos, a língua italiana alterna com a francesa e às vezes mistura-se. Trata-se de um italiano cheio de incertezas, escrito sem o uso de um dicionário, procurando na memória a língua estudada na escola em Mônaco, ou falada nas relações cotidianas, mas rica também de palavras eruditas. A escrita é tumultuosa, cheia de supressões e correções e de palavras sublinhadas ou seguidas por um ponto de interrogação, para evidenciar as incertezas linguísticas.[111]

109 Lada, p. 152-157 e 160-167.

110 Ibid., p. 152. A ode ao Brasil é analisada mais amplamente e de outra perspectiva, neste mesmo volume, por Antonio Herculano Lopes.

111 Em sua autobiografia, Florence narra que, após a volta de Antuérpia, em Toulon, recebeu uma proposta de ajuda econômica, dando aulas de italiano. Porém ele recusou, afirmando não saber italiano (Lada, 1837-1859, p. 186).

No início do terceiro livro dos *premiers matériaux*, há duas composições dedicadas à Itália. A primeira, em italiano, é uma exortação ao combate pela pátria, dirigida aos jovens italianos. Há uma referência à *Giovine Italia*, associação fundada por Giuseppe Mazzini em 1831, na cidade de Marselha, e que nos anos 1830 sofreu importantes derrotas em Savoia, até sua refundação na Inglaterra em 1839. Pouco depois, há um texto em francês que exprime desolação e morte:

> Itália! Itália! Você não é mais que uma tumba. Em você meus olhos caem; em todos os lugares não vejo vida, e onde está você? Ah, eu te vejo sob uma capa de correntes [...] ah se você se levantasse, os povos surpresos te admirarem sem parar.[112]

A personificação da Itália é mais realizada no final do *deuxième livre*, numa série de textos escritos em 1840, sobre o mesmo assunto, e que sinalizam fortes emoções, até com a introdução, no meio, de uma série de letras num código agora indecifrável. Neste outro trecho, ele começa em italiano, para continuar em francês:

> Italiani! Vedete la / Patria! / Italiens, regardez / la Patrie! / Le sue virginali (virgine?) / faccie, in rubor acccese, / dove rapida succede / mortal pallore, angustia / d'anima lasciano transpirare. / Oui, son âme pure comme/ son ciel, noble comme ses / souvenirs, grande comme / sa gloire, sent avec toute / la sensibilité d'une femme / belle et outragée, de / quels défenseurs elle est/ digne! / Comme son front virginal,

112 Diário III, p. 8. No original: "*Italie! Italie! Tu n'es plus qu'un tombeau. Sur toi mes regards tombent; partout je ne vois que vie, et toi, où es-tu? Ah, je t'aperçois sous un manteau de chaînes [...]. Ah si tu te relevais, les peuples étonnés t'admiraient san cesse*".

> une pâleur / mortelle / soudain répand… / Italiens! Vengez ses / outrages! Que votre sang / ranime son / sein! [...] / Sur son front virginal la pâleur / de la mort / succède au teint de rose […] / Que les anciens faisceaus, que les / aigles Romaines / La Croix teinte d'un sang / qui a sauvé le monde / vos contrées trempées de sang / pour sauver la patrie![113]

A prosopopeia da Itália, jovem virgem de tez rosa, mas golpeada por um palor repentino e quase que mortal, as alusões a seu seio nu e à cruz formam parte da representação literária e visual da pátria ofendida, muito difundido na época e que constituía uma versão aflitiva da triunfante *La Liberté guidant le peuple*, executada por Eugène Delacroix em 1830. Naquela época, as fórmulas patéticas nos textos sobre a pátria aflita circulavam desde o âmbito culto até as camadas populares, suportadas pelas imagens, pela música e pela poesia. Para dar um exemplo ilustre, palavras e conceitos, e a mesma representação estatuária da Itália, expressos com ingenuidade e aproximação linguística por Florence, já haviam tomado forma na *Canzone all'Italia* de Giacomo Leopardi, escrita em 1818 e publicada em 1819.[114] Uma pátria que será re-

113 Diário II, p. 177-181, *passim*. Tradução: "Italianos! Vejam a Pátria! Sua cara virginal, cara de rubor brilhante, onde se passa rapidamente à palidez mortal, angústia da alma. Sim, sua alma pura como seu céu, nobre como suas lembranças, grande como sua glória sente com toda a sensibilidade de uma mulher bela e indignada, de que defensores ela é digna! Sobre sua testa virgem uma palidez mortal de repente se espalha. Italianos! Vinguem seus ultrajes! Que seu sangue revive seu peito! [...] Na sua testa virginal".

114 "[...] *Or fatta inerme, /nuda la fronte e nudo il petto mostri/Oimè quante ferite, /che lividor, che sangue! oh qual ti veggio, / Formosissima donna! /Io chiedo al cielo/E al mondo: dite dite;/Chi la ridusse a tale? E questo è peggio, / Che di catene ha carche ambe le braccia;/Sì che sparte le chiome e senza velo/*

presentada iconograficamente com metamorfoses que no tempo se adaptariam à atualidade política.[115]

Por exemplo, a representação escrita de Florence evoca-nos o quadro do pintor romântico italiano Francesco Hayez (Veneza, 1791; Milão, 1882), intitulada *Meditazione*, que, para os liberais italianos, foi o símbolo da pátria oprimida (ver figura 1).[116] O quadro foi executado em 1851, em memória dos motins independentistas derrotados em Milão em 1848. De notável impacto visual, foi motivo de escândalo pela sensualidade e a beleza da jovem semivestida de branco, com uma expressão no rosto e uma postura que poderiam aludir a um estupro, e pela presença da história (o livro) e da religião, a cruz, que têm impressas as datas da repressão sangrenta em Milão: então uma citação inequívoca de eventos específicos.[117] Outro exemplo: a página de rosto de uma edição italiana de 1862 dos poemas de Leopardi (v. fig. 2), na qual a representação da pátria se adapta à nova situação política: a Itália é unida, porém, para completá-la, faltam ainda Roma e Veneza. É provável que Florence não conhecesse as duas obras aqui citadas, porém seus escritos em torno da Itália denotam a sua inclusão e participação no *exílio* ao debate político da época e à sua retórica, além da vizinhança partícipe ao que estava se passando na Itália.

Siede in terra negletta e sconsolata/ [...]." (Leopardi, 1998, p. 5). O texto dessa *canzone* é bastante complexo, e não é esta a ocasião para analisá-lo, mas citá-lo como exemplo de um ilustre modelo da Ode de Florence.

115 Maggi, 2013, p. 45-46.

116 A versão aqui reproduzida está acessível ao público na Galeria de Arte Moderna de Verona.

117 Assinalo que uma pintura antecedente de Hayez, alegoria da pátria italiana, é de 1840 e está conservada na Pinacoteca de Brera, em Milão.

Figura 1. Francesco Hayez, *Meditazione*, 1851.
(Galeria de Arte Moderna de Verona.)

Figura 2. *Poesie di Giacomo Leopardi*, 1862, página de rosto (*apud* Maggi, 2013, p. 46).

Afinal, qual foi a pátria de Hercule Florence? Ele utiliza com muita parcimônia essa palavra, um conceito sagrado no meio político e cultural da Europa de seus tempos. Há um indício interessante: no *Deuxième livre de premiers matériaux*, encontram-se vários rascunhos de textos poéticos, hinos e odes, cuja produção era normal na época, pois essas composições eram declamadas pelo próprio autor em eventos sociais, e os momentos de sociabilidade deviam ser bastante frequentes na São Carlos de Campinas da época de Florence.

No *Deuxième livre...* antes dos vários rascunhos sobre Brasil, Itália etc., Florence faz uma programação dos trabalhos a serem realizados, em versos, com um esquema que traduzo aqui na sua inteireza e na mesma composição gráfica:

Hino à riqueza

" ____ à Pobreza

" ____ ao Talento

" ____ ao Amor

" ____ à m au Cosmopolitis a minha Pátria

" ____ ao Brasil

à Glória

Navegação dos rios.[118]

Na quinta linha há uma dupla hesitação muito interessante. Ele provavelmente ia escrever "à ma Patrie"; cancelou, escreveu quase que por completo "au Cosmopolytisme"; cancelou e, por fim, voltou a "ma Patrie". Como se ele oscilasse entre o cosmopolitismo, que formava parte de sua educação e de sua vida, e uma identificação nacional. Optou pela pátria, a Itália, que estava numa situação muito crítica e que talvez por causa disso sentia mais sua.

Como afirmei antes, a palavra *pátria* aparece raramente nos escritos de Florence. Em *L'Ami des arts...* sua pátria é Nice: "Eu me lembro que os céus de Nice, minha pátria...".[119] Umas páginas depois, na terceira correção, de 1843, da ode *Ao Brasil*, escrita em português, a pátria é a Itália, caracterizada por sua conformação

118 Diário II, p. 160.

119 Lada, p. 94.

geográfica: "Oh! Se na minha amada Pátria, o mar/ como para afogá-la estende os braços...".[120] Por fim, num rascunho da carta a Antônio Roiz Ferraz Amaral, de 18 de novembro de 1850, ele escreve:

> Nem cá esperei resultado algum que me auxiliasse n'esta empreza. Pois que? E eu, hum triste inventor de Campinas, que nem he brasileiro, nem sei de que Pátria pertence, será crido e aceito?[121]

Hercule Florence, homem da primeira metade do século XIX, nunca perdeu a ligação ideal com seus lugares de origem, a sua pátria, mas ao mesmo tempo, ainda que criticando-o, foi leal ao Brasil, país de seus filhos e de sua primeira esposa. Essa posição, que se pode averiguar através da leitura dos manuscritos aqui analisados, é expressa com clareza numa carta escrita poucos meses antes de morrer, em 8 de outubro de 1878, a seu filho adolescente Paulo, que estava estudando na Alemanha, provavelmente em Cassel, cidade da mãe dele, a segunda esposa de Hercule:

> Você está na Alemanha, um país onde a educação infantil é avançada, aproveite, porque poucos brasileiros têm esse privilégio, e lembre-se que sua pátria é aqui, e você deve servi-la e amá-la. Eu que sou da Itália, agora, depois de cinquenta e três anos, lembro-me de meu país mais vividamente, mas isso é porque ninguém aqui está interessado nos meus trabalhos.[122]

---

120 Lada, p. 152.

121 Diário III, p. 30. Como sempre, aqui também a transcrição é literal.

122 *Apud* Marquese, 2017, p. 321. No original: "*Vous êtes en Allemagne, pays où l'éducation juvénile est avancée, profitez-en, parce que peu des Brésiliens*

A última frase dessa citação demonstra a preocupação do pai por não ter sido talvez um bom exemplo para o filho; mas a vida de Hercule é diferente, uma experiência que afeta apenas ele, porque a pátria de Paulo é o Brasil, onde o filho nasceu.

As duas cartas citadas comunicam sentimentos distintos, até contrapostos, mas expressam a peculiaridade da condição de migrante, vivida na reconstrução de um lugar social e cultural próprio, na procura constante de um centro, ainda que ficando às margens das sociedades, de procedência como de chegada.

Concluindo: a vida de Hercule, Florence na história

Nestas páginas a figura de Hercule Florence foi delineada no seu ser migrante, com base na narração que ele próprio fez de si nos seus escritos, na literatura relativa a ele e na análise do contexto histórico no qual ele atuou. Esse conjunto de textos escritos, alguns dos quais incluem lembranças sedimentadas ao longo das gerações, constitui um *corpus* documental de interesse para a análise histórica, pois nele se encontra a autobiografia propriamente dita, a narração de si mesmo conduzida através da escrita, o recado deixado aos descendentes e a variada contribuição adicional dos testemunhos mais próximos.

Então, a historiadora encontra uma documentação extensa e importante (porém ainda não exaustiva), sobre a qual pode trabalhar na perspectiva da construção individual e coletiva da personagem; construção que em breve abandona o âmbito familiar até se incorporar nas análises históricas propriamente ditas. Nestas múltiplas passagens, os acúmulos de fabulações, que são elemen-

ont ce privilège, et n'oubliez pas que votre patrie est ici, et que vous devez la servir et l'aimer. Moi qui suis originaire d'Italie, maintenant, après cinquante-trois ans, je me souviens avec plus de force de mes parents, mais c'est parce qu'ici, personne ne s'interesse à mes travaux".

tos típicos da memória, transformam-se em dados conclamados, *fatos históricos*, tanto que os elementos da construção do herói – figura necessária à narração – passam, de maneira quase que despercebida, nos trabalhos críticos.

O objetivo deste ensaio foi entrecruzar a parte disponível do precioso acervo documental – que os descendentes de Hercule preservaram do esquecimento – com o Florence como ator histórico, mergulhado numa época de transformações fundamentais para o Ocidente, as quais afetaram os dois lados do Atlântico: a queda do *Ancien Régime*, a Revolução Industrial, as revoluções liberais, a independência de quase todas as colônias americanas, a Restauração na Europa, a supressão do tráfico da África e o início no Brasil do movimento de abolição da escravidão, a ampliação do campo de ação das classes populares, as quais passaram das migrações por terra aos grandes deslocamentos através dos oceanos.

Neste quadro, o personagem desdobra-se em *Hercule*, órfão de pai, pobre, mas com boa educação, que sonha com aventuras além-mar, e em *Florence*, ator histórico, natural de Nice, residente em Mônaco, que como todos os seus conterrâneos que não pertencessem à alta ou média aristocracia faz sua iniciação à idade adulta através da emigração; primeiro chegando até o norte da Europa, e depois à América, tentando a aventura e ao mesmo tempo o resgate social. O acaso lançou o jovem liberal que sonhava com as façanhas de Napoleão num país que estava muito longe de seus ideais políticos e civis: o Brasil, uma monarquia escravista, dominada por uma limitada aristocracia agrária.

Afinal, nestas páginas trabalhou-se no fio entre história e biografia, enriquecendo a análise histórica com o farto aporte dos escritos de *Hercule* e, ao mesmo tempo, colocando *Florence* no profundo respiro da história, em uma emigração especial, aquela do início do século XIX, que teceu a rede do cosmopolitismo atlântico por meio de ideias, saberes, profissões e projetos, amadurecidos nas múltiplas solidões de uma geração itinerante.

Referências

Fontes manuscritas, digitalizadas e *on-line* (para os acrônimos, ver nota "Sobre as fontes manuscritas", no início do livro)

Fontes impressas

BARBERO, Alessandro. *Il ducato di Savoia. Amministrazione e corte di uno stato franco-italiano (1416-1536).* Bari-Roma: Edizioni Laterza, 2002.

BARELLI, Hervé. Charles-Félix ou Carlou-Félis la visite à Nice d'um simbole féodal (novembre-décembre 1826). *In*: CLEYET-MICHAUD, Rosine (dir.) *et al. 1388. La Dédition de Nice à la Savoie*. Paris: Éditions de la Sorbonne, 1990.

BOURROUL, Estevam Leão. *Hercule Florence (1804-1879). Ensaio histórico-literário por....* São Paulo: Typographia Andrade, Mello & Comp., 1900.

CALCAGNO, Paolo. *Fraudum. Contrabbaindi e illeciti doganali nel Mediterraneo (sec. XVIII)*. Roma: Carocci editore, 2019.

CALIGARIS, G. Alla ricerca di un mercato. Progetti commerciali in Piemonte nei secoli XVII e XVIII, *Studi Piemontesi*, vol. 14, 1985, p. 49-59.

CANDIDO, Salvatore. Le emigrazioni politiche nell'America iberica dell'ottocento, *Il Veltro*, XXXIV, 1990, n. 3-4, p. 261-276.

CARELLI, Mario. *À la découverte de l'Amazonie. Les carnets du naturaliste Hercule Florence*. Paris: Gallimard, 1992.

CLEYET-MICHAUD, Rosine (dir.) *et al. 1388. La Dédition de Nice à la Savoie.* Paris: Éditions de la Sorbonne, 1990.

COSTA, Maria de Fátima. Aimé-Adrien Taunay: um artista romântico no interior de uma expedição científica, *Revista de História e Estudos Culturais*, Uberlândia, vol. 4, 2007, n. 4, 17 p

COSTA, Maria de Fátima; DIENER, Pablo. *Bastidores da expedição Langsdorff.* Cuiabá: Entrelinhas, 2014.

COURRIÈRE, Henri. Les troubles de février 1871 à Nice. Entre particularisme, séparatisme et République, *Cahiers de la Méditerranée*, n. 74, 2007, p. 179-208. Disponível em: < https://www.academia.edu/28433376/_Les_troubles_de_f%C3%A9vrier_1871_%C3%A0_Nice_Entre_particularisme_s%C3%A9paratisme_et_R%C3%A9publique_Cahiers_de_la_M%C3%A9diterran%C3%A9e_n_74_juin_2007_p_179_208>. Acesso em: 10 fev. 2019.

COURRIÈRE, Henri. Fêtes et changement de souveraineté à Nice en 1860, *Cahiers de la Méditerranée*, n. 77, 2008, p. 77-93. Disponível em: https://www.academia.edu/28433508/_F%C3%AAtes_et_changement_de_souverainet%C3%A9_%C3%A0_Nice_en_1860_Cahiers_de_la_M%C3%A9diterran%C3%A9e_n_77_2008_p_77_93. Acesso em: 10 fev. 2019.

COURRIÈRE, Henri. *Le comté de Nice et la France: Histoire politique d'une intégration (1860-1879).* Rennes: Presses Universitaires de Rennes, 2014.

DEBRET, Jean-Baptiste. *Viagem pitoresca e histórica ao Brasil.* Belo Horizonte: Editora Itatiaia; São Paulo: Universidade de São Paulo, 2 t., 1978.

ELLIOTT, John H. A Europe of composite monarchies, *Past & Present*, n. 137, 1990, p. 48-71.

FERREIRA, Dirceu Franco. Narrando viagens e invenções. Hercule Florence: amigo das artes na periferia do capitalismo, *Anais do*

Museu Paulista: História e Cultura Material, São Paulo, vol. 22, 2014, n. 2, p. 153-196.

FLORENCE, Hercule. Esboço da viagem do Sr. Langsdorff no interior do Brasil pelo 2° desenhista da comissão scientífica Hercule Florence. Traduzido pelo Visconde de Taunay, *Revista Trimensal do Instituto Histórico, Geográfico e Ethnográfico do Brasil*, t. 38, vol. 1 (1875), p. 355-469, vol. 2, p. 231-301; t. 39, vol. 2 (1876), p. 157-182.

FLORENCE, Hercule. *Viagem fluvial do Tietê ao Amazonas de 1825 a 1829*. São Paulo: Cultrix/EdUSP, 1977. Tradução do Visconde de Taunay.

FLORENCE, Leila. Chronologie: Hercule Florence (1804-1879). In: NOUVEAU Musée National de Monaco. *Hercule Florence*: Le Nouveau Robinson: catálogo de exposição, sob a direção científica de Linda Fregni Nagler. Monaco: NMNM/Humboldt Books, 2017. p. 358-365.

FOUILLERON, Thomas. Quitter son pays. Monaco en 1823. In: NOUVEAU Musée National de Monaco. *Hercule Florence*: Le Nouveau Robinson: catálogo de exposição, sob a direção científica de Linda Fregni Nagler. Monaco: NMNM/Humboldt Books, 2017. p. 168-194.

GRAHAM, Maria. *Diário de uma viagem ao Brasil e de uma estada nesse país durante parte dos anos de 1821, 1822 e 1823*. São Paulo: Companhia Editora Nacional, 1956.

HARDMAN, Francisco Foot; KURY, Lorelai. *Nos confins da civilização:* Algumas histórias brasileiras *de Hercule Florence, História, Ciências, Saúde-Manguinhos*, Rio de Janeiro, vol. 11, 2004, n. 2. Disponível em: <https://www.arca.fiocruz.br/bitstream/icict/24578/2/pdf38.pdf>. Acesso em: 22 fev. 2017.

HEYRIES, Hubert. Les militaires savoyards et niçois entre deux patries (1848-1871). Approche d'histoire militaire comparée, armée française, armée piémontaise, armée italienne, Montpellier,

Presses Universitaires de Montpellier, Études militaires n. 30, 2001.

KOSSOY, Boris. *Hercule Florence: a descoberta isolada da fotografia no Brasil*. 3. ed. São Paulo: Edusp, 2006.

LAPA, José Roberto do Amaral. *A cidade: os cantos e os outros*: Campinas, 1850-1900. São Paulo: Edusp, 1996.

LEOPARDI, Giacomo. *Poesie e prose*. Milano: Mondadori, 1998.

LO BASSO, Luca. *In traccia de' legni nemici. Corsari europei nel Mediterraneo del Settecento*. Ventimiglia: Philobiblion Edizioni, 2002.

LOTMAN, J. M. Il diritto alla biografia. Il rapporto tipologico fra il testo e la personalità dell'autore. In: LOTMAN, J. M. *La semiosfera. L'asimmetria e il dialogo nelle strutture pensanti*. Venezia: Marsilio, 1985.

LOTMAN, J. M.; USPENSKIJ, B.A. *Tipologia della cultura*. Milano: Bompiani, 1975.

LURET, William. *Les trois vies d'Hercule Florence*. Paris: J.C. Lattès, 2001.

MAGGI, Marco. Per la prosopopea dell'Italia di Giacomo Leopardi, *Arabeschi*, n. 1, 2013, p. 39-50.

MARIANO, Marco; SACCHI, Duccio. La costruzione della rete consolare sarda nelle Americhe (1815-1860), *Annali della Fondazione Luigi Einaudi*, XL, 2006, p. 327-368.

MARQUESE, Rafael de Bivar. Hercule Florence et les paysages du sucre et du café dans l'Ouest pauliste: 1830-1879. In: NOUVEAU Musée National de Monaco. *Hercule Florence*: Le Nouveau Robinson: catálogo de exposição, sob a direção científica de Linda Fregni Nagler. Monaco: NMNM/Humboldt Books, 2017. p. 289-325.

MARX, Karl. *Lotte di classe in Francia dal 1848 al 1850*. Milano: Uffici della Critica Sociale, 1896 [Hamburgo, 1850].

MARX, Karl. *Le 18 Brumaire de Louis Bonaparte.* Paris: Éditions Sociales [New York, 1852], 1969.

MAWE, John. *Viaggio all'interno del Brasile... fatto nel 1809-1810.* Milano: Tipografia Sonzogno e Comp., 2 t., 1817.

MILLIN, A. [Aubin]-L. [Louis]. *Voyage en Piémont, a Nice, et a Gènes.* Paris: Wassermann Librairie, 2 t., 1816.

NOUVEAU Musée National de Monaco. *Hercule Florence*: Le Nouveau Robinson: catálogo de exposição, sob a direção científica de Linda Fregni Nagler. Monaco: NMNM/Humboldt Books, 2017.

PAPON, S. A. *Voyage dans de département des Alpes Maritimes.* Paris: Barrou et Lebour, 1804.

PEDROSA, Mário; ARANTES, Otila Beatriz Fiori (orgs.). *Acadêmicos e Modernos.* Textos Escolhidos III. São Paulo: Editora da Universidade de São Paulo, 2004.

RENDU, Abel. *Menton, Roquebrune et Monaco (ex-principauté-Italia). Histoire, administration et description de ce pays.* Paris: Comon, Libraire-éditeur, 1848.

RIBEIRO, Arilda Ines Miranda. *A educação feminina durante o século XIX.* O Colégio Florence de Campinas 1863-1889. Campinas: Universidade Estadual de Campinas, 2006.

ROMEO, Rosario. *Gli scambi commerciali degli Stati sardi con l'estero nelel voci più importanti della bilancia commerciale (1819-1859).* Torino: Centro Studi Piemontesi, 1975.

SABY, Claude-Alain. *1815. Les naufragés de l'Empire.* [*S.l.*]: Édité par l'auteur, The BookEditions, 2016.

SODRÉ, Nelson Werneck. *História da Imprensa no Brasil.* Rio de Janeiro: Graal, 1977.

TAUNAY, Afonso de E. [Escragnolle]. *A missão artística de 1816.* Brasília: Editora da Universidade de Brasília, 1983.

TOSELLI, Jean-Baptiste. *Précis historique de Nice depuis la fondation jusqu'en 1860*. Nice: Typographie & Librairie Ch. Chauvin, 1867-1869. 4 v.

VANGELISTA, Chiara. Traders and Workers: Sardinian Subjects in Argentina and Brazil. *In*: POZZETTA, George; RAMIREZ, Bruno (ed.). *The Italian Diaspora*. Migration Across the Globe. Toronto: Multicultural History Society of Ontario, 1992, p. 37-50.

VANGELISTA, Chiara. Costruire strade in Brasile: immigrati liguri e piemontesi a metà dell'ottocento, *Dimensões*, vol. 26, 2011, p. 8-23.

VANGELISTA, Chiara. Uomini, donne, denaro. Aspetti dell'emigrazione dal Regno di Sardegna al Brasile, *Itineraria*, vol. 14, 2015, Firenze, SISMEL, p. 87-127.

VANGELISTA, Chiara; PAGNOTTA, Chiara. *Entre cuatro continentes. América Latina y las migraciones, siglos XIX-XXI*. Roma: Aracne Editrice, 2020.

WALSH, Robert. *Notícias do Brasil (1828-1829)*, 2 t. São Paulo: EdUSP; Belo Horizonte: Itatiaia, 1985.

HERCULE FLORENCE, ARTISTA VIAJANTE

Maria de Fátima Costa

Como já conheço os artistas, havia aceitado incorporar, a custas próprias, o Sr. Florence – um homem jovem de muito boa vontade –, que espero mais adiante será para mim de grande utilidade.[1]

O texto aqui epigrafado tem autoria do barão Georg Heinrich von Langsdorff, chefe da expedição científica russa que entre 1822-1829 percorreu o Brasil. Langsdorff escreve essas palavras em seu diário, no dia 19 de maio de 1827, quando estava em Chapada dos Guimarães, Mato Grosso. A raiz de tal desabafo está na carta que o desenhista da expedição, Aimé-Adrien Taunay, lhe entregou. Nesta, o jovem artista põe de manifesto as suas desa-

1 Langsdorff, *Os diários de Langsdorff*, p. 16-17. Utilizo a transcrição a partir da cópia datilografada guardada nos arquivos da Fundação Oswaldo Cruz /Fiocruz, Rio de Janeiro. No original: "*Da ich schon die Künstler kenne, so hatte ich in dieser Hinsicht den Florence[,] einen jungen viel willigen Menschen[,] für eigene Kosten angenommen, der mir in der Folge hoffentlich von grossem Nutzen seyn wird*". Esse e todos os demais trechos em alemão citados neste ensaio foram traduzidos com o apoio de Pablo Diener, a quem sinceramente agradeço.

venças com o chefe e, ao concluir, pede demissão;[2] situação que, de fato, não se efetivou.

Esse foi um momento delicado. Ao mencionar "Como já conheço os artistas", Langsdorff rememorava a sua conturbada relação com o primeiro pintor que havia contratado para a expedição, Johann Moritz Rugendas, que, em plena rota, depois de travarem uma violenta discussão, abandonou a equipe levando consigo centenas de desenhos. Foi a saída de Rugendas que, de maneira oblíqua, ensejou a contratação de Florence: como "gato escaldado tem medo de água fria", o ressabiado Langsdorff empregou Aimé-Adrien Taunay e, como uma carta escondida na manga, também Hercule Florence, para realizarem em trânsito o registro visual dos três reinos da natureza, das populações e da paisagem. Taunay seria o artista principal e Florence lhe secundaria.

Tratar de Hercule Florence como artista-viajante é, pois, trazer à tona a sua vida durante os quatro anos em que transitou pelo interior do Brasil, no início do século XIX, como membro da expedição chefiada pelo médico-naturalista Georg Heinrich von Langsdorff. Essa, afinal, constituiu a sua única experiência nesse ofício.

Cabe observar que, enquanto a relação entre Langsdorff e Rugendas foi mediada por um rígido e minucioso contrato de trabalho, as relações laborais de Taunay e Florence com a empresa científica foram bem menos institucionalizadas.

Há indícios de que houve algum acordo formal com Taunay, pois, na carta de demissão acima mencionada, ele faz referência a cláusula do seu contrato, mas esse documento até agora não foi localizado. E em uma das missivas guardadas no Arquivo da Academia das Ciências de São Petersburgo – AACSP, Langsdorff comenta as vantajosas condições que foram oferecidas a Aimé-

2 Costa e Diener, 2014, p. 126.

Adrien quando este passou a fazer parte da equipe. Por exemplo, como artista principal, ganharia, à época, "mais que os primeiros pintores artistas da Europa, mais ou menos o que os membros do Instituto de Belas Artes da França", mais que o "seu respeitável" pai, Nicolas Taunay, "recebia como membro da Academia das Artes no Brasil, mais que todos os outros pintores da Corte Imperial do Brasil".[3] Além disso, o acordo garantiria ao jovem artista, no seu retorno, alternativamente, receber uma boa aposentadoria ou ser aceito como membro na Academia Imperial de Belas Artes de São Petersburgo. Propostas nada desprezíveis.

Quanto a Florence, pouco, ou quase nada, se conhece sobre as condições que regeram a sua incorporação à equipe expedicionária russa. Nesse sentido, o trecho do diário posto aqui como epígrafe permite vislumbrar uma vereda. Segundo ele, Hercule, mais que um empregado da expedição, estaria vinculado direta e pessoalmente a Langsdorff e, certamente, não receberia nem o mesmo salário nem as mesmas regalias oferecidas ao primeiro desenhista.

Sobre isso, vale lembrar que Florence estabeleceu contato com Langsdorff a partir de um anúncio que o cientista havia publicado em jornal carioca, uma nota que circulou na seção "Notícias Particulares" do *Diário* do Rio de Janeiro, na edição que chegou às ruas da capital do Império brasileiro no dia 07 de julho de 1825, com os seguintes termos:

---

3 Langsdorff, [1825?]. No original: "*M*[r]. *Taunay recevrait plus q' les premiers peintres artistes de l'Europe, plus ou moins q' les Membres de l'Institut des Beaux Arts de France, plus q' le respectable père de M*[r]. *Taunay a reçu comme Membre de l'Ac. des Arts / au Brésil /, plus q' tout autre peintre de la Cour Imp. du Brésil*". Carta de G. H. von Langsdorff, sem destinatário e sem data. Esta e todas as demais traduções do francês postas neste ensaio foram feitas livremente pela autora.

> Hum Naturalista, que pretende fazer huma viagem ao Interior do Brazil, preciza para companheiro de viagem, hum Pintor que entenda de Dezenho, quem estiver nas circunstancias de o acompanhar; póde dirigir-se a rua da Ajuda N. 33, onde mora o Snr. Debret, pintor Francez, que ahi achará as informações precisas.

Foi em resposta a esse anúncio que Florence – um pária mundial, no dizer de Barman –[4] se apresentou à casa de Debret e graças aos dotes de desenhista e ao conhecimento sobre cartografia, adquiridos com grande esforço pessoal ainda na Europa, acabou contratado por Langsdorff.[5]

Ao publicar aquele chamado, o chefe da expedição pretendia empregar alguém cujo salário seria bancado por ele próprio, para, assim, garantir a presença de mais um artista, num eventual problema com o primeiro.[6] Nesse sentido, o anúncio é bastante claro: noticia o desejo de um anônimo naturalista que, em caráter pessoal, procura um companheiro de viagem, que deveria ser "um pintor que entenda de desenho", e nada mais. Nele não há qualquer alusão a vínculos com uma expedição científica nem, muito menos, a laços com o Império Russo. Entretanto, na sua autobiografia contida no *L'Ami des arts livré à lui-même ou recherches et découvertes sur différents sujets nouveaux* [...], Hercule Florence registrou uma versão um pouco diferente do texto contido no anúncio: "Um naturalista russo, tendo de fazer uma viagem ao interior do Brazil, precisa de um pintor. Quem estiver nas condi-

4 Barman, 1971, p. 78. No original: "Florence was something of a world's outcast".

5 Cf. Bourroul, 1900, capítulos 1 e 2; Ferreira, 2014, p. 153-156.

6 Komissarov, 1988, p. 19.

ções queira se dirigir ao Vice-Consulado da Rússia".[7] Ocorre que esses mesmos termos foram traduzidos e publicados por Estevam Leão Bourroul na biografia que dedicou a Florence e, desde então, vêm sendo repetidos, dando uma conotação diferente ao conteúdo desse anúncio.[8]

O episódio ganha contornos mais definidos quando cruzamos as palavras publicadas no citado anúncio com as que Langsdorff anotou em seu diário, em 19 de maio de 1827, quase dois anos após ter lhe contratado, que aqui utilizo como epígrafe. Assim, até prova em contrário, o jovem Hercule Florence entrou na empresa como um contratado particular do chefe da expedição.

Esses dados possibilitam entender melhor a categorização do trabalho que Hercule realizou nos anos decorridos entre 1825 e 1829, enquanto, efetivamente, esteve no interior do Brasil como membro da expedição russa, e instigam a lançar um olhar diferenciado sobre a sua figura de expedicionário. Neste ensaio, pois, visitando os escritos da época, pretendo realizar uma aproximação ao personagem Hercule Florence, enquanto participante da expedição russa comandada por G. H. von Langsdorff, e construir uma imagem reflexa que permita perceber sua atuação naquela empresa e sua construção como artista-viajante.

Isso porque, até agora, o papel que Florence desempenhou na caravana científica russa tem sido dimensionado quase exclusivamente com base nos seus próprios escritos, principalmente nas

7 Lada, 1837-1859, p. 195. No original: "Un naturaliste Russe, ayant à faire un voyage dans l'Intérieur, a besoin d'un peintre. S'adresser au Vice Consulat de Russie".

8 Bourroul, 1900, p. 5: "Um naturalista russo, tendo de fazer uma viagem ao interior do Brazil, precisa de um pintor. Quem estiver nas condições queira se dirigir ao Vice-Consulado da Rússia".

versões da sua narrativa de viagem, que desde o final do século XIX vêm sendo publicadas e republicadas, e na autobiografia, ainda manuscrita, contida em *L'Ami des arts*.[9] Nenhum desses escritos, entretanto, traduz a experiência vivida em primeira mão, uma vez que foram organizados ou reescritos por Florence no retorno da viagem e sofreram seguidas reelaborações do autor ao longo dos anos; já a versão que foi traduzida e publicada por Alfredo d'Escragnolle Taunay (futuro visconde de Taunay) na *Revista Trimestral do Instituto Histórico e Geográfico* Brasileiro – *Revista Trimestral* do IHGB –, além de revisada pelo autor, recebeu interferências do tradutor.[10]

Ademais, há duas versões de sua narrativa escrita, variantes que permanecem inéditas. Refiro-me à *Continuation de l'esquisse du Voyage de M. de Langsdorff dans l'intérieur du Brésil depuis 7bre 1825 jusqu'en Mars 1829. Par le 2eme Dessinateur de ce Voyage Hercule Florence. Livre deuxième*, que o artista enviou à Rússia logo depois do retorno da expedição ao Rio de Janeiro, e se conserva no Arquivo da Academia das Ciências de São Petersburgo ;[11] e o *Voyage dans l'interieure du Brésil, fait par le soussigné, en qualité de Dessinateur de Mr le Chevalier de Langsdorff, Naturaliste et Consul Général de Russie au Brésil. Années 1825-1826-1827-1828 et 1829. Hercule Florence*, pertencente à Coleção Cyrillo Hercules Florence / São Paulo. A primeira descreve a parte final da viagem,

9 Sobre as diversas versões da narrativa legada por Hercule Florence e a história das suas traduções e publicações, consultar: Ferreira, 2014, p. 153-196. Já as formas de autorrepresentação que Florence construiu ao longo de sua vida estão analisadas no ensaio "Hercule Florence: a tentação do romance", que Jacques Leenhardt publica neste livro.

10 Florence, 1875, vol. 1, tomo 38, p. 355-469, vol. 2, p. 231- 301; 1876, vol. 2, tomo 39, p. 157-182.

11 Voyage III.

quando a expedição se deslocou de Cuiabá ao Pará e daí ao Rio de Janeiro, e carrega consigo a certeza de que nunca voltou a ser mexida; dela tenho cópia fotográfica de algumas páginas. Já a segunda traz a narrativa completa, mas não é possível ter segurança sobre quando foi escrita. Sua página inicial foi reproduzida por Mario Carelli no livro *A descoberta da Amazônia: os diários do naturalista Hércules Florence*, publicado em 1995, no qual também publicou pequenos trechos.[12] Entretanto, os dados disponíveis parecem indicar que em nenhum dos dois casos estamos diante de um diário de campo, do seu *carnet de voyage*; vale dizer, não são anotações que o artista teria realizado em primeira mão, durante o trajeto.

Há uma grande diferença entre os registros que os expedicionários fazem cotidianamente em seus diários e aqueles que são produzidos como narrativas. Os diários são escritos durante o percurso, no calor da hora, e dizem respeito a fatos ocorridos no dia a dia e que algumas vezes vêm comparados a experiências passadas. Suas páginas trazem as marcas indeléveis do transitório e deixam transparecer os entusiasmos, as irritações e as voláteis sensações humanas que permeiam a rotina vivida em trânsito. Já as narrativas expressam a versão que os viajantes quiseram construir sobre os seus feitos e estão dirigidas ao eventual público leitor. Nesses textos, quase sempre, se omitem os conflitos internos, heroicizam-se as situações de perigo e se realça o exótico. São elaborações que, na maioria das vezes, romantizam o cotidiano e os trabalhos efetivados em rota. No geral, têm como base uma seleção de notas extraídas dos diários, que são mescladas com dados

12 Carelli, 1995, p. 97-143. A obra, apesar de possibilitar uma aproximação a essa versão da narrativa de Florence, infelizmente só permite uma ideia bastante fragmentada do seu conteúdo.

recolhidos antes, durante e depois da viagem. E esse parece ser o caso dos dois escritos de Florence.

Ao analisar os trechos contidos no *Continuation de l'esquisse du Voyage de M. de Langsdorff*, sob a guarda da AACSP, vê-se que, ao tratar da série que intitulou *Rochers de la Chapada* (Figura 1), o artista informa que esses desenhos foram enviados à Rússia em três diferentes remessas: uma ainda de Cuiabá, portanto, em 1827, e as outras do Rio de Janeiro, isto é, entre os anos de 1829-1830, no retorno da expedição. Além disso, o seu texto traz uma linguagem cujo tom lembra o utilizado em relatórios. Em suas palavras:

> 2 dessas vistas fizeram parte do 3º. envio despachado de Cuiabá para S[ão] Petersburgo: a 3ª. fez parte do 4º. envio expedido do Rio de Janeiro; e a 4ª. ainda é um esboço: eu enviei ao Sr. Riedel com todos os esboços que eu não pude concluir ou passar a limpo porque eu parei de estar a serviço do Sr. de Langsdorff.[13]

13 Voyage III, folha 4, verso. No original: "*2 de ces vues ont fait partie du 3e envoy expédié de Cuyabá pour S. Petersbourg: la 3e a fait partir du 4e envoy expédié de Rio de Janeiro; et la 4e est encore en esquisse: je l'ai remise à M. Riedel avec tous les esquisses que je n'ai pu terminer ou mettre au net car j'ai cessé d'être au service de M. de Langsdorff*".

Figura 1. *Rochers de la Chapada* [Rochedos da Chapada]. Hercule Florence, 1827-1830 [?]. *Continuation de l'esquisse du Voyage de M. de Langsdorff.* (AACSP. Fundo 63/1/8, folha 4, verso.)

Esse fragmento textual deixa evidente que o manuscrito guardado em São Petersburgo não traz anotações realizadas diretamente em campo. Quanto ao conteúdo do manuscrito conservado em São Paulo, os poucos trechos publicados por Carelli fazem pensar o mesmo, mas sem conhecer diretamente essa narrativa é difícil ajuizar algo seguro. Certamente, quando esses dois manuscritos se tornarem acessíveis, muitas das dúvidas que pairam sobre a expedição russa e sobre a participação de Hercule nessa empresa poderão ser abrandadas.[14]

À falta do *carnet de voyage*, entre os materiais deixados por Florence até agora conhecidos, são os testemunhos de época que, por sua integralidade, possibilitam a aproximação mais segura à figura do jovem que na década de 1820 debutou como documentador de uma expedição científica. Esses testemunhos se encontram nas descrições contidas no *Esquisse pittoresque du Voyage de Porto-Feliz a Cuyabá et explication de dessins ci joints*, guardado na Rússia,[15] e nas listas e explicações que ele enviou a São Petersburgo em 1829 e 1833, conservadas no Instituto Hercule Florence - IHF, São Paulo.[16] Além, é claro, dos desenhos e aquarelas pertencentes ao Arquivo da Academia das Ciências de São Petersburgo.[17]

Mas, cogitando a busca de uma imagem reflexa, são os registros que o chefe da expedição, Langsdorff, levou às páginas de seus diários, assim como as suas cartas, e também as escritas por A-A. Taunay, que se oferecem como instrumento singular para – no contraponto – se saber sobre a presença de Hercule Florence na equipe russa; textos sobre os quais aflora a certeza de nunca terem sido reelaborados. Devido às doenças que acometeram o cônsul-viajante no trecho amazônico e afetaram sobremaneira

---

14 Ao finalizar este ensaio, tomei conhecimento de que o Instituto Hercule Florence - IHF, São Paulo está preparando a publicação *Continuation de l'esquisse du Voyage* [...], conservado no AACSP, e logo poderemos lê-lo integralmente, em formato de livro. Ficará faltando apenas o *Voyage dans l'intérieur du Brésil* [...], pertencente à Coleção Cyrillo Hercules Florence - São Paulo.

15 Voyage II.

16 Diário I.

17 A lista consta em: Bertels, 1988, p. 132-152. E as imagens estão reproduzidas em: Monteiro e Kaz, 1988, vol. 3.

as suas faculdades mentais – levando ao fim abrupto da viagem –, seus diários jamais foram emendados ou revistos pelo autor. Ao fim da expedição, esses documentos seguiram para a Rússia e permanecem guardados no Arquivo da Academia das Ciências de São Petersburgo. Até onde se sabe, só foram publicados no Brasil e em língua portuguesa. Depois de serem transcritos, os manuscritos traduzidos chegaram ao público na forma de livro em 1997, com o título *Os diários de Langsdorff*, edição em três volumes, organizada por Danuzio Gil Bernardino da Silva.[18]

Até essa publicação era comum atribuir-se apenas a Florence o registro da viagem que a caravana russa realizou entre 1825-1829, desde o Tietê ao Amazonas; inclusive acreditava-se que este havia sido o roteiro completo da expedição Langsdorff. Isso se deve basicamente a que – durantes muitos anos – as narrativas de Hercule foram, de fato, as únicas fontes disponíveis para se conhecer a empresa naturalista, principalmente através da versão que o futuro visconde de Taunay traduziu e publicou na *Revista Trimestral* do IHGB, com o título de *Esboço da viagem do Sr. Langsdorff no interior do Brasil*. Porém, a edição dos Diários de Langsdorff lançou novas perspectivas, pois, além de descrever o percurso realizado entre São Paulo e o Pará – que é o tratado por Hercule –, traz ainda o trajeto percorrido entre 1824 e 1825, quando, por caminhos de terra, a expedição deslocou-se pelo Rio de Janeiro e por Minas Gerais.

Ademais, às descrições feitas por Langsdorff, somam-se também os documentos deixados por Aimé-Adrien, que igualmente

18 Para este ensaio, de forma geral, tomei essa edição como fonte, referindo-me a ela como *Diários de Langsdorff*. Entretanto, as passagens que me pareceram confusas – como o trecho citado na epígrafe –, optei por traduzir diretamente da transcrição guardada nos arquivos da Fiocruz – Rio de Janeiro.

são escritos de primeira mão e se conservaram sem qualquer alteração. As poucas, mas muito ricas, cartas que esse artista escreveu e enviou ao chefe, aos familiares e aos amigos durante o trajeto convertem-se em excelentes meios de aproximação.[19]

Foi com base nesses materiais que procurei me aproximar de Hercule Florence para conhecer melhor o seu papel na expedição Langsdorff e a sua figura de artista-viajante, como se verá neste ensaio. Nele, inicialmente, farei uma brevíssima apresentação da caravana científica, para depois adentrar nas questões indicadas.

A expedição Langsdorff

Não cabe aqui recapitular a história dessa expedição naturalista; esta pode ser consultada na bibliografia pertinente.[20] Interessa-me apenas situar, rapidamente, o espaço em que o nosso personagem atuou.

A expedição Langsdoff foi uma empresa que, em formato de viagem científica, percorreu o Brasil entre 1822 e 1829, em duas etapas consecutivas, sempre sob o comando do ex-circum-navegador e Conselheiro de Estado do Império Russo, o barão Georg Heinrich von Langsdorff (1774-1852), que então exercia o cargo de Cônsul-Geral de Todas as Rússias no Brasil.

Na primeira etapa, ocorrida entre 1824-1825, a caravana fez um trajeto terrestre e esteve entre o Rio de Janeiro e Minas Gerais, utilizando como meio de transporte tropas de mulas, e contou com o zoólogo francês Édouard Ménétriès (1802-1861), o botâni-

19 As cartas de Taunay que se conhecem podem ser lidas em Costa e Diener, 2014, a maioria delas transcrita e traduzida pelos autores.

20 Entre outros: Manizer, 1967; Barman, 1971; Moura, 1984; Bertels *et al*, 1988; Monteiro e Kaz, 1988; Becher, 1990; Komissarov, 1988; Komissarov, 1992; Komissarov, 1994; Costa, Diener e Strauss, 1995; Costa e Diener, 2014.

co alemão Ludwig Riedel (1790-1861), o astrônomo russo Nester Rubtsov (1799-1874) e o artista alemão Johann Moritz Rugendas (1802-1858), além da população local – negros, índios e mestiços; escravizados, libertos e livres – nas funções de tropeiros, guias, muleiros, entre outras.

Na segunda empreitada – etapa que aqui me interessa –, a caravana saiu de São Paulo em 1825, esteve em Mato Grosso e foi concluída extemporaneamente, em 1829, no Pará. Nela, Langsdorff contou com uma equipe um pouco diferente. Dos que o acompanharam a Minas, restaram apenas o botânico e o astrônomo; contratou-se, então, o zoólogo Christian Hasse (1771-1831) – que desistiu da viagem ainda em São Paulo – e os artistas Aimé-Adrien Taunay (1803-1828) e Hercule Florence (1804-1879); dela também fez parte a jovem esposa do chefe, Wilhelmine von Langsdorff – entre nós mais conhecida pela forma portuguesa do seu nome, Guilhermina –, que esteve no grupo somente no trajeto entre Porto Feliz e Cuiabá. E, como não podia deixar de ser, a expedição contou com o apoio e saberes da população local, desta feita em funções como de guias, pilotos, proeiros, remeiros, caçadores.

Entretanto, essa caravana nem sempre se deslocou em bloco. Desde a chegada a São Paulo, a presença de Taunay se fez furtiva e já no trajeto de Porto Feliz a Cuiabá, em pleno Pantanal, junto com Riedel, ele se adiantou aos colegas e, a partir de então, a equipe ficou dividida: por um lado, Langsdorff, Rubtsov e Florence; por outro, Taunay e Riedel. E é nessa composição que, a partir de Cuiabá, a caravana se dirigiu à Amazônia, agora por trajetos distintos: o primeiro grupo tomou o caminho de terra até a vila de Diamantino, para, a partir daí, navegar nos rios Arinos, Juruena e Tapajós; o outro, também por terra, foi a Vila Bela, para depois seguir pelas águas do Guaporé, Mamoré e Madeira. Cada equipe com seu artista.

Aimé-Adrien pertencia à criativa família dos Taunay, que chegou ao Brasil em 1816, com o grupo de franceses que, atendendo ao convite do rei D. João VI, veio ao Reino Unido de Portugal, Brasil e Algarve fundar uma academia de artes. Ao entrar na equipe russa, o jovem já tinha participado da viagem de circum-navegação comandada por Louis Claude de Saulces de Freycinet (1779-1842). Quanto a Florence, havia chegado por conta própria ao Rio de Janeiro em 1824, e quando respondeu ao anúncio de jornal estava trabalhando na tipografia e loja de livros de Pierre Plancher, na mesma cidade.[21]

A viagem de que Florence participou configura-se como um percurso majoritariamente fluvial, marcada por desavenças, acidentes, muitas doenças, mortes, entre estas a do jovem Aimé-Adrien – que no início de 1828 se afogou ao tentar atravessar a nado o rio Guaporé –, e culminou com a perda de memória do chefe da expedição, obrigando a equipe a interromper os trabalhos e finalizar abruptamente o empreendimento científico. No seio da expedição foi que Hercule se construiu e procurou atuar como artista-viajante, sendo esta a sua única experiência nesse ofício, e que marcou indelevelmente toda a sua vida futura.

Florence – contratado da expedição russa

Desconhece-se a data precisa na qual Hercule Florence foi admitido na caravana científica capitaneada por G. H. von Langsdorff, e só com base nas condições em que o chefe contratou os outros artistas é possível ter alguma ideia sobre os termos de

21 Uma visão ampla sobre a vida e história de Hercule Florence tanto antes como depois da expedição encontra-se no ensaio "Hercule Florence, migrante", de Chiara Vangelista, que também faz parte deste livro.

seu compromisso de trabalho. Contudo, como apontado acima, diferentemente dos demais colegas, ele chegou a Langsdorff respondendo ao anúncio de jornal, e o seu vínculo estava diretamente ligado ao próprio cônsul. A contratação se fez de maneira muito rápida. Praticamente um mês depois da nota publicada no periódico carioca, o nome do nosso personagem já constava da "Lista dos Individuos que accompanharão ao Sr. George de Langsdorff", fornecida pelo vice-cônsul da Rússia, no Rio de Janeiro, em 19 de agosto de 1825, com o fim de serem emitidos os salvo-condutos para a viagem até o porto de Santos.[22] Nesse documento, entretanto, o nome de Florence não figura como pintor – categoria que ainda era cativa de Taunay –, mas sim como "Geógrapho". Contudo, no tempo em que a equipe permaneceu em São Paulo, ele não realizou nenhuma atividade para a expedição, nem como geógrafo nem como artista.

Desde a sua chegada ao porto de Santos, em setembro de 1825, até o embarque da caravana em Porto Feliz, rio Tietê, ocorrida quase dez meses depois, a mando de Langsdorff, Hercule esteve encarregado de fazer compras e organizar o deslocamento para Cuiabá, capital da então província de Mato Grosso. Inicialmente – como a ideia original da viagem era que a caravana realizasse o percurso de São Paulo a Cuiabá por terra, via Goiás –, Florence visitou diversas localidades do interior paulista adquirindo víveres e animais de montaria, contratando muleiros, guias e tropeiros, organizando a bagagem e os utensílios, enfim, cuidando dos necessários arranjos para montar devidamente uma tropa de mulas. Esforço que se fez inútil, porque quando estava em Itu, Langsdorff soube que nenhuma expedição naturalista havia realizado o trajeto fluvial entre Porto Feliz (São Paulo) e a capital mato-gros-

22 A "Lista [...]" está publicada em Becher, 1990, p. 73.

sense; em vista disso, depois de realizar várias consultas, o ex-circum-navegador ficou convencido de que essa seria a melhor rota para os objetivos de seu empreendimento científico.[23] Florence, então, foi enviado a Porto Feliz, vila situada às margens do rio Tietê, para, com o auxílio do cirurgião-mor dessa vila, Francisco Álvares Machado, empregar seu tempo em encomendar a feitura de embarcações, organizar a frota de canoas, comprar víveres, contratar guias, remeiros, proeiros e demais profissionais.

Cinquenta anos depois, Florence falou sobre essas tarefas, justificando a sua atuação inicial ao lado de Langsdorff, como se lê na versão da narrativa que Alfredo Taunay publicou em 1875 na *Revista Trimestral* do Instituto Histórico e Geográfico Brasileiro – RTIHGB:

> Cabe aqui dizer a razão por que eu viajava separado d'elles. Havendo pedido ao Sr. Consul a honra de acompanhá-lo em sua exploração ao interior do Brasil, annuiu elle, fazendo-me vêr que, levando bagagem, muita satisfação teria em me encarregar de dirigir sua conducção. Aceitei sem hesitar e puz todos os cuidados em bem cumprir minha palavra até Porto Feliz, embora com prejuízo do fim para que eu fôra mandado. Visto como, durante 10 mezes, raros desenhos pude executar. Entretanto para diante, a rogos meus, [Langsdorff] ocupou-me sômente como desenhista.[24]

O chefe da expedição também falou desse assunto numa carta que escreveu ao Ministro das Relações Exteriores da Rússia, K. V. Nesselrode, com data de 30 de agosto de 1825. Nessa missiva,

23 *Diários de Langsdorff*, em Silva, 1997, vol. 2, p. 42-43.

24 Florence, 1875, tomo 38, p. 362-363.

o cônsul-expedicionário contava a seu superior os desgostos que tinha tido com Rugendas e os planos para a continuação da viagem, informando sobre a contratação dos dois artistas, Taunay e Florence. Diretamente sobre Hercule, Langsdorff explica: "Eu incorporei um 2º. Artista [,] Hercule Florence [,] que me pode ser útil em muitas situações, porém, sobretudo para administrar os negócios e dirigir a venda de bens e produtos".[25] Florence surgia para Langsdorff como uma pessoa que, além de desenhar, durante o trânsito poderia ser muito útil às questões práticas; alguém a quem confiar pequenos serviços.

De fato, durante quase um ano, Hercule desempenhou essas funções. Só quando a grande caravana científica estava pronta para partir rumo a Cuiabá foi que ele ascendeu à função de artista, mas sem deixar de também ser geógrafo; o seu nome aparece na "Relação das pessoas que fazem parte da Expedição Scientífica russa ao interior do Brasil", que Langsdorff entregou às autoridades brasileiras, como "2º. pintor e geógrafo".[26] A partir daí, Florence passa a usar seus lápis e pincéis a serviço de Langsdorff, construindo-se em rota como artista-viajante. Mas o que significava, no início do século XIX, essa função?

---

25 Langsdorff, 1825, folha 26, verso (rascunho). No original: "*so habe ich noch einen 2ten Künstler Hercule Florence angenommen, der mir bey viel Gelegenheit dienen kann, besonders aber um die Handelsgeschäfte zu führen und den Verkauf der Güter & Waaren zu dirigirem*". Nesse documento, o cônsul explica ainda que, para a viagem a Mato Grosso e à Amazônia, decidiu não levar dinheiro em espécie para realizar compras, mas sim "bens e produtos". Pelo que se deduz, seria Florence quem faria o escambo.

26 Publicada por Becher, 1990, p. 76.

Naturalistas e artistas em expedições científicas

Tudo indica que a palavra composta artista-viajante, tal como a usamos, foi criada no início do século passado para definir o papel daqueles que, nas expedições científicas do Setecentos e Oitocentos, realizaram os registros visuais. À época, esses personagens eram denominados apenas de desenhistas ou, mais comumente, de pintores, e originariamente desempenhavam um papel menor na hierarquia que regia as equipes científicas em viagens, estando subordinados diretamente aos naturalistas. Pelo menos é o que se pode deduzir de papéis da época, como, por exemplo, os documentos da expedição bávara que trouxe J. B. Spix e C. F. Ph. Martius ao Brasil entre 1817-1820.

Na *Mémoire concis sur une Expédition scientifique dans l'Amérique Méridionale*, que Wilhelm Friedrich, barão de Karwinsky (1780-1855), encaminhou em 1815 ao rei da Baviera, fica explícita a maneira como esse tipo de empreendimento deveria ser projetado e evidenciada a necessidade de estarem compostos, além de cientistas, por "um hábil desenhista" e um "serviçal mecânico", perito em manutenção de instrumentos e preparação de animais. Ambos – desenhista e mecânico – exerceriam atividades complementares e estariam hierarquicamente abaixo, e subordinados aos naturalistas, fossem eles botânicos, zoólogos, mineralogistas ou astrônomos.[27] E, nas instruções que em 1818 a Real Academia das Ciências da Baviera expediu para o pintor que deveria viajar ao Brasil para secundar os naturalistas Spix e Martius – fato que não ocorreu –, o caráter auxiliar do trabalho desse profissional fica patente. É certo que se trata de uma instrução específica, voltada às condições daquela viagem bávara, mas os seus termos podem ex-

27 Karwinsky, 1815.

plicitar qual o afazer que, em geral, cabia no início do século XIX ao pintor que integrasse uma expedição científica, por exemplo:

> As indicações dos dois naturalistas a respeito dos desenhos serão assumidas pelo pintor não só sem desgosto, mas sim com agradecimento: porque, na História Natural, olhar adequadamente é uma arte em si mesma, e isto é mais raro do que se pensa. Além do que, os pontos de vista pictóricos nem sempre são coincidentes com aqueles que interessam ao naturalista, porque com frequência [os pontos de vista pictóricos] ocultam aspectos ou colocam à sombra traços que são importantes para o naturalista.[28]

O papel do artista que aceitasse tal emprego era, pois, registrar em desenhos e aquarelas plantas, animais, paisagens ou tipos humanos a partir do ponto de vista dos cientistas. Dessa maneira, mais que seguir um impulso criativo, o desenhista ou pintor deveria apreender o motivo a partir do olhar do naturalista a quem estivesse subordinado, e tomar os parâmetros científicos como guia para a sua produção.

Em parte, isso ocorreu na expedição russa. A comparação entre os termos contidos nos contratos de trabalho que Langsdorff assinou em 1820 e 1821 com o zoólogo Ménétriès e com o artista Rugendas, respectivamente, deixam patentes os papéis que cada

---

28 Baw, 1818?. No original: "*Die Erinnerungen der beyden Naturforscher über seine Zeichnungen wird der Maler nicht nur ohne Widerwillen, sondern sogar mit Dank annehmen: denn es ist eine eigene Kunst, in der Naturgeschichte recht zu sehen, welche weit seltner ist, als man denkt; ausserdem dass malerische Stellungen nicht gerade dieselbigen sind, welche den Naturforscher interessiren, weil sie oft Charaktere verbergen oder in den Schattens sezen, welche dem Naturforscher wichtig sind*".

um teria na caravana, diferenciando o tratamento que era reservado, por um lado, a Ménétriès enquanto cientista e, por outro, a Rugendas enquanto pintor. As condições oferecidas ao zoólogo foram bem mais vantajosas e amenas que aquelas que mediariam a relação com o artista. Por exemplo: o salário pago a Ménétriès seria maior que o de Rugendas; o zoólogo também teria à disposição um empregado, ou escravizado, para assisti-lo de forma permanente, tanto nas funções laborais como nas domésticas, às custas da expedição, entre outros quesitos. No contraponto, no contrato de Rugendas chama atenção a cláusula na qual Langsdorff exige ao artista "o exercício serviçal de sua arte em todas as circunstâncias que lhe parecer e sobretudo para ilustrar aqueles objetos que o chefe da Expedição lhe indicar como importantes".[29]

Questões próximas a essas vão aparecer também nas "Instruções de G. H. von Langsdorff aos integrantes da Expedição", escritas em Ipanema, interior de São Paulo, em 1826, quando – por motivos particulares que não cabem no espaço deste ensaio – o chefe da empresa se viu obrigado a voltar ao Rio de Janeiro, deixando a caravana sob a batuta do botânico Ludwig Riedel. Nessas "Instruções", Langsdorff cita nominalmente Hasse, Rubtsov, Taunay e Riedel e explicita o que cabe a cada um realizar, porém, como se nota, não há qualquer menção a Hercule Florence nem a seu trabalho. Isso porque, naquele momento – como já assinalado –, ele se ocupava de montar a expedição, tarefa que nada tinha a ver com o registro visual. Mas, quanto ao artista, Langsdorff pontuou explicitamente:

29 Ver minuta do contrato de trabalho entre E. Ménétriès e G.H. von Langsdorff e contrato de trabalho entre J. M. Rugendas e G. H. von Langsdorff, em Costa e Diener, 2014, p. 101-104 e p. 105-107, respectivamente (grifo da autora).

> O senhor Taunay se disporá serviçalmente a desenhar as singulares cenas da natureza e todos os objetos que o Senhor, na qualidade de artista, ou que os senhores Riedel ou Hasse, cientistas, declararem como úteis e interessantes.
>
> (Para as horas livres) lhe recomendo vivamente os estudos a partir dos esboços de caráter singular de árvores, arbustos, flores e vegetação e em geral de escolher (aqueles) que se caracterizam por um aspecto singular e que conferem um aspecto particularmente exótico na paisagem; assim, por exemplo, palmeiras, samambaias, araucárias, plantas [campestres], as árvores desfiguradas pelos ventos nos campos, troncos de todo tipo – ou também as árvores gigantescas na selva, p. ex. jequitibás, fícus [...] ou também troncos ao redor dos quais se enroscam ou estão cobertos por eles, cipós retorcidos – em resumo, todas as espécies mais memoráveis da flora.[30]

Vale a pena nos determos um pouco mais no que Langsdorff estipula ao artista nessas "Instruções". Apesar de ainda utilizar o termo serviçal e vincular a produção do pintor às necessidades do botânico Riedel e do zoólogo Hasse, o chefe permite a Aimé-Adrien – "na qualidade de artista" – a escolha de temas, motivos, para a execução de seu trabalho. E mesmo que não tenhamos as cláusulas que regeram a contratação desse artista, vê-se que há sutis diferenças entre o que Langsdorff exigia a Taunay e a Rugendas. Por seu contrato, Rugendas não estava subordinado nem ao botânico nem ao zoólogo; a direção dos seus traços seria dada apenas por Langsdorff. Isso talvez tenha ocorrido, no caso

30 Costa e Diener, 2014, p. 82-83 (grifo da autora).

de Taunay, pelo fato de as instruções serem dadas quando o chefe se afastava temporariamente do grupo.

Tratando-se da relação do chefe com Rugendas e Taunay, há de se reconhecer que o cônsul-expedicionário era um homem do seu tempo, um período de intensa mudança, quanto ao que se devia exigir dos artistas vinculados a caravanas naturalistas, e para ele não bastava apenas o registro. Claro que queria que os objetos da natureza fossem retratados com verossimilhança, porém, ao buscar jovens talentosos com formação acadêmica, pretendia que o conjunto de imagens produzido por seus desenhistas tivesse também um sentido plástico, aquilo que hoje se costuma denominar de "voo artístico".

Formado como viajante nas luzes da Ilustração, Langsdorff exigia que esses jovens se dispusessem "serviçalmente a desenhar" as singularidades da natureza que os cientistas "declarassem úteis e interessantes", tal como vemos nas instruções da empresa bávara. Porém, a par das discussões sobre as relações entre ciência e arte que desde o final do XVIII acaloravam os meios científicos, e da inovadora metodologia que Alexander von Humboldt (1769-1859) propôs em 1805 no seu *Essai sur la géographie des plantes*, e depois, em 1808, aprofundou em *Ansichten der Natur* [Quadros da natureza], quanto à forma como desenhistas e pintores das expedições deveriam levar ao papel os registros visuais, o barão de Langsdorff desejava que os traços dos seus artistas também refletissem a nova linguagem.

Os escritos de Humboldt, além de definir uma nova forma de representar a natureza, instigavam desenhistas e pintores viajantes a captarem o caráter da paisagem em sua totalidade e a representarem como uma bela figuração do possível e não como um rígido instantâneo do lugar. Seus princípios liberavam o artista – e sua obra – do plano da subordinação e o colocavam no mesmo patamar que os naturalistas, ou seja, alguém capaz de, por si só, entender o aspecto profundo da natureza e, criativamente, representá-lo. A visão síntese desse pensamento foi exporta por Alexander von Humboldt no "Géographie des plantes équinoxiales. Tableau physique des Andes et pays voisins", ilustração que acompanhou o seu *Essai sur la géographie des plantes*. Nesse quadro, o naturalista prussiano procurou "resumir numa só ilustração todos os fenômenos que apresenta a superfície da terra e o fluido gasoso que a rodeia", conforme sintetizou em uma carta que escreveu a Napoleão Bonaparte.[31]

Esses princípios humboldtianos, possivelmente, nortearam as recomendações que Langsdorff deu a Rugendas e estão expressas nas "Instruções" que indicou "para as horas livres" de Taunay. Nelas, instiga o jovem a usar sua sensibilidade estética a fim de buscar na natureza motivos que, além de atender aos critérios naturalistas, também respondessem à sua intuição pictórica; elementos que conferissem "um aspecto particularmente exótico da paisagem", que apreendessem o conjunto. Isso porque Langsdorff reconhecia o talento de Aimé-Adrien. As anotações em seu diário demonstram que – apesar das desavenças que mediaram as relações entre os dois – o chefe admirava o jovem e reconhecia que Taunay "era um verdadeiro artista, um gênio em todos os sentidos", como escreveu, entre outros elogios, ao saber da morte do seu subordinado.[32] E quanto a Florence? A documentação deixa ver que Langsdorff não tinha para com ele a mesma postura. Inclusive, se atentarmos aos atributos de Florence que destacou na carta que dirigiu ao vice-cônsul Nesselrode, anteriormente citada, e no trecho do seu diário, colocado na epígrafe deste ensaio, vê-se

31 *Apud* Beck e Hein, 1989, p. 16-17.

32 *Diário de Langsdorff*, em Silva, 1997, vol. 3, p. 171.

que o cônsul-viajante não evoca o trabalho artístico de Hercule, mas sim a qualidade de ser "um homem jovem e de muito boa vontade", que lhe será de grande utilidade para "administrar negócios", como "dirigir vendas de bens e produtos".[33]

Florence na expedição Langsdorff

Não é difícil imaginar o contentamento que deve ter se apoderado de Hercule ao ser contratado por Langsdorff. O jovem, que havia saído de casa para aventurar-se ao mundo, agora com apenas 21 anos tornava-se membro de uma grande expedição científica e via abrir-se diante de si uma larga paisagem de futuro promissor.

As empresas científicas, desde o século anterior, haviam se tornado portais de ascensão profissional, econômica e social para jovens naturalistas e artistas que se arriscassem a cruzar oceanos e enveredar por territórios tidos como distantes e desconhecidos. O prêmio pelas labutas em um dia a dia incerto e em trabalhos bem realizados, além do salário previamente acordado, seria dado no retorno, com boas colocações em museus e academias europeias e ainda uma robusta pensão vitalícia.

Langsdorff, que – ao assumir a chefia da expedição russa – era um cientista maduro e experiente, um circum-navegador mundialmente reconhecido, sabia muito bem o que isso significava e não perdia oportunidade de remarcar essa questão aos seus subordinados, como fez nas "Instruções" que lhes passou em 1825: "Nenhum dos senhores trabalha por dinheiro, e sim pela fama e pela glória, sob a proteção de S.M. o Imperador de Todas as Rússias, que, eu repito, não deixará mérito sem recompensa".[34] Essa recompensa, inclusive, acabara de ser dada ao zoólogo

---

33 Langsdorff, 1827, p. 16-17; Langsdorff, 1825.

34 Langsdorff, em Costa e Diener, 2014, p. 83 (grifo da autora).

Édouard Ménétriès, que, por sua participação na primeira etapa daquela mesma empresa científica, havia assumido o cargo de curador da Coleção de Zoologia de São Petersburgo. Para Taunay, como visto, Langsdorff havia acenado com uma boa aposentadoria e com a possibilidade de se tornar membro na Academia Imperial de Belas Artes de São Petersburgo.[35]

Certamente Florence tinha sonhado com algo semelhante e não mediu esforços para se manter nessa expedição e poder demonstrar as suas qualidades, com vista a um futuro bem mais promissor. É bem possível que em algum momento – quiçá no último trecho da viagem – Langsdorff lhe tenha insinuado algo nesse sentido. Pelo menos foi o que Hercule – com certa desilusão – observou na penúltima página do seu *L'Ami des arts*: "O Sr. de Langsdorff, anteriormente, tinha me prometido que após a viagem conseguiria para mim um emprego na Rússia. Teria sido uma porta aberta para eu voltar à Europa."[36]

A documentação demonstra que a relação entre Florence e seu chefe principiou de maneira formal, nos moldes da hierarquia social que vigorava no início do século XIX, e, entre baixos e altos, assim se manteve durante toda a viagem. Uma aproximação maior ocorreu apenas no transcurso dos rios amazônicos, quando febres de todos os matizes acometeram o grupo e exigiram que os protocolos fossem francamente afrouxados.

---

35 Langsdorff, 1825?, folha 121.

36 Lada, p. 422. No original: "*M*r*. de Langsdorff s'était engagé autrefois à me faire obtenir après le voyage un emploi en Russie. C'eût été une porte ouverte pour rentrer en Europe*". A questão da importância real de Hercule Florence e de como ele, por toda a vida, acalentou a ideia de alcançar a glória está muito bem tratada no ensaio de Antônio Herculano, "Hercule Florence e o século: sensibilidades individuais e o espírito do tempo", que faz parte deste livro.

O convívio do nosso personagem com a equipe, ou com parte dela, inicia-se no porto do Rio de Janeiro, onde, junto com Rubtsov e Langsdorff, Florence embarcou para Santos, São Paulo, no navio comercial *Aurora*. E o jovem Hercule deve ter se comprazido quando o chefe – incomodado com o atraso da partida e a presença dos negros escravizados que estavam na mesma embarcação – levou os companheiros a uma taberna para se distraírem enquanto aguardavam a hora de zarparem.[37] A relação pode ter se estreitado um pouco mais no pequeno espaço do *Aurora* durante a viagem até Santos. Porém, já à chegada a esse porto, o recém-contratado é afastado do grupo, mantendo esporádicos contatos com os colegas. Enquanto seus companheiros vão para o interior de São Paulo realizar coletas e fazer registros dos reinos da natureza, Hercule desloca-se pela mesma província, mas se empenhando em montar a caravana e "administrar os assuntos comerciais" para a próxima viagem. E foi esse empenho – além de não se opor ao tipo de trabalho – que o manteve naquela promissora empresa. Seus esforços, já sabemos, foram bem-sucedidos. Ao sair de Porto Feliz, tinha o posto de geógrafo e segundo desenhista da grande expedição imperial russa.

Como geógrafo, cabia a Florence auxiliar o astrônomo na determinação dos monumentos naturais, assim como na localização de vilas, povoações ou aldeias, para o levantamento e composição de mapas. Talvez por isso, ao fazer a distribuição da equipe nas canoas, Langsdorff determinou que ele dividisse a embarcação com o reservado Nester Rubtsov. Enquanto Riedel teve Taunay como companheiro, e o chefe a companhia da esposa Guilhermina, Florence viajou com o único russo da expedição. Não sabemos como se dava a comunicação entre o aventureiro Hercule e ofi-

37 *Diários de Langsdorff*, em Silva, 1997, vol. 2, p. 4.

cial-marinheiro Nester. Conforme Aimé-Adrien, o astrônomo mal entendia francês,[38] e é provável que a conversa se fizesse pouca e fosse realizada em português, uma vez que o russo já estava há mais de três anos no Brasil, devendo, então, ter algum domínio de nossa língua. Mas nada é certo; o que importa é que os dois descobriram, ou inventaram, uma maneira viável de se comunicarem. Durante toda a viagem – de São Paulo a Belém – Florence terá em Rubtsov a companhia mais constante.

Apesar dessa aproximação, são poucos os indícios sobre as atividades de Florence como geógrafo; Langsdorff não faz qualquer menção a isso em seu diário, e o próprio Hercule é bastante lacônico sobre o tema, embora na versão de sua narrativa publicada em 1875 tenha registado:

> Deixo aqui notado que para a intelligencia perfeita dos nomes e lugares por mim citados, convem ter debaixo dos olhos o mapa inglez da America do Sul, publicado por Arrowsmith em 1810. Muitas vezes tive ensejo de apreciar quão exactamente estão n'elle marcadas as localidades por que passei. Muitas existem que não são mencionadas; outras o são erradamente; entretanto de quantas cartas depois cotejei, é esta a que mais se chega à verdade.[39]

O comentário de Florence pode estar aludindo, indiretamente, a aferições realizadas junto com Rubtsov, deixando escapar a

38 O comentário está na carta que A-A. Taunay escreveu a Álvares Machado durante a viagem, hoje conservada no legado de Cyrillo Hercule Florence – São Paulo, e publicada em Costa e Diener, 2014, p. 122-124.

39 Florence, 1875, tomo 1, p. 375. O mapa inglês referido é o que a caravana utilizou como guia durante a viagem, uma carta traçada em gabinete que trazia muitos erros de localização.

sua preocupação com a exatidão, com a "veracidade" do registro, característica que também é marcante em sua obra como artista-viajante.

Já como segundo desenhista, cabia-lhe documentar para a ciência tudo o que os naturalistas achassem digno de ser registrado, de modo a produzir um *corpus* de imagens que, ao final, espelhasse a magnitude dos trabalhos levados a cabo em rota por toda a equipe. Ao revisar o conjunto da obra produzida em trânsito por Florence, vê-se que, desde a saída de Porto Feliz até o fim abrupto da viagem, ele realmente procurou ser um dos artistas da expedição imperial russa; sempre esteve preocupado em levar ao papel detalhes que garantissem a verossimilhança do motivo apreendido, porém sem o mesmo sentido estético das folhas desenhadas por Rugendas e Taunay.

Segundo desenhista da expedição russa

Nas páginas dos diários de Langsdorff há diversas referências a Hercule e às obras que ele produziu, principalmente durante o trajeto fluvial de São Paulo a Cuiabá. Na primeira delas, o cônsul fala de um registro zoológico feito na ilha Congonha, rio Tietê, um corvo-branco "que apresenta um jogo de cores na cabeça", que Florence "retratou para a ciência";[40] depois foram as vistas do salto Avanhandava que ele e Taunay tentaram transportar para o papel, como anotou o chefe da expedição em 18 de julho de 1826: "Nossos artistas, o Sr. Taunay e o Sr. Florence, fizeram alguns croquis. Mas a cena é muito grande e extensa; seriam necessárias várias semanas de estudo para representar todo o espetáculo num único retrato".[41]

40 *Diários de Langsdorff*, em Silva, 1997, vol. 2, p. 144.

41 Ibid., p. 154. Nas páginas do *L'Ami des arts*, Florence lamenta, com certo

Entretanto, a relação que se iniciou de forma respeitosa e promissora, passados menos de dois meses de viagem, se estremeceu: "O Sr. Florence fingia que queria trabalhar", anotou Langsdorff em 11 de setembro de 1826; mesmo assim, poucos dias depois, estando nos arredores da Cachoeira de Taquara, rio Pardo, voltou a mencionar as pinturas que os dois artistas produziram, mas as palavras já não mantinham o mesmo viço.

Numa viagem fluvial como essa, de características monçoeiras, quase não há espaço privado para os ritos simples do cotidiano, e se torna difícil manter os limites entre as fronteiras sociais intactas; vida e trabalho estão umbilicalmente unidos e costumam abrandar os laços convencionais de convivência. Parece que com Hercule passou algo desse calibre. Quem dá uma pista é o primeiro desenhista. Em carta que da Cachoeira do Tamanduá, ainda no rio Pardo, escreveu a Álvares Machado, Aimé-Adrien – num português macarrônico e em inequívoco tom de mexerico – conta a seu interlocutor um pouco do dia a dia da caravana referindo-se nominalmente a cada um dos companheiros, entre estes o seu colega de ofício:

> Florencio [...] mentiroso nos seus prognósticos, namoro-se da Dona, escreveu carta de amor, mais a cruel riu-se dos tormentos dele e mostrou a carta ao velho. – 'Snr. Florencio, o que é isto, deixai a Guilhermina quieta, ela é minha mulher...'.

lirismo, nunca ter conseguido retratar o salto do Avanhandava, questão que é tratada no ensaio que Jacques Leenhardt publica neste livro. Contudo, no seu *Esquisse pittoresque [...]*, Hercule menciona um desenho que fez desse salto e, de fato, na Coleção Cyrillo Hercules Florence – São Paulo, há uma pequena vista do Avanhandava – publicada em Carelli, 1995, p. 28-29 – cuja data remete à expedição. Já o desenho de Taunay encontra-se no AACSP e foi publicado em Monteiro e Kaz, 1988, vol. 2, p. 111.

> O pobre ficou triste e tinha grande perigo de ele ficar na Cayaponia.[42]

Dando-se crédito às palavras de Taunay, vemos que houve um avanço de fronteiras na relação de Florence com a jovem esposa do seu chefe, e que este chegou a chamar a atenção do subordinado.

Em suas narrativas, Hercule nunca falou sobre isso. E ao buscar esses fatos nas páginas dos *Diários* de Langsdorff também nada se encontra, pelo menos de maneira direta. Porém, percebem-se indícios quando se atenta à forma de tratamento entre os dois. Pode ser coincidência, mas se constata que a partir do rio Pardo o cônsul-viajante faz poucas referências ao segundo desenhista e essas, quando ocorrem, vêm eivadas de reprovação: "Taunay desenhou; Florence, como sempre, estava inoportuno e sem fazer nada; eu fui catar insetos", como escreveu ainda naquele mês de setembro.[43] Depois disso, mesmo mantendo uma convivência cotidiana no circunscrito espaço de uma expedição, passaram-se mais de cem dias para que Langsdorff voltasse a mencionar Hercule em seus cadernos, deixando ver que o clima entre eles não estava ameno. O silêncio só foi quebrado para registrar uma desavença, quiçá o momento de maior tensão entre os dois.

A caravana navegava pelo rio Cuiabá acima, já quase alcançando a cidade do mesmo nome, destino dessa etapa do roteiro, quando em 17 de janeiro de 1827 Langsdorff escreveu:

> O tempo chuvoso, os mosquitos, as formigas, a escassez de vinho e de aguardente, que nos obrigava a consumi-los com parcimônia, ou seja, uma garrafa

---

42 Taunay, em Costa e Diener, 2014, p. 123.

43 *Diários de Langsdorff*, em Silva, 1997, vol. 3, p. 9.

> de vinho e meia de aguardente por dia para todos; enfim, todos esses transtornos, somados ao fato de que a viagem já não oferecia mais nada de novo, provocaram no jovem artista Florence uma certa preguiça e indiferença em relação aos assuntos da expedição.
>
> Ele não achava com o que se ocupar, só pensava em chegar logo a Cuiabá. Veio, então, me procurar ontem à noite, para pedir permissão para seguir na frente para Cuiabá, naquela canoinha onde mal cabiam os três remadores. Por bom senso, neguei-lhe a permissão.[44]

Sabendo-se do estado de ânimo que pairava no grupo, é fácil reconhecer no pedido de Florence uma tentativa de fugir àquela situação angustiante, que os mosquitos e a inércia só agravavam. O artista parece estar imensamente sozinho, inclusive o seu companheiro Rubtsov havia comprado dos índios Guató uma canoa para uso próprio.[45]

Mas o pedido do desenhista parece que pegou Langsdorff desprevenido e o deixou desconcertado; a maneira como o ex-circum-navegador inicia a nota é bastante reveladora. Parte falando do tempo, cria um preâmbulo no qual tenta justificar e amenizar a atitude extrema do seu subordinado; em verdade, procura mostrar-se muito compreensivo e até paternal com o exacerbado comportamento de Florence.

44 Ibid., p. 72.

45 Ibid., p. 71. Neste ensaio – exceto nas citações de trechos de documentos e obras – a grafia dos nomes de povos e nações indígenas segue a "Convenção para grafia dos nomes tribais" aprovada pela Associação Brasileira de Antropologia – ABA, em 14 nov. 1953. Ver *Revista de Antropologia*, "Convenção para grafia dos nomes tribais", 1954, p. 150-152.

Há de se observar, contudo, que naquele momento Langsdorff necessitava plenamente do seu segundo desenhista. Por questões ainda não esclarecidas, havia mais de um mês que Taunay, na companhia de Riedel, tinha se adiantado ao grupo. Isso ocorreu no dia 6 de dezembro de 1826, quando a caravana transitava pelo rio Taquari, em pleno Pantanal, acontecimento laconicamente registrado por Langsdorff: "circunstâncias especiais me levaram a mandar na frente, hoje cedo, um batelão com os Srs. Riedel e Taunay a Cuiabá".[46] Essas "circunstâncias", entretanto, perdurariam durante todo o restante da viagem, e desde esse episódio Taunay procurou se manter longe de seu chefe. Por sua vez, não se pode esquecer a forte desavença que Langsdorff havia tido com Rugendas durante a viagem a Minas, quando – depois de chamar o chefe de cachorro – o artista retirou-se da caravana. Esses fatos reunidos tendem a mostrar as dificuldades de relacionamento que Langsdorff tinha com seus subordinados e especialmente com os artistas e, por isso, independentemente do caráter passional que podia pairar sobre a sua relação com Florence, o chefe nega-lhe a saída, o que provoca mais faísca entre os dois:

> Ele [Florence] respondeu com muita grosseria e impertinência, esquecendo-se do respeito que me deve. Fui, então, forçado a demiti-lo: a partir de hoje, ele vai passar a ser tratado como simples passageiro; mas vou continuar exigindo que me trate com cortesia, como pessoas civilizadas. (Ver carta do Sr. Hercule Florence, de 17 de janeiro de 1827.) Não entendo por que todo artista tem que ser temperamental, nervoso e displicente [...].[47]

46 Silva, 1997, vol. 3, p. 17.

47 Ibid., p. 72-73.

Lastimavelmente, a carta a que Langsdorff fez menção não está entre os papéis guardados nos arquivos russos; sem ela ficamos sem conhecer os argumentos usados por Florence para a tomada de uma posição tão radical. E como esse artista – que se mostrou bastante minucioso nas suas descrições – jamais fez qualquer alusão ao assunto em nenhum dos seus escritos conhecidos, não temos outra fonte para cotejar o ocorrido. Porém, no desenrolar dos acontecimentos, vemos que os ânimos serenaram e a demissão não se efetivou. Sobre como se deu a reconciliação entre eles, nada sabemos ainda. Chegados a Cuiabá, Hercule continuou na expedição e foi ampliando seu espaço junto ao chefe, na mesma medida em que este cada vez mais indispunha-se com Aimé-Adrien.

Os conflitos com Taunay vinham numa crescente e podem ser acompanhados tanto nas seguidas queixas e nos desgostos que o cônsul-viajante lança em seu diário quanto nas cartas que Aimé-Adrien lhe dirigiu. E Langsdorff parece adotar um comportamento mesquinho, pirracento para com o seu primeiro desenhista, colocando-o numa berlinda, enquanto promovia Florence; isso, inclusive, foi assinalado por Taunay na carta de demissão que, em Cuiabá, dirigiu ao chefe. Trata-se de um episódio ocorrido em uma das excursões que realizaram a localidades vizinhas, diretamente à hoje cidade de Chapada dos Guimarães, situada a 60 quilômetros da capital de Mato Grosso. Na carta Aimé-Adrien desabafou:

> O senhor pensou fazer um grande ato de autoridade obrigando-me a segui-lo e deixando o sr. Florence na Chapada para me provar que, com efeito, lhe caberá decidir se os dois pintores devem ir juntos e sem ver que esse artigo de sua carta é ditado por um sentimento de acrimônia especial e contradiz aque-

> le onde o senhor fala que as minhas paisagens têm um caráter mais artístico do que as do sr. Florence, pois se há um lugar onde a representação da natureza exige o pincel de um artista hábil, este lugar é a Chapada.[48]

O comentário do artista, além de louvar a bela paisagem da região e evidenciar as desavenças entre ele e o chefe, deixa manifesto duas questões relevantes: por um lado, mostra a pouca consideração que dedicava ao trabalho do colega e, por outro, revela que Langsdorff considerava os registros da paisagem realizados por Hercule como de pouco caráter artístico.

Aimé-Adrien, um jovem talentoso, cujos escritos mostram um comportamento um tanto arrogante, nascido e criado numa família de renomados e prestigiados artistas, que vinha recebendo loas pela qualidade dos seus traços e que – na companhia de importantes naturalistas – havia realizado uma viagem de circum-navegação, parece que não se sentia confortável em ter como segundo um desenhista com cultura e talento artístico que, se comparados aos seus, eram bastante modestos. De fato, as poucas referências que fez ao colega em seus registros deixam ver que eles não eram próximos. Da mesma maneira, os escritos de Langsdorff demonstram que o tratamento que inicialmente deu ao trabalho de Florence foi muito distinto ao dedicado a Rugendas e Taunay. Sem dúvida, quando hoje se comparam as obras que Rugendas, Taunay e Florence produziram enquanto membros da expedição científica russa, salta aos olhos a qualidade técnica e estética dos desenhos e aquarelas de autoria dos dois primeiros.

Porém, a necessidade fez a atitude do chefe ir mudando. Durante o percurso, à medida que ia tendo consciência que não

48 Taunay, em Costa e Diener, 2014, p. 126 (grifo da autora).

podia realmente contar com Taunay, o trabalho de Hercule ia se tornando essencial. Além do que, Florence revela-se um excelente documentador visual.

Desde a saída de Porto Feliz, Aimé-Adrien não parecia estar confortável nessa caravana; em seguidas oportunidades seu comportamento fez pensar que viajava contrariado, e diversas vezes projetou abandonar a expedição, mesmo com prejuízo dos futuros ganhos prometidos a ele pelo chefe no momento de sua contratação. Na mesma carta que dirigiu a Langsdorff, quando a caravana estava em Cuiabá, Aimé-Adrien deixou ver que não suportava a figura do cônsul. Conforme assinalou, quando no rio Taquari tomou a decisão de, junto com Riedel, se adiantar ao grupo, realizou um acordo com o chefe, pelo qual, a partir daí, sua condição de continuar na expedição era a de não viajar ao lado de Langsdorff e estar diretamente sob as ordens do botânico Riedel. Nessa missiva, o artista também aludiu à presença de Guilhermina, esposa do chefe, como pivô desses acontecimentos:

> O acordo que o senhor fez, que ela iria embora [refere-se a Guilhermina], já estava fechado antes da promessa de que Riedel e eu viajaríamos separadamente, promessa que Riedel destacou quando, alguns dias após sua chegada a Cuiabá, eu estava, por assim dizer, desligado da Expedição e que ele me obrigou a unir-me de novo, promessa, enfim, que o senhor renovou na ocasião da conversa que tivemos quando consenti em colocar-me novamente sob suas ordens, levado, confesso, mais pelo desejo de não deixar a Expedição incompleta que pelas vantagens que eu pudesse obter da viagem.[49]

49 Ibid., p. 124-125. Sobre a presença de Guilhermina na viagem e o seu *affair* com Taunay, ver p. 137-144 do mesmo livro.

Assim, desde o Pantanal havia ficado estabelecido que a expedição teria duas frentes, uma formada por Riedel e Taunay e a outra pelos demais, permanecendo, pois, Florence no grupo comandado por Langsdorff. Nessas circunstâncias, o trabalho de Hercule – mesmo que fosse considerado de pouco caráter artístico – fez-se muito valioso; melhor dizendo, indispensável. Por isso, Langsdorff passou a tratar o segundo desenhista de maneira mais afável. Foram as desavenças com Aimé-Adrien que confirmaram ao chefe a pertinência, a necessidade de manter Hercule na caravana.

Nessas circunstâncias, de maneira prática, Florence deixava de ser o segundo desenhista da expedição, tornando-se o único a viajar e registrar visualmente os percursos que a partir de Cuiabá o cônsul faria com destino à Amazônia. As seguidas anotações que Langsdorff lançou no seu diário fazem ver que, da capital de Mato Grosso por diante, Hercule estará sempre ou em sua companhia ou na de Rubtsov, realizando, com diligência, o ofício de ilustrador, que, por fim, conquistou nessa expedição. E terá um papel relevante no trajeto amazônico.

Entre febres, desenhos e memórias

O segundo trecho fluvial, da vila de Diamantino (Mato Grosso) à cidade de Belém do Pará, roteiro realizado em águas da bacia amazônica, tem Hercule como único desenhista. Nesse percurso, viajou apenas na companhia de Langsdorff e Rubtsov, além dos guias, pilotos, remeiros, proeiros, entre outros trabalhadores; trecho no qual, pouco a pouco, nosso personagem foi assumindo um papel essencial, mas não exclusivo, para preservação da memória da grande expedição imperial russa. Sim, porque juntam-se às narrativas de Hercule os diários e os escritos do cônsul, e estes lançam novas luzes sobre o último e difícil trecho – realizado através dos rios Arinos, Juruena e Tapajós – e sobre o inusitado desfecho que teve esse grande empreendimento científico.

A comparação entre as narrativas de Florence e os registros de Langsdorff deixa manifesto que, de fato, desde que a caravana saiu da vila de Diamantino, todo o grupo foi acometido de constantes febres e viajou bastante debilitado, tendo pouquíssimas forças para realizar as atividades que lhe eram destinadas. Porém – ao contrário do que se tem entendido –, apesar das febres, o chefe da expedição se manteve consciente da situação e dirigiu o trabalho de sua equipe até o momento em que não pôde mais e entrou em estado de estupor, o que vai acontecer já quase chegando à vila de Santarém, no Pará.

Sabemos que até próximo a Santarém, tanto Florence como Langsdorff alternavam estados de melhoras com outros de total prostração. Aparentemente, a julgar pelos escritos do chefe, dos três viajantes que realizavam o percurso, foi Rubtsov quem esteve mais doente, ficando praticamente "fora do ar" durante todo o percurso, a ponto de não conseguir nem mesmo fazer as medições mais simples. Conforme Florence, foi ele próprio quem teve de assumir, ainda no rio Arinos, o controle da bússola.[50] O astrônomo era o companheiro mais próximo do cônsul, e na ausência de Langsdorff, Rubtsov deveria assumir o comando dessa parte da caravana. Entretanto, o seu estado de saúde era realmente lamentável.

Para Langsdorff, isso constituía um problema a mais. O grave estado de Rubtsov exigia que o chefe, mesmo doente, assumisse praticamente todas as funções de mando, "pois o Sr. Florence não tem nenhum talento para dar ordens", conforme escreveu em 27 de março de 1828.[51] Assim, o cônsul era obrigado a reunir as

50 Florence, 1875, parte II, p. 273.

51 *Diários de Langsdorff*, em Silva, 1997, vol. 3, p. 230.

poucas forças que lhe restavam para, mesmo dentro de uma rede, continuar comandando a caravana. E fez isso até o limite total de suas forças. Ademais, a sobrevivência do grupo, em grande parte, deveu-se a seus cuidados e saberes médicos. Até ficar totalmente inconsciente, Langsdorff indicou, preparou e ministrou a si próprio, ao astrônomo – que se negava a tomar quina –, ao desenhista e aos camaradas trabalhadores as medicações necessárias, a partir das drogas que levou em sua botica e das que coletava no trajeto. Não poderia fazer isso se estivesse no estado de loucura que lhe foi atribuído por Alfredo Taunay, a partir das observações de Florence.

A última anotação do chefe em seu diário está datada de 20 de maio de 1828, num acampamento à margem esquerda do rio Juruena. Nela, o combalido ex-circum-navegador parece querer se autoanimar, assinala que todos estavam "ocupados em pôr as coisas em ordem" e se mostra preocupado com as provisões "que estão minguando [..] o que nos obriga a apressar a viagem", marcando que deveriam partir rapidamente a Santarém, onde, acreditava, Riedel já se encontraria. Isso mostra que continuava tendo total consciência da situação e sabia do caminho a seguir, assinalando, inclusive, que "ainda teremos de transpor cachoeiras e vários locais perigosos do rio". Pouco menos de uma semana antes, havia registrado que entre eles o único que ainda estava tendo condições de manter o diário era Florence, cujas anotações, posteriormente, ele incorporaria às suas, o que demonstra o domínio que o cônsul ainda mantinha da situação em que ele e seus companheiros se encontravam.

Isso, portanto, contradiz o que Hercule publicou em 1875. Nas versões de suas narrativas, o desenhista assinalou, entre os dias 6 e 7 de abril, que já fazia um mês que ele apenas lançava esporádicos registros; e em 6 de maio – vale dizer, duas semanas antes de Langsdorff lançar o seu derradeiro apontamento –, Florence escreveu que, nesse dia, ele mesmo havia interrompido totalmente as suas anotações: "cessei haí de escrever o diário, por causa das febres. De lembrança dei-lhe continuação em Santarém".[52]

Ao chegar a Santarém, e durante a viagem de Belém ao Rio de Janeiro, o jovem foi se recuperando e pôde, "de lembrança", organizar aqueles registros e dar forma às suas narrativas, das quais sabemos de duas partes: a que presenteou à família Taunay – na qual descreve a viagem de São Paulo a Cuiabá –, e serviu de base a parte inicial do texto publicado na *Revista Trimestral* do IHGB, e a *Continuation de l'esquisse du Voyage* [...] que enviou ao governo russo, hoje no acervo da AACSP.[53] Já Langsdorff, jamais conseguiu recuperar a memória sobre o tempo vivido nessa expedição, e as anotações que sistematicamente lançou em seus cadernos, como já dito, tornaram-se conhecidas apenas no final do século XX, quando foram publicadas.

Hercule Florence certamente, como todo expedicionário, gostaria de ver o esforço do trabalho realizado durante a viagem chegar ao grande público, porém, apesar de ter guardado consigo cópias do rico material que produziu tanto em texto como em imagens, durante muito tempo nada pôde fazer. Florence falou sobre isso três décadas depois, na carta que escreveu em 1862 ao major Charles Auguste Taunay (1791-1867), irmão de seu falecido companheiro Aimé-Adrien, observando que o acordo que havia firmado com Langsdorff em 1825 o impedia de levar a público qualquer notícia sobre a viagem que realizou como membro da expedição russa: "Quanto ao *Viagem fluvial ilustrada*, quiçá che-

52 Florence, 1875, tomo 2, p. 273 e 294-295, respectivamente.

53 É possível que essas duas partes forneceram a base para a versão completa da narrativa que o artista guardou consigo e hoje encontra-se na Coleção Cyrillo Hercule Florence – São Paulo; e que esta, por sua vez, serviu de suporte à versão incluída no *L'Ami des arts*.

gue a ser lida, porém eu me comprometi em 1825 a não publicar nada sobre essa viagem, antes de que o Sr. Langsdorff publicasse sua obra".[54]

Com base no que Langsdorff estabeleceu com J. M. Rugendas, vê-se que a ponderação de Florence é procedente, pois o seu argumento coincide com uma das cláusulas do contrato firmado com o artista bávaro, pelo qual este se comprometia:

> a entregar todos os esboços, desenhos e pinturas que realizar durante a viagem, tendo o direito de efetuar cópia das obras sobreditas em suas horas livres e guardá-las como propriedade sua, observando *a expressa condição de que, sem o chefe saber e sem a sua permissão, nenhum desenho e nenhuma outra obra de sua arte poderá ser dada a conhecer antes da publicação oficial da descrição da viagem.*[55]

De acordo com essa cláusula, que provavelmente evoca as mesmas premissas que Langsdorff convencionou com o segundo desenhista – uma exigência, aliás, comum nos acordos estabelecidos com todos que fizeram parte de expedições científicas nesse período –, Hercule tinha, pois, a permissão de guardar consigo cópias dos esboços e das anotações feitos em rota, mas só poderia publicar depois que o chefe lançasse a obra oficial, levando ao público amplo os resultados da sua empresa científica, coisa que nunca chegou a ocorrer.

---

54 Correspondances, p. 19. No original: "*Quant au Voyage Fluvial illustré, peut-être le lirait-on, mais je me suis engagé en 1825 à ne rien publier de ce voyage avant que M*r*. Langsdorff ne publiât son ouvrage*".

55 Cf. "Contrato de Rugendas", em Costa e Diener, 2014, p. 106 (grifos da autora).

Passados tantos anos sem que Langsdorff nem o Império Russo tenham feito isso, Hercule buscou caminhos para tentar dar visibilidade ao trabalho que tão arduamente realizou. Sabemos, entretanto, que essa não foi uma tarefa fácil, sua narrativa só chegará à luz pública mais de uma vintena de anos depois daquela carta a Charles Taunay, e sem as ilustrações, nas páginas da *Revista Trimestral* do IHGB, por iniciativa de outro membro da família Taunay. Mesmo assim, Florence foi o primeiro a dar conhecimento sobre essa expedição. Inclusive, por ter sido a única notícia a chegar a público, durante muitos anos acreditou-se que a viagem capitaneada por Langsdorff teria ocorrido somente entre 1825-1829, tendo como trajeto único o percurso fluvial realizado de São Paulo ao Pará, via Mato Grosso. Isso porque em seu famoso livro-álbum *Voyage pittoresque dans le Brésil*, publicado em Paris no ano de 1835, J. M. Rugendas não fez qualquer referência a Langsdorff nem mencionou que a viagem que realizou ao Brasil esteve vinculada à expedição russa.

O conjunto da obra do artista-viajante

Ainda hoje é difícil saber o montante da obra que Hercule Florence produziu no exercício direto do ofício de artista na expedição Langsdorff, mas podemos chegar a um número aproximado. A partir de três documentos que trazem listas de desenhos, dois deles de autoria do próprio Hercule – o *Livre d'annotation et de premiers matériaux, 1829-1836*, conservado no Instituto Hercule Florence, e o *Esquisse pittoresque du voyage de Porto-Feliz à Cuyabá et explication des dessins ci-joints*, conservado no Arquivo da Academia das Ciências de São Petersburgo – e a lista contida na carta que Aimé-Adrien Taunay enviou a Langsdorff em abril de 1827, guardada no AACSP, é possível ter uma ideia bem aproximada da quantidade de obras e ainda obter informações tanto sobre o conteúdo das imagens como sobre a maneira do artista realizar o registro. Além desses, é claro, há os desenhos que Florence realizou durante a viagem, pertencentes ao arquivo da mesma instituição russa, que são fontes imprescindíveis.[56]

O *Livre d'annotation [...]* é um manuscrito no qual o artista lista todas as obras que mandou à Rússia, informando que fez isso em três diferentes remessas, sendo que nas duas primeiras despachou 57 obras e, na terceira, mais 75, portanto, 132 folhas. Nessa anotação, Florence refere-se ainda a "90 desenhos de História Natural", que também teria enviado a São Petersburgo, mas não passa qualquer outra informação, além desse dado numérico.[57] Com isso, chegaríamos a 222 obras. Entretanto, a falta dos títulos e de mais informações sobre esses 90 desenhos e a ausência dos dados que o artista insere nos outros documentos não permitem ter certeza sobre esse número final.

56 Existem também os desenhos que fazem parte do álbum *Expédition au Brésil de la mission russe du commandant Langsdorff*, conservado na Biblioteca Nacional da França, que tem fortes indícios de tratar-se de um caderno que Florence produziu durante a viagem (Voyage IV, 1825-1829). Porém, como ainda não tenho essa certeza, não o incluí nesse conjunto documental.

57 Diário I, 1829-1836, p. 5. No original: "*J'ai compris dans le 4e. envoy 90 dessins d'histoire naturelle ~~qui~~ dont je n'ai pas fait mention plus haut*". No mesmo documento, ao enumerar os envios, Hercule cita quatro remessas, esclarecendo em nota, já na primeira página: "*Le 1er. envoy n'était composé que des dessins de Mr. Taunay*" [a primeira foi composta apenas de desenhos do Sr. Taunay], e que as suas obras foram enviadas na segunda, na terceira e na quarta remessas. Em vista dessa explicação, tomei como referência só as três remessas, referindo-me a elas como primeira, segunda e terceira; quanto aos "90 desenhos de História Natural", não há qualquer dado que os identifique.

Já o *Esquisse pittoresque [...]* é uma fonte muito instigante. Datada entre fevereiro e abril de 1827,[58] faz referência a 33 desenhos, mencionando títulos, e algumas vezes aporta rápidas descrições sobre aspectos da viagem, configurando-se como complemento às outras referências, por mencionar obras que não constam nos demais documentos.[59] Por sua vez, as obras listadas por A-A. Taunay encontram-se na carta que, estando em Cuiabá, esse artista encaminhou a Langsdorff, repassando o material que ele e o seu colega haviam produzido durante os quase sete meses de duração do trajeto fluvial entre Porto Feliz e aquela cidade. Na relação, Taunay indicou os títulos de treze obras de Florence, algumas das quais não aparecem nas outras relações aqui referidas.[60]

Sobre esse documento é interessante observar que, ao montar a lista de obras, Aimé-Adrien parece ter em conta apenas os seus trabalhos; todos mencionados de maneira organizada, seguindo uma ordem numérica. Já os de Florence figuram na relação como encaixes e acréscimos, inclusive registrados com outro tipo de tinta e impondo subitens à numeração original. A maneira como os enxertos aparecem faz pensar que Taunay os incluiu a contragosto.

Porém, tratando-se dos desenhos que Hercule realizou em rota, o material mais preciso e precioso é, sem dúvida, o conjunto iconográfico que está conservado na Rússia. Conforme o "Catálogo completo do material existente nos arquivos da União Soviética", publicado por Bertels *et al.*, ao todo são 139 folhas de autoria de Hercule Florence que estão em São Petersburgo.

58 Bertels *et al*, 1988, p. 65.

59 Voyage II. É possível que entre as folhas listadas por Hercule haja duas ou três de autoria de A-A.Taunay.

60 Carta de Taunay a Langsdorff, folhas 10-11.

Obras que foram reproduzidas no volume 3 da coleção *Expedição Langsdorff ao Brasil 1821-1829*, editada por Monteiro e Kaz.[61] Entre as obras desse acervo, há algumas que não figuram em nenhum dos três documentos mencionados acima.

Revendo e cruzando as informações contidas nesse conjunto documental, foi possível chegar a um número entre 210-215 imagens, ou seja, um montante próximo ao que o artista mencionou no *Livre d'annotation*. Ao se subtrair desse número as 139 folhas que estão conservadas na Rússia, vemos que conhecemos um pouco mais da metade do trabalho que Florence produziu enquanto esteve sob as ordens de Langsdorff. Trata-se, porém, de um número aproximado, uma vez que, como o próprio artista advertiu no mesmo documento, "estas duas listas foram escritas de memória, muito tempo depois de enviar os desenhos. Faltaram alguns, dos quais não lembro os nomes".[62] Contudo, é o que temos, e não é pouco.

As listas informam com segurança, por exemplo, os temas que foram registrados; em todas há elementos da fauna, da flora, tipos humanos – principalmente indígenas –, objetos da cultura material de muitos povos indígenas e vistas de alguns lugares que se apresentaram como paisagem. Temas, vale registrar, comuns ao trabalho de um artista empregado como ilustrador de uma viagem científica. Permitem também saber das perdas. O confronto de dados mostrou que as maiores recaíram sobre os motivos etnográficos e as vistas de paisagem. Além disso, indicam quando os desenhos foram realizados e permitem saber, por exemplo, que o período mais produtivo de Hercule foi o dos quase doze meses

61 Bertels *et al.*, 1988, p. 132-152; Monteiro e Kaz, 1988, vol. 3.

62 Diário I, p. 2. No original: "*Ces deux listes ont été écrites de souvenir, longtemps après avoir envoyé les dessins. Il en manque encore quelques uns, dont je ne puis me rappeller les noms*".

em que esteve em Cuiabá e dali excursionou a Vila Maria (hoje Cáceres), Poconé e Chapada dos Guimarães; vale observar, o tempo de maior conflito entre Taunay e Langsdorff.

Da mesma maneira, essas listas informam sobre temas que, até onde se sabe, não estão referendados em outras fontes; desenhos com assuntos um tanto incomuns no conjunto da obra de Florence, como os objetos oriundos de espaços hoje bolivianos – Cochabamba, Chiquitos e Santa Cruz de la Sierra –, alguns, quiçá, de origem pré-hispânica, que aparecem tanto mencionados na carta de Taunay como descritos no *Esquisse pittoresque [...]*. São peças, de acordo com o artista, que pertenciam ao comerciante Angelino, que, por sua vez, as havia conseguido de um eclesiástico espanhol "que possui uma bela coleção, como se fosse de uma antiguidade secular".[63]

Quanto aos motivos mais representados, as listas mostram que Florence usou seus lápis e pincéis com mais vigor para registrar a fauna – artrópodes, peixes, anfíbios, pássaros ou mamíferos – e temas etnográficos, em particular indígenas, ficando em terceiro lugar as representações de vistas de paisagem e, por fim, as plantas. Esses dados fazem ver que o trabalho de Florence esteve diretamente ligado a Langsdorff, uma vez que além de chefiar a caravana, desde a saída de Hasse, o cônsul assumiu as funções de zoólogo. Mostram também que Florence realizou poucos regis-

63 Voyage II. No original: "*Ces vases appartenants à M. Angelini, lui ont été donnés par un ecclesiastique espagnol possesseur d'une belle collection de curiosités, comme étant d'une antiquité très seculaire*". "Angelini", "Angelin" ou "Angelino" era um rico comerciante italiano, de nome Giuseppe, com quem a expedição estabeleceu contato em Mato Grosso. Ele aparece citado várias vezes nos *Diários de Langsdorff* e nas narrativas de Florence, sempre como um amigo de todos da expedição. Foi na caravana de Angelino, inclusive, que em maio 1827 Langsdorff mandou a esposa Guilhermina de volta ao Rio de Janeiro.

tros paisagísticos, um dado que traz à memória a observação feita por Taunay quanto a Langsdorff considerar as vistas de paisagem feitas por Hercule como de pouco teor artístico. E, ademais, a contrapelo, evidenciam a pouca proximidade de Florence com o botânico Riedel, que, como visto, tinha em Taunay seu principal companheiro.

Sobre a forma de representar, se olharmos com atenção o conjunto dos desenhos e aquarelas de autoria de Hercule Florence guardados no Arquivo da Academia das Ciências de São Petersburgo – as únicas obras sobre as quais recai a certeza de terem sido produzidas durante a viagem –, veremos que como artista-viajante ele pouco ousou. Sua obra é um registro visual, no qual ecoam muito mais os critérios de verossimilhança, próprios do Século das Luzes, que a representação da realidade construída no seu conjunto com plasticidade, como proposto por Humboldt.

Os traços de Florence deixam evidente que ele se empenhou em ser um criterioso documentador visual e tomou como ponto de vista pictórico aqueles elementos que eram de interesse dos naturalistas; fez isso nos desenhos dedicados à botânica e à zoologia, como se espera nesse tipo de registro voltado à precisão taxionômica – tão necessária ao dever das empresas naturalistas –, mas igualmente aplicou a mesma precisão às representações etnográficas e vistas de paisagem. Seus desenhos de sociedades indígenas são de uma desconcertante fidelidade, a ponto de hoje serem um dos documentos mais preciosos para se conhecer e estudar adereços, pinturas corporais e faciais, e objetos da cultura material dos povos com os quais travou contato.

Em Florence jamais se encontra o "índio genérico", seus lápis e pincéis informam com destreza os hábitos que singularizam cada um dos grupos, permitindo que se reconheça individualmente os representados e a sua identidade étnica, seja Apiaká dos rios Arinos e Juruena, Guaná e Guató do Pantanal, Munduruku do Tapajós, entre outros. Vale registrar que a mesma assertiva, quanto à verossimilhança, cabe à obra etnográfica de A-A. Taunay, enquanto membro da mesma expedição, o que ratifica que ambos cumpriam as diretivas impostas por Langsdorff a seus artistas, embora os traços de Taunay tenham mais leveza e voo artístico.[64]

O cuidado que Florence tomou ao registrar as sociedades indígenas é exemplar; preocupou-se em reter detalhes e pormenorizar o caráter singular de cada etnia, como se já vislumbrasse, *avant la lettre*, o advento da fotografia, técnica da qual será um isolado descobridor.[65] E nesse particular é uma lástima que tão poucos desenhos dessa temática se conservem no acervo russo.

A análise da documentação fez ver ainda que há em Hercule um compromisso irrestrito com o conteúdo, um empenho em assinalar de maneira precisa aqueles povos; preocupa-se em não induzir a enganos. Por exemplo, no *Esquisse pittoresque [...]*, ao indicar um desenho sobre a indumentária de um chefe Apiaká, precisou: "N.B. Somente a vestimenta é exata, o indivíduo é feito de ideia, não existindo nenhum indivíduo desta nação na cidade de Cuiabá, quando de nossa passagem".[66]

Ao fazer essa observação, o artista mostra ter conhecimento das diferenças físicas, tanto corporais como faciais, entre as etnias e deixa isso explícito na forma como registra. Infelizmente, o desenho produzido em Cuiabá não chegou à Rússia, e temos apenas essa descrição verbal; sem a figura não se dispõe dos ele-

64 Sobre a representação de indígenas feitas por Taunay, ver Costa, 2012, p. 235-246.

65 Sobre o assunto, consultar Kossoy, 1980.

66 Voyage II. No original: "*N. B. Le costume seul est exact, l'individu est fait d'idée, n'existant aucun individu de cette nation à la ville de Cuyabá, lors de notre passage*".

mentos que levariam a conhecer os adereços étnicos próprios de um chefe Apiaká. Entretanto, no prosseguimento da viagem, o artista teve oportunidade de visitar duas aldeias dessa nação, uma no rio Arinos e outra no Juruena, e nelas produziu registros visuais de homens e mulheres, contudo em nenhum dos desenhos se reconhece um chefe com seus atavios identitários, o que uma vez mais atesta o seu compromisso com o ato de documentar de maneira precisa.

Caso semelhante ocorreu no registro das vestimentas e adereços de um chefe Munduruku, que aparecem na aquarela *Tucháua (Principal) Mandurucu en costume de fête* [Tucháua, (Principal) Mandurucu em traje de festa] (Figura 2), realizada em Santarém em agosto de 1828.

Figura 2. Hercule Florence, 1828. *Tucháua (Principal) Mandurucu en costume de fête*. Aquarela sobre papel, 36 x 25 cm. (AACSP, inventário 63/2/128.)

Florence esteve com esses indígenas quando passou pelo rio Tapajós e os descreveu nas páginas do *Continuation de l'esquisse du Voyage de M. de Langsdorff dans l'intérieur du Brésil depuis* 7bre *1825 jusqu'en Mars 1829*, guardado na Rússia, explicando que "cada família tem um chefe" e que este é sempre o "mais velho, que o chamam de Tucháua (Principal)". Quando ali esteve, o desenhista tomou conhecimento que os Munduruku costumam organizar uma grande festa em "memória de seus mortos", para a qual, antecipadamente, confeccionam "belos ornamentos de plumas para a cabeça, a cintura, os braços, as pernas, com os quais se enfeitavam durante a festa". Sobre os adereços, ele anotou: "eu presumo que somente os Tucháuas se adornam dessa maneira durante a festa".[67] Florence, ademais, explicou que terminada a cerimônia, os Munduruku costumavam vender esses adereços "aos brancos", pois fariam outros para as festas seguintes.

Porém, enquanto esteve entre esses indígenas, o artista não conseguiu fazer registros visuais como queria. Conforme explicou meio século depois, ao tentar desenhar uma cena que se passava no interior de uma habitação, as índias o repeliram:

> Querendo eu desenhar esse grupo, voltei à canôa para buscar o album, mas de volta achei a porta fechada e a gente da parte de fora da choupana. Abri-a devagar, mas as mulheres tinham accendido dentro um fogaréo, era tal a fumaça que não me arrisquei a entrar.[68]

Da mesma maneira, como se lê na própria folha da obra, o artista não realizou o registro de um Tuxaua *in loco*, somente tempos depois, quando já se encontrava em Santarém. Mas, em outro documento, o *Livre d'annotation et de premiers matériaux*,

67 Voyage III, folha 61. No original: "*Chaque famille a un chef, qui est toujours le plus ancien. Ils le nomment* <u>*Tucháua*</u> *(Principal). [...] On m'a dit qu'ils ont toutes les années une grande fête, qui dure plusieurs jours, et qui est à la mémoire de leurs morts. Ils se préparent longtemps à l'avance de jolis ornements de plumes pour la tête, la ceinture, les bras, les jambes, dont ils se parent pendant la fête [...]. Je présume que ce n'est que les Tucháua, qui se parent ainsi pendant la fête*".

68 Florence, 1876, tomo 39, p. 163-164.

Florence comenta o modo como o produziu, citando-o com o número 71, "Tucháua (Principal) Mandurucu em traje de festa". Começa explicando que – como queria representar o costume da festa de "um Principal dos Mandurucus" – havia convidado um "índio desta nação" entre os muitos que viviam em Santarém, e que, tal como aparece "em seu retrato", o enfeitou com os adereços que um comerciante tinha adquirido com aqueles índios.[69]

Suas palavras, portanto, fazem ver que não se trata de verdade do retrato de um Tuxaua, como a legenda pode levar a crer, mas sim de um Munduruku que morava na então vila de Santarém e que foi paramentado com os adereços que designam etnicamente os chefes durante as festas em homenagem aos seus mortos. Trata-se, pois, de uma explicação essencial, não só porque informa que ali está um Munduruku que ofereceu seu corpo como manequim e não um Tuxaua, mas, principalmente, por indicar a função específica do traje, informação etnográfica relevante para o conhecimento desse povo Tupi.

Mesmo não conhecendo toda a obra que Florence produziu durante sua passagem pelo interior do Brasil como membro da expedição científica do Império de Todas as Rússias, o material a que se tem acesso permite fazer algumas inflexões que evidenciam a dívida do artista com Langsdorff. Sim, pois, como debutou no ofício de artista-viajante no seio da expedição científica russa, muito da sua forma de ver e representar foi moldada pelo seu chefe. Enquanto viajante, ele teve de assumir as indicações e observações que os naturalistas lhe indicavam, no caso, mais diretamente as do ex-circum-navegador. E parece que fez isso sem desgosto, uma vez que não se conhece nenhuma objeção sua nesse senti-

69 Diário I. No original: "*Tucháua (Principal) Mandurucú en costume de fête […]. […] j'appellai un indien de cette nation dont il y en a beaucoup à Santarem […] dont il est paré dans son portrait […]*".

do. Nos desenhos que produziu, há indícios de que não colocou à sombra traços que eram importantes para as ciências. O cônsul-viajante lhe exigiu o exercício serviçal de sua arte, e assim ele o fez. É possível pensar, inclusive, que Langsdorff lhe deu orientações sobre a maneira como deveria proceder, particularmente quando se tratava de registros etnográficos. Ao fazer essa observação, tenho em conta uma representação dos Apiaká, por sinal uma das mais conhecidas e reproduzidas obras de Florence, "Apiacás / Habitation des Apiacás sur l'Arinos" [Apiacás/ Habitação dos Apiacás no Arinos] (Figura 3).

Figura 3. Hercule Florence, 1828. *Apiacás / Habitation des Apiacás sur l'Arinos.* Aquarela sobre papel, 40,8 x 51,0 cm. (Monteiro e Kaz, 1988, vol. 3, p. 79.)

A caravana científica esteve entre os Apiaká que habitavam as margens dos rios Arinos e Juruena em abril de 1828, tendo visitado duas aldeias. Em seus cadernos, Langsdorff deixou várias páginas sobre o encontro com esses indígenas, e nelas o chefe da expedição teceu comentários sobre os afazeres de homens e mulheres, pinturas e adereços corporais, os cortes e penteados de cabelos, os riscos "que vão da boca às orelhas", comuns a homens e mulheres. O barão também fez observações sobre habitações, redes, tecelagem, entre outras particularidades.[70] Quando se comparam os desenhos de Florence com o texto de Langsdorff, vê-se que há muitas coincidências entre traços e palavras.

Tal como se buscasse ilustrar o escrito do chefe, o artista criou uma composição na qual, como se de um mostruário se tratasse, em primeiro plano destacou homens e mulheres Apiaká em corpo inteiro, detalhando cortes de cabelo e penteados, os diferentes adereços e principalmente as distintas pinturas corporais e faciais; da mesma maneira, registrou com precisão os objetos de cultura material desse povo. Já no segundo plano, à direita, o artista deu espaço para algumas índias apresentarem seus afazeres na produção de farinha e na tecelagem de redes; só mais atrás, como num terceiro plano, é que mostrou parte da casa que dá nome à composição. Nela dispôs quase uma dezena de redes, que se veem armadas umas sobre as outras, em diferentes alturas, sendo que em duas estão jovens Apiaká, um rapaz deitado e uma moça sentada. O fundo da folha está dedicado à paisagem; nela é o corpo azulado do Arinos que serve como demarcador do espaço, deixando ver que a casa retratada está numa das margens desse rio. Há mais detalhes nessa composição que não cabe aqui esmiuçar, uma vez que o objetivo é apenas destacar a sintonia do registro visual do artista com as descrições textuais do chefe.

Vale observar, contudo, que no seu diário, além das anotações manuscritas, Langsdorff fez também muitos desenhos, visando apreender melhor os lugares e objetos descritos. São, de fato, cadernos de viagem, com impressões em primeira mão e

70 *Diários de Langsdorff*, em Silva, 1997, vol. 3, p. 260-270.

ricamente ilustrados com representações, tanto dos reinos naturais como de paisagens, instrumentos de tecnologia popular e registros etnográficos. Tal como Florence, o chefe levou ao papel fisionomias e objetos da cultura material, entre outros, de Guaná, Guató e Apiaká. Infelizmente, os editores brasileiros, ao publicar os três volumes dos *Diários de Langsdorff*, deixaram de fora esse preciosíssimo material. Seria fundamental poder comparar os desenhos do cônsul com os mesmos motivos registrados por seus artistas, em particular aqueles feitos por Florence, que, na segunda etapa da viagem fluvial, foi o único a estar a seu lado. Assim, poderíamos conhecer com mais profundidade as relações que mediaram a feitura dos registros visuais e tentar uma aproximação mais segura ao processo de criação em viagem.

Um final

Ao longo dessas páginas procurei tratar da figura de Hercule Florence enquanto artista-viajante atendo-me aos quatro anos em que trabalhou para uma das mais bem montadas caravanas naturalistas que visitou o Brasil no século XIX.

Diferentemente dos demais membros dessa equipe, Florence chegou à expedição não por convite ou indicação, mas pelo anúncio de um jornal, vinculando-se diretamente ao chefe, que o contratou como um elemento curinga. Durante quase um ano, Langsdorff o testou, designando-lhe as mais diversas funções, às quais o jovem se submeteu com altivez até conseguir efetivamente a função que almejava, a de ser um dos artistas daquela empresa científica e, assim, poder mostrar seu talento e, quem sabe, garantir no futuro uma colocação em museu ou academia europeia.

Entrou, entretanto, num ambiente hostil, de constantes disputas; inclusive, sua contratação é reflexo das desavenças que medravam naquele meio. Mas conseguiu realizar o trabalho que lhe era exigido: documentou com fidelidade os objetos que o chefe lhe indicava. Enquanto viajante, seu traço não criou belas obras – como até fará depois, como se vê, por exemplo, nos estudos de nuvens que realizou já no início da década de 1830 –,[71] mas construiu um dos mais sólidos arquivos de registros documentais, principalmente das sociedades indígenas que conheceu no percurso da viagem. A expedição malogrou e ele, em vida, não conseguiu a recompensa esperada. Anos mais tarde, ainda no fim do XIX, o etnógrafo alemão e também viajante Karl von den Steinen (1855-1929) ficaria "surpreso com a segurança do desenhista com relação aos detalhes característicos" dos povos que representou, mostrando ao mundo a qualidade técnica e documental do trabalho de Hercule.[72] De fato, a obra que Florence realizou no seio da caravana russa o categoriza como um excelente documentador visual.

Adendo

Não posso finalizar este artigo sem mencionar outro aspecto da obra que Florence produziu, relacionada à sua presença na caravana russa: o seu interesse em realizar registros de caráter, digamos, mais social, nos quais desloca o foco das ciências para abordar aqueles que trabalhavam na expedição.

No conjunto de esboços que Florence guardou consigo, e hoje se conservam com seus herdeiros, e nas representações que colocou na versão da narrativa de viagem que faz parte do seu *L'Ami des arts* e no álbum *Expédition au Brésil de la mission russe du commandant Langsdorff*, guardado em Paris,[73] existe um bom número de imagens que mostram embarcações, trabalhado-

71 Agradeço a Chiara Vangelista a precisão dessas datas.

72 Steinen, 1899, tomo 1, p. 5.

73 Voyage IV.

res e as suas labutas do dia a dia, principalmente os afazeres de pilotos, remeiros e proeiros. O caráter de esboços faz supor que foram traçados em trânsito e depois reelaborados para a versão da narrativa, mas não tenho dados para confirmar essa hipótese. Porém, quando vemos a obra de Florence em seu conjunto, logo percebemos que esses motivos se configuram num tema que foge totalmente àqueles comuns aos interesses das expedições científico-naturalistas do século XIX. Quiçá, por isso mesmo, não se encontre nenhuma folha com essas representações na Rússia, tampouco nas relações de obras que elaborou nos anos de 1827-1830.

Esses desenhos mostram, pois, outra faceta de Florence, a de um jovem que, em caráter particular, atuou fora das regras que lhe foram impostas e utilizou seus lápis para registrar não apenas aquilo que interessava ao chefe ou aos outros naturalistas, mas também os motivos que sua sensibilidade, seu querer, sua intuição o orientou e induziu; trabalhos que reservou intimamente para si e seu próprio deleite.

A existência dessas representações, por sua singularidade, constitui uma característica particular do nosso artista. Quiçá seja tentador associar esse aspecto de sua obra à tradição costumbrista, que naquele início do século XIX vinha emergindo na Itália e na França. Mas esse modelo de observação por parte dos artistas europeus estava associada, de uma forma geral, a questões sociais e quase sempre visavam tipificar as figuras populares através de seus ofícios, caracterizando-as por suas vestimentas e instrumentos profissionais. Florence, entretanto, dá a impressão de não estar buscando definir figuras-tipo; interessava-lhe o indivíduo. Demonstra, sim, querer documentar algo mais íntimo, quase confidencial, sobre as suas relações pessoais durante a viagem. Ao fazer isso, desloca o foco de visão, e dá espaço para que se conheça os anônimos personagens, sem os quais os cientistas e naturalistas jamais poderiam realizar as tarefas que lhes eram destinadas. E, ademais, particulariza a relação, ou talvez a cumplicidade, que manteve com esses "camaradas", a quem, conforme Langsdorff, ele não tinha "nenhum talento para dar ordens". Um deles parece ter sido o mais próximo ao artista, o piloto Antônio Lopez Ribeira (Figura 4), que com seu saber, de fato, comandou a caravana no acidentado percurso de Porto Feliz a Cuiabá.

Ribeira é um personagem muito citado em todas as versões das narrativas de Florence, e sua figura, simples e altiva, foi imortalizada pelo artista nas páginas do álbum *Expédition au Brésil [...].*

Figura 4. Hercule Florence, s/d. Anto[nio] Lopez Ribeira. (*Expédition au Brésil de la mission russe du Commandant Langsdorff*, p. 45. Biblioteca Nacional de França. Disponível em: <https://gallica.bnf.fr/ark:/12148/btv1b84511196/f93.double>. Acesso em: 04 fev. 2023.

Hercule o retrata de pé, à proa de sua canoa; um homem de quase quarenta anos, de roupas simples e vivos olhos pequenos, que nos mira de frente, e de forma magnânima. Nós o vemos segurando o timão, mas de uma maneira singular: seus braços envolvem o bastão e, ao mesmo tempo, sua mão direita o agarra com total segurança. Atrás dele tremula a bandeira do Império de Todas as Rússias, enquanto ao fundo se veem outras canoas em meio à paisagem, que recorda a de Porto Feliz.[74] Nessa representação de Florence, mais que Langsdorff, é Luiz Ribeira quem comanda a frota científica e serve de modelo para aquilo que de forma íntima o artista escolheu representar.

As folhas que mostram os trabalhadores, como a dedicada a Antônio Lopez Ribeira – e que não fazem parte do acervo iconográfico oficial da expedição Langsdorff –, revelam outra vertente da obra que Hercule Florence realizou no interior do ofício de artista-viajante, a de documentador de personagens e tarefas que estes realizavam; indivíduos e funções quase sempre ignorados nos textos e imagens legadas por expedições científicas.

Referências

Fontes manuscritas, digitalizadas e *on-line*

(para os acrônimos, ver nota "Sobre as fontes manuscritas", no início do livro)

Fontes impressas

BARMAN, Roderick J. The Forgotten Journey: Georg Heinrich Langsdorff and the Russian Imperial Scientific Expedition to Brazil, 1821-1829, *Terrae Incognitae*, 3, 1971, p. 67-96.

BECHER, Hans. *O barão Georg Heinrich von Langsdorff*: pesquisa de um cientista alemão no século XIX. Trad. Marcos Pinto Braga. São Paulo: Diá; Brasília: Editora da UnB, 1990.

74 Assim descrito em Costa, 2017, p. 207.

BECK, Hanno; HEIN, Wolfgang-Hagen. *Humboldts naturgemälde der tropenländer und Goethes ideale landschaft*. Zur ersten Darstellung der Ideen zu einer Geographie der Planzen. Stuttgart: Brockhaus Antiquarium, 1989.

BERTELS, D. E. *et al. A expedição científica de G. I. Langsdorff ao Brasil – 1821 – 1829*: catálogo completo do material existente nos arquivos da União Soviética. Trad. Marcos Pinto Braga. Brasília: Fundação Pró-Memória, 1988.

BOURROUL, Estevam Leão. *Hercules Florence (1804-1879)*: ensaio histórico-literário. São Paulo: Typografia Andrade, Mello & Comp., 1900.

CARELLI, Mário. *A descoberta da Amazônia*: os diários do naturalista Hércules Florence. São Paulo: Marca D'Água, 1995.

COSTA, Maria de Fátima. Aimé-Adrien Taunay e os registros dos índios Bororo, *Escritos*, ano 6, n. 6, 2012, p. 235-246. Disponível em: <http://www.escritos.rb.gov.br/numero06/artigo10.php>. Acesso em: 20 jul. 2019.

COSTA, Maria de Fátima. Le Voyage de Langsdorff au Brésil: une aventure inachevée. In: NOUVEAU MUSÉE NATIONAL DE MONACO (ed.). *Hercule Florence. Le Nouveau Robinson*. Milano: Humboldt Books, 2017, p. 197-242.

COSTA, Maria de Fátima; DIENER, Pablo. *Bastidores da expedição Langsdorff*. Cuiabá: Entrelinhas, 2014.

COSTA, Maria de Fátima; DIENER, Pablo; STRAUSS, Dieter (org.). *O Brasil de hoje no espelho do século XIX*: artistas brasileiros e alemães refazem a expedição Langsdorff. São Paulo: Estação Liberdade, 1995.

DIENER, Pablo; COSTA, Maria de Fátima. *Rugendas e o Brasil*: obra completa. Rio de Janeiro: Capivara, 2012 [2002].

FERREIRA, Dirceu Franco. Narrando viagens e invenções. Hercule Florence: amigo das artes na periferia do capitalismo, *Anais do Museu Paulista*, vol. 22, n. 2. São Paulo, 2014, p. 153-196,

2014. Disponível em: <http://www.scielo.br/scielo.php?script=sci_arttext&pid=S0101-47142014000200006>. Acesso em: 6 jul. 2019.

FLORENCE, Hercule. *Esboço da viagem do Sr. Langsdorff no interior do Brasil* pelo 2º desenhista da comissão scientifica Hercules Florence. Trad. Visconde de Taunay, *Revista Trimensal do Instituto Histórico, Geographico e Ethnographico do Brasil*, 1875, vol. 1, tomo 38, p. 355-469 , vol. 2, p. 231 - 301; 1876, vol. 2, tomo 39, p. 157- 182.

KOMISSAROV, Boris. A expedição do Acadêmico G. I. Langsdorff e seus artistas ao Brasil. In: MONTEIRO, Salvador; KAZ, Leonel. *A expedição Langsdorff ao Brasil.* Rio de Janeiro: Alumbramento, 1988. p. 11-36.

KOMISSAROV, Boris. *Da Sibéria a Amazônia*: a vida de Langsdorff. Trad. Victória Namestnikova El Murr. Brasília: Edições Langsdorff, 1992.

KOMISSAROV, Boris. *Expedição Langsdorff* : acervos e fontes históricas. Brasília: Edições Langsdorff; São Paulo: Editora da UNESP, 1994.

KOSSOY, Boris. *Hercule Florence*: a descoberta isolada da fotografia no Brasil. São Paulo: Livraria Duas Cidades, 1980 [1976].

LANGSDORFF, G. H. Von Langsdorff. *Os diários de Langsdorff*: Mato Grosso e Amazonas. Transcrição em cópia datilografada, acervo Fundação Oswaldo Cruz – FIOCRUZ, Rio de Janeiro.

MANIZER, G. G. *A expedição do acadêmico G. H. Langsdorff ao Brasil.* Trad. Osvaldo Peralva. São Paulo: Companhia Editora Nacional, 1967.

MONTEIRO, Salvador; KAZ, Leonel. *A expedição Langsdorff ao Brasil.* Rio de Janeiro: Alumbramento, 1988, 3 vols.

MOURA, Carlos Francisco. *A expedição Langsdorff em Mato Grosso.* Cuiabá: Universidade Federal de Mato Grosso, 1984.

NOUVEAU MUSÉE NATIONAL DE MONACO (ed.). *Hercule Florence. Le Nouveau Robinson*. Milano: Humboldt Books, 2017.

REVISTA DE ANTROPOLOGIA. Convenção para grafia dos nomes tribais, vol. 2, n. 2, São Paulo, 1954, p. 150-152. Disponível em: <https://www.revistas.usp.br/ra/issue/view/8378/558>. Acesso em: 9 maio 2019.

SILVA, Danuzio Gil Bernardino da (org.). *Diários de Langsdorff.* Campinas: Associação Internacional de Estudos Langsdorff; Rio de Janeiro: Fundação Oswaldo Cruz, 1997. 3 vols.

STEINEN, Karl von den. Indianerskizzen von Hercules Florence, *Globus*, LXXV, 1899, tomo 1, p. 5-9; tomo 2, p. 30-35.

Hercule Florence, a tentação do romance

Jacques Leenhardt

A obra de Hercule Florence chegou até nós através de vários manuscritos. *L'Ami des arts*[1] constitui a última fase de um longo processo de construção de um cânon, desenvolvido a partir de escritos originais, que remontam aos anos 20 do século XIX, logo depois amplificados e modificados por retoques, amputações, novos arranjos e concertações. Dentro desse conjunto de textos, *Viagem fluvial do rio Tietê para a Amazônia* pelas províncias brasileiras de São Paulo, Mato Grosso e Pará Grão ocupa as páginas 197 a 423 do manuscrito de *L'Ami des arts.*[2]

1 Lada.

2 Publicado em duas partes (1875 e 1876) em uma tradução para o português de Alfredo d'Escragnolle Taunay, este *Esboço* será republicado no ano posterior, antes de que uma outra versão, ampliada, apareça em francês em 1907 sob o título de *Voyage fluvial du Tietê à l'Amazone par les provinces brésiliennes de St. Paul, Matto Grosso et Gram-Pará*, por sua vez traduzido em 1941, pelo mesmo tradutor e sob o mesmo título. Alfredo d'Escragnolle Taunay já havia publicado em 1929 um fragmento relativo aos anos 1826-1827 sob o título: *De Porto Feliz à Cuiabá, Diário de Viagem de um naturalista da expedição do barão de Langsdorff em 1826 e 1827*. Existe também uma nova tradução em português feita por

Sob o título: "A tentação do romance", gostaríamos de propor uma leitura desse conjunto de textos – com um enfoque particular na parte intitulada *Viagem fluvial* – tentando mostrar como a construção desse *corpus* transforma as frustrações que Hercule Florence experimentou ao longo da sua vida numa narrativa romanesca.

A ideia de romance não vem aqui por acaso. Numa carta ao seu amigo Charles Auguste Taunay de setembro de 1862, Hercule Florence se queixa de ter sofrido, na sua vida de inventor, uma dupla decepção, primeiro com respeito à fotografia em 1839, quando foi divulgada a descoberta de Daguerre e, mais recentemente, quando lê, sob a pluma de Louis Figuier, o anúncio do "novo sistema de impressão" de Désiré Chevallier o qual, aos seus olhos, nada mais é que a sua "polygraphie", inventada por ele em 1831.

Ao fazer mais uma vez um balanço de sua vida no Brasil, Hercule Florence observa com desespero e resignação que não obteve sucesso em nenhum de seus empreendimentos. A resistência que o caracteriza vai lhe dar mais uma ideia para dar a volta no destino adverso que o oprime. É assim que, na carta a Charles Auguste, imagina uma maneira inédita de salvar a sua fama e justificar tantos anos de trabalho tendo desembocado no nada: escrever a história de seus fracassos e publicá-la em um livro. Ele confirma essa intenção ao dizer: "Estou pronto para derrubar todo este andaime vaidoso das minhas descobertas: vamos ver se deste monte de entulho não veremos um novo horizonte".[3]

Há no consentimento em abandonar a pretensão passada do inventor, cujo esplendor foi manchado por sucessivos fracassos,

Francisco Álvares Machado Florence (São Paulo: Museu de Arte de São Paulo Assis Chateaubriand, 1977).

3 Correspondances, p. 15.

o início de uma nova pretensão, dessa vez ligada à escrita. Sobre as ruínas do passado, Hercule Florence se propõe agora a construir um monumento sem precedentes, que projetará seu orgulho no "novo horizonte" que ele antevê. Para convencer seu amigo Charles Auguste a lhe dar seu apoio, Hercule apresenta a perspectiva de um sucesso literário que lhes permitirá dividir os lucros.

A oposição entre as ruínas e um novo horizonte é uma interessante releitura do tema romântico da falência das civilizações moldado por Volney no fim do século XVIII.[4] Hercule Florence abordou esse tema em uma aquarela, sem data, com título talvez apócrifo: Volney meditando nas ruínas de Palmira.

Figura 1. Hercule Florence, *Sem título. (Volney meditando nas ruínas de Palmira)* (CHF 092.)[5]

4 Volney, 1791.

5 As imagens catalogadas [CHF] pertencem à Coleção Cyrillo Hercule Florence, São Paulo, Brasil.

Em meio a um campo de ruínas, que lembra a vaidade das pretensões humanas, Volney medita. Em contraponto a essa figura melancólica, Hercule Florence colocou, impassível e esperando a sua hora, a coruja de Minerva, que domina a situação do alto de uma poderosa coluna. Mais uma vez, vemos essa maneira, típica do nosso autor, de equilibrar o negativo e o positivo. Como Hegel nos lembra: "É apenas no início do crepúsculo que a coruja de Minerva levanta vôo".[6] O tempo destrutivo deve, portanto, já ter efetuado o seu ofício para que a reflexão crítica possa recapturar o que aconteceu para projetá-la em um novo horizonte. O pensamento do filósofo, como o do historiador, chega mais tarde, na hora de fazer um balanço das vicissitudes humanas. Como a coruja, que surge num momento em que os empreendimentos da vaidade desaparecem na noite, só então os novos horizontes se tornam perceptíveis e identificáveis.

Tentaremos entender como, ao longo do processo de reescrita ao qual Hercule Florence se dedica durante mais de quarenta anos, o narrador de seus escritos chegará a tomar uma distância cada vez maior, analisando as circunstâncias, transformando as experiências dolorosas em um *quase romance*. Chamamos aqui de *romance* o conjunto dos escritos, permanentemente rearranjados, nos quais o autor se constitui pouco a pouco como o sujeito principal sob o rosto do "inventor exilado", infeliz nos seus empreendimentos, porém, por essa mesma razão, o herói de toda a narração. Assim a longa lamentação do exilado irá se transformar numa epopeia romanesca – com traços trágicos –, que, talvez, irá encontrar o público que lhe faltou nesse país afastado.

***

6 Hegel, 1940, p. 32.

Viagem fluvial do rio Tietê para a Amazônia, o primeiro texto escrito por Hercule Florence, está classificado tradicionalmente na categoria "diários de viagem". Na publicação do texto na Revista do IHGB, aparece um subtítulo que confirma essa classificação: "Esboço da viagem feita pelo Sr. Langsdorff no interior do Brasil desde setembro de 1825 até março de 1829".[7] No entanto, a partir de 1849, Hercule Florence empenhou-se em reescrever amplas partes do texto que havia redigido durante a expedição, inserindo muitas observações *post factum*. Assim, o relato das descobertas e aventuras se transforma pouco a pouco numa narrativa na qual o próprio narrador se torna a figura principal.

Essa mudança em termos de gênero literário está anunciada pelo próprio Hercule Florence na "Introdução" que redige no momento de integrar o texto original da "Voyage fluvial" (1829) no conjunto do manuscrito de *L'Ami des arts* (1849). Refletindo sobre o tempo que passou entre a expedição Langsdorff da qual participou e os dias dessa retomada, Hercule Florence escreve:

> Dar ao público uma viagem ao Brasil feita há já vinte anos (escrevi-a em 1849) hoje onde tantos sábios, artistas e homens de talento, já fizeram publicações que não deixaram, por assim dizer, mais nada a desejar no que diz respeito ao relato científico e pitoresco, é estar muito atrasado; mas eu espero que nessa narração não vá faltar novidades: de resto se esta publicação é tardia, tudo em mim é tardio; eu vivi na sombra; eu vi sem poder me comunicar: *uma vida passada assim me parece ser ela mesma uma novidade, que talvez tenha seu lugar no quadro das imensas*

7 Florence, 1875, 1876. O subtítulo "Esboço" não aparece em Lada.

> *condições, brilhantes ou obscuras, as quais nós estamos sujeitos.*[8]

Hercule Florence tinha consciência da transformação que o tempo transcorrido impunha à sua narrativa. O afastamento dos tempos da ação fez com que o relato de viagem já não pudesse ser pensado como se fosse ser lido pelo Czar da Rússia – objetivo do primeiro relato como veremos através da análise dos títulos –, mas sim por um leitor interessado pela novidade que representa a vida desse exilado francês confrontado com a discrepância entre o mundo Europeu e a situação brasileira.

Essa nova consciência literária deixa muitos rastros no texto de Hercule Florence. Elas são os signos de uma nova intenção literária que iremos tentar evidenciar.

***

> Nós partimos do Rio de janeiro no dia 3 de setembro de 1825, e ajudados por um vento fresco nós fizemos em 24 horas uma travessia de 70 léguas até Santos: isso foi uma dupla vantagem porque o navio ainda levava 65 Negros novos, cobertos de fel, e pestilentos.[9]

---

8 Lada, p. 196 (grifo do autor). Texto original: "*Donner au public un voyage au Brésil fait il y a vingt ans (j'écris en 1849) aujourd'hui que tant de savants, d'artistes, et d'hommes à talents, ont fait des publications qui ne laissent, pour ainsi dire, plus rien à désirer sous le rapport scientifique et pittoresque, c'est s'y prendre beaucoup trop tard; mais j'espère que cette narration ne manquera pas de nouveauté: au reste, si cette publication est tardive, tout est tardif chez moi; j'ai vécu dans l'ombre; j'ai vu sans pouvoir me communiquer: une vie passée ainsi me paraît être elle-même une nouveauté qui peut-être aura sa place dans le tableau des immenses conditions, brillantes ou obscures, auxquelles nous sommes sujets*".

9 Florence, *Voyage fluvial du Tiété à l'Amazone*, em Lada, p. 197-423. Al-

Enquanto forma de narração, a primeira frase da *Viagem fluvial* conforma-se plenamente com os códigos de relatos de viajantes da época, colocando o evento no tempo e no espaço. O texto segue, no entanto, com algumas anotações surpreendentes sobre a presença de: "65 negros novos, cobertos de fel e pestilentos" cujo fedor foi dissipado por (uma corrente de ar oportuna) "um vento fresco".

Ao exprimir desde o início a forte repulsa que lhe inspiram esses escravos recém-chegados da África, o narrador designa, de maneira casual, a instituição da escravidão como um quadro geral da vida que descobre no Brasil e os desgostos que ela lhe provoca. Assim, com uma audácia literária inesperada para um jovem marinheiro sem antecedentes literários, esse *incipit* cria um clima onde o "mau cheiro" de um lado e "o vento oportuno" do outro concorrem para estabelecer um equilíbrio entre o negativo e o positivo. Essa maneira de construir a relação literária aparece como um modelo formal implícito, capaz de organizar a variedade dos assuntos que constituem a narração. A história do "vento fresco" afastando "o mau cheiro" dos escravos durante a travessia do Rio de Janeiro a Santos se revela muito mais do que uma anedota: é a forma mesma que o narrador quer dar à sua narração, cuja particularidade consiste em combinar, em uma tensão específica, elementos favoráveis e disfóricos.

---

fredo d'Escragnolle Taunay publicará, em 1875, "Ébauche du voyage fait par M. Langsdorff au Brésil de septembre 1825 à mars 1829" na Revista do IHGB. Trata-se de uma tradução do manuscrito que Hercule Florence havia deixado em 1829 nas mãos de Félix-Émile Taunay, o irmão do seu companheiro de viagem Aimé-Adrien Taunay. Tradução por mim do texto original, já que a tradução de Taunay não reflete fielmente o texto original: "*Nous partîmes de Rio de Janeiro le 3 7bre. 1825, et aidés d'un vent frais nous fîmes en 24 heures une traversée de 70 lieues jusqu'à Santos: ce fut un double avantage car le navire portait encore 65 Nègres, neufs, couverts de galle, et infects*".

Essa forma marca, novamente, a segunda frase da narrativa. Na chegada ao porto de Santos, o narrador comenta que está chegando no primeiro porto da província, o que promete a imagem de uma atividade portuária efervescente. Pelo contrário, o relato comenta que apenas um barco português de três mastros está lá ancorado, sob uma chuva torrencial. O tom de decepção desmente tristemente a importância do porto.

Para definitivamente nos convencer da importância desse modelo de balanço deceptivo, a terceira frase do texto apresenta, desse mesmo jeito, um herói local que chama: "Alexandre Guzmão".[10] Como no caso do "vento fresco", a referência a Gusmão, o "inventor" dos aeróstatos, surpreende no limiar de uma história de aventuras etno-botânicas. Ela possibilita ao narrador, no entanto, colocar, no limiar de um texto descritivo, a questão geral da invenção intelectual e de seu reconhecimento, tema que se verificará estruturante ao longo da prosa de Hercule Florence. Essa referência à invenção, aparentemente fora de lugar, lhe permite reorientar a atenção do leitor sobre as condições intelectuais do país (Brasil) e sobre o drama pessoal que nele viveu.

Quando ele se pergunta como é possível que um fato comprovado como o voo de um aeróstato em Lisboa, em 5 de agosto de 1709, possa ter ficado "desconhecido do mundo" europeu, Hercule Florence procede a uma "*mise en abyme*" do seu próprio destino. Com efeito, ao longo da sua vida, como o atestam seus numerosos textos, Florence se queixa de não ter sido reconhecido pelas invenções das quais se orgulha. *Viagem fluvial do Tietê para a Amazônia* aparece, pois, desde a sua segunda versão, não tanto

10 A figura a qual o narrador se refere não é o famoso jurista Alexandre de Gusmão, como está escrito erroneamente no texto, mas sim o seu irmão Bartolomeu, também chamado de "padre voador", que "inventou" em 1709 um aeróstato.

como a narração de uma viagem, porém como a reflexão crítica de um exilado sobre a organização de um mundo onde o afastamento dos centros intelectuais (europeus) condena os inventores ao esquecimento. Já não se trata simplesmente de uma relação de viagem senão da narração crítica e distanciada das felicidades e desgraças de um europeu exilado nas terras brasileiras.

O leitor de hoje dificilmente pode distinguir entre as passagens escritas pelo jovem desenhista aventureiro e aquelas pensadas, décadas mais tarde, pelo patriarca cafeicultor. As primeiras descrevem a descoberta de um mundo exótico e desconhecido, conforme a tradição dos livros de viagem; as últimas são escritas por um homem para quem o Brasil já não tem nada de exótico. A geografia das paisagens e das comunidades de índios autóctones, que reflete a descoberta de um mundo maravilhoso por um jovem viajante, nutre a primeira relação da expedição, mas se transforma depois num relato de tipo histórico baseado na experiência de um narrador que, entretanto, casou e acabou por fundar uma ampla família na região de Campinas. A sedentarização, a experiência política, os conhecimentos agronômicos e a perda da ilusão quanto à possibilidade de desenvolver invenções em geral constituem uma mediação ideológica através da qual Hercule Florence doravante olha para o mundo e para o seu próprio passado. Entre 1829, fim da viagem fluvial, e 1849, depois da morte do seu sogro Francisco Álvares Machado, a geografia na qual se movia o viajante passou por um processo de historicização. A consequência dessa releitura à luz das experiências vividas é que, de observador viajante, o narrador se torna um exilado e é esta última figura que se torna o próprio herói da narração. O texto do caderno de viagem original se transforma numa quase novela, centrada na trajetória de um homem lutando com suas esperanças e seus fracassos.

> Em um século em que o talento não passa desapercebido, a providência me trouxe a um país em que nenhum caso se faz dele. Sofro os horrores da miséria (moral) e a minha imaginação está cheia de descobertas. Nenhuma alma me ouve; nem me compreenderia. Aqui só se dá apreço ao Ouro; só se ocupam de Política, açúcar, café – e carne humana.[11]

Enquanto autor dos vários manuscritos, Hercule Florence retoma constantemente o seu próprio trabalho com a sensação de dever precisar, confirmar, sublinhar, justificar. Essa tarefa aparece, do ponto de vista psicológico, como uma forma de ritual apologético destinado a afastar um julgamento moral que poderia condená-lo por motivo de fraqueza e de fracasso. A narração multiplica, pois, os casos de homens admiráveis os quais, apesar de seus valiosos acontecimentos, também foram esquecidos e deixados nas sombras. Assim, após a referência a Bartolomeu de Gusmão, o narrador lembra de duas outras figuras de destaque do Brasil nascente, oriundas também da cidade de Santos: os irmãos Andrada. Estes últimos,

> que fizeram a independência do Brasil e que se distinguiram ao longo das suas vidas por sua coragem e suas virtudes patrióticas [...]. Eram três irmãos que, depois de terem governado o império, morreram quase na pobreza.[12]

11 Florence, *L'Inventeur au Brésil*, em Bourroul, 1900, p. 431-432.

12 Florence, *Voyage fluvial du Tietê à l'Amazone*, em Lada, p. 24. No original: "*qui ont fait l'indépendance du Brésil, et se sont distingués toute leur vie par leur courage et leurs vertus patriotiques, [...] Ils étaient trois frères qui, après avoir gouverné l'empire, sont morts à peu près dans la pauvreté*".

Heróis da independência do país e pais míticos da nação brasileira, os irmãos Andrada morrem no exílio, no esquecimento e na pobreza.[13] Com esse novo exemplo, o autor, Hercule Florence, generaliza a sua leitura melancólica das injustiças da história e justifica o tom deceptivo de sua narrativa.

Ao mesmo tempo, ele se inscreve numa tradição literária inaugurada pela carta de Abelardo a um de seus amigos, *História calamitatum mearum.*

> il me répugne de parler
> de mes malheurs; c'est pure vanité; mais je le ferai
> avec des expressions si neuves et si touchantes, je
> montrerai
> des douleurs si inconnues, qu'on aimera à connaître
> ma
> vie. La douleur a aussi ses charmes ineffables!
> Hercule Florence, journal, vers avril 1848.[14]

Essa possível referência estabelece a junção entre o motivo disfórico das calamidades e aquele da relativização racional das mesmas e da esperança cristã. A carta, de 1862, ao amigo Charles Auguste Taunay, referindo-se à possibilidade de superar as desgraças por meio da narração das mesmas, parece jogar o mesmo papel que a carta de Abelardo: a função transformadora e, por isso, libertadora da escritura. Assim, o projeto de escritura toma, na carta a Taunay, uma forma paradoxal particularmente potente e inovadora – a de Hercule Florence pedir ajuda ao seu amigo para publicar um livro narrando os fracassos das suas invenções.

13 Tendo terminado seus dias em Paris, esses exilados estabelecem um elo misterioso entre o Brasil e a França do qual, implicitamente, Florence se orgulha.

14 Florence, *Troisième livre de premiers travaux*, em Diário III, p. 23.

A aposta no sucesso público de um livro baseado no fracasso pessoal implica a consciência de que uma figura literária caracterizada como herói negativo pode levar ao sucesso graças à emoção participativa do público leitor:

> Faremos a publicação da vida de um inventor e artista abandonado a si mesmo por 32 anos no interior do Brasil. Não há ficção, será pura realidade; nisso, esta pintura será real e não presumida como Robinson, ou Pai Tomás e todos os romances.[15]

Hercule Florence cita, como referência, o caso de Leibniz, mas não pretende comparar a sua própria história com aquela do famoso filósofo e cientista; propõe mais modestamente:

> Longe de comparar o nosso inventor a este grande gênio, compare-o com o Pai Tomás, que comoveu a Europa, a quem, aliás, não li todinho, e apresente ao público um "Pai Tomás de raça branca", vítima por trinta e dois anos de uma escravidão cravada pela angústia da alma que enxameia sob a Civilização e na obscuridade que produz, não sei como, esta estrela negativa.[16]

---

15 Correspondances, p. 17. No original: "*Nous entreprendrons la publication de la vie d'un inventeur et artiste abandonné à lui-même pendant 32 ans dans l'intérieur du Brésil. Il n'y entre aucune fiction, ce sera la pure réalité; et en cela ce tableau sera réel et non supposé comme Robinson, ou l'Oncle Tom et tous les romans*".

16 Ibid., p. 16. No original: "*Bien loin de comparer notre inventeur à ce grand génie, comparons le à l'Oncle Tom, qui a ému l'Europe, que je n'ai pas tout lu d'ailleurs, et présentons au Public un "Oncle Tom de race blanche", victime depuis trente deux ans d'un esclavage rivé par les angoisses de l'âme qui fourmillent sous la Civilisation et dans l'obscurité que fait, je ne sais comment, cet astre négatif*".

Se Florence mostra-se modesto ao recusar a se comparar a Leibniz, por outro lado, ao oferecer *Uncle Tom's Cabin*, de Harriet Beecher Stow, como referência literária, ele compara sem falsa vergonha a sua empreitada ao maior sucesso literário da época.[17]

A sugestão é surpreendente, pois Hercule Florence pretende escrever uma história "real" e verdadeira, ao passo que – ele assim o acredita – *A cabana do Pai Tomás* era uma ficção.[18] Por outro lado, ao retomar o título de Harriet Beecher Stowe com uma pequena alteração – *Um Pai Tomás de raça branca* – o título escolhido por Florence enfatiza a questão racial que marca, desde o início, a narração da *Viagem fluvial*. O autor aproveita o caráter bom e generoso do herói norte-americano, mas tem o cuidado de sublinhar que o seu herói é de raça branca, o que constitui a originalidade de seu propósito. Ele confia nesse estranho paradoxo para despertar o interesse dos leitores que deveriam se perguntar:

---

17 No seu diário, em data de abril 1848, Florence se compara também com vários heróis da cultura ocidental. Assim declara: "Consumo me tal como Corinne, como Sapho, Galileo, Tasso e Gutenberg pois também eu tenho amado demais, inventado demais, sentido demais, e isso nos confins da América". Texto original: "*Je me consume comme Corinne, comme Sapho, Galilée, le Tasse et Guttemberg (sic), car moi aussi, j'ai trop aimé, trop inventé, trop senti, et cela, au fond de l'Amérique*". Florence, *Troisième livre de premiers travaux*, em Diário III, p. 23. A referência a Corinne, heroína do romance epônimo de Madame de Staël, que morre do seu amor para Lord Nelvil, introduz o tema do amor romântico, o qual, aliás, fica largamente ausente dos escritos de Hercule Florence.

18 Obviamente Hercule Florence está menos interessado no romance de Harriet Beecher Stowe que reconhece não ter lido inteirinho do que no sucesso enorme dessa obra junto ao público europeu e norte-americano. Por essa razão, ele não sabe que esse romance está fundado sobre duas histórias verdadeiras, a de Josiah Henson, ex-escravo fugitivo do Sul, que trabalhou depois no Norte numa plantação de tabaco, e também sobre a autobiografia de Frederick Douglass, outro ex-escravo fugitivo.

como é possível que exista uma figura tão improvável como um Pai Tomás branco e infortunado? A comparação entre o inventor europeu perdido no profundo Brasil e o negro bondoso e romântico inventado por Beecher Stow sublinha até que ponto Hercule Florence tenta se colocar num contexto essencialmente literário ao lançar essa proposta ao seu amigo.

***

O exílio e o reino

> *Sim, a glória me apareceu radiante; porquanto as descobertas que fiz durante esse tempo, e que se lerão no decurso d'esta obra, não se desvendam aos olhos de todo o mundo: uma única de minhas descobertas teria bastado para imortalizar qualquer outro que houvesse sido mais feliz do que eu; ao passo que eu me sacrifiquei, sem mesmo ter a consoladora certeza de que o meu sacrifício servisse para qualquer cousa.*
>
> Autobiografia de Hercule Florence

A substituição do tema da viagem pelo do exílio, mais doloroso, se constitui numa marca essencial do novo quadro de referência da narração. Desde então domina a saudade. A partida para a América recaía muito sobre a imaginação do adolescente inflamada pela leitura das obras do abade Raynal.[19] Porém, com o tempo, essas imagens que haviam nutrido o seu desejo de viagem murcham: "O Oceano Atlântico só se me afigura hoje triste solidão e os quadros de Raynal, esse livro deslumbrante que in-

19 Raynal, 1780.

flamava a minha imaginação, mudaram o seu prestígio".[20] O autor compreende que essas leituras, como os romances que Emma Bovary[21] lia, lhe enganaram:

> Contradição do meu espírito que me fazia sonhar com vastos oceanos a percorrer ou praias desertas, ou habitadas por selvagens, a visitar e que, mais tarde, tornado habitante do Brasil, me faziam ter saudades do Mediterrâneo, dos seus portos próximos uns dos outros, de suas ilhas, de seus pequenos mares e sobretudo dos habitantes de suas praias.[22]

Longe de ser apenas uma experiência deceptiva ocasional e pessoal, o exílio é uma doença do corpo e da alma. Ela apresenta as características de um esquema geral de vida, uma característica quase antropológica que Florence articula com categorias cristãs, de maneira que sua experiência brasileira aparece apenas como um exemplo das consequências lógicas da queda de Adão e de sua expulsão do paraíso terrestre: "O homem é um ser racional e religioso: essa definição é a mais bela que se pode fazer desse rei da criação, mas um rei destronado por seu orgulho para com Deus e seu egoísmo em relação aos homens".[23] Essas crenças cristãs alimentam a convicção de que toda aventura humana e, por consequência, toda história romanesca tem como ponto de partida o pecado original. Ao destacar o orgulho e a queda de Adão,

20 Bourroul, 1900, p. 14-15.

21 Flaubert, 1857.

22 Bourroul, 1900, p. 14.

23 Florence, *Voyage fluvial du Tietê à l'Amazone*, em Lada, p. 56. No original: "*L'homme est un être raisonnable et religieux: cette définition est la plus belle que l'on puisse faire de ce roi de la Création, mais roi détrôné par son orgueil envers Dieu et son égoïsme envers les hommes*".

Hercule Florence esboça uma ontologia de cunho cristão que, por sua vez, determina a forma pela qual ela pode ser expressa literariamente. O esquartejamento entre a confiança na possibilidade do progresso neste mundo e a condenação de seu orgulho confere ao texto das aventuras de Hercule Florence uma das bases ideológicas fortes da sua forma romanesca.

Esse segundo ciclo, que poderíamos chamar de "ciclo da maturidade", leva em conta o fato de que o mundo das descobertas e das invenções iluminando o futuro fechou-se, deixando o herói desiludido e amargo. Por falta de recursos econômicos e pela ausência de um ambiente favorável à inovação, o aventureiro que sonhava em converter-se em inventor e em transformar o mundo é forçado a se voltar de maneira crítica sobre a sua própria experiência e sobre ela fazer um balanço que poderá resultar num romance.

O Brasil desse segundo ciclo é bem diferente do mundo marítimo com horizontes longínquos, abertos à conquista, no qual o jovem marinheiro se havia projetado com entusiasmo e cujo desejo de arte e de ciência expressava livremente um ideal iluminista. O herói mora, doravante, no interior de um país rotineiro e caipira, constrangido por suas normas econômicas, sociais e políticas.[24] Esse ambiente cotidiano e realista, circunscrito pelos deveres familiares, ajuda a entender a nova atitude do autor frente aos seus próprios textos e à reformulação que faz dos seus títulos: Hercule Florence tenta redesenhar o perfil da sua vida. Isso merece a nossa atenção.

---

24 É interessante notar que Hercule Florence, confrontado com a natureza pouco inovadora e empreendedora de seus concidadãos, desenvolveu em 1855 uma comparação desfavorável entre o brasileiro e o anglo-saxão, assim como o fez, mais tarde, Vianna Moog (1954).

O título do texto deixado por Hercule Florence nas mãos de Félix-Émile Taunay em 1830 é: *Viagem ao interior do Brasil, feita pelo abaixo-assinado, enquanto desenhista do Sr. Cavaleiro de Langsdorff, Naturalista e Cônsul Geral da Rússia no Brasil. Anos 1825-1826-1827-1828 e 1829, Hercules Florence.* Nele nota-se a modéstia com a qual o autor, que se nomeia em último lugar, desaparece por trás de seu trabalho de desenhista, e especialmente por trás do título grandioso da pessoa que o contratou: o sr. cavaleiro de Langsdorff, naturalista e cônsul-geral da Rússia no Brasil. Essa modéstia inicial caracteriza tanto a atitude do jovem desenhista como enfatiza a aceitação das regras do relato de viagem, as quais implicam do escritor, todo dedicado à restituição dos acontecimentos e das coisas encontradas, a reserva do protagonista enquanto sujeito literário.

A partir do segundo conjunto de textos, o título muda. Doravante, a trama tece uma comparação entre a própria história do autor e aquela do famoso Robinson Crusoé. Florence reivindica um estatuto distinto e valorizado que repousa sobre a sua singularidade enquanto indivíduo. O novo título já não apresenta mais o autor como um simples viajante, mas sim sob vários aspectos: o do artista, o do pensador e o do exilado.

> *O Novo Robinson ou o artista entregue a si mesmo. Livro contendo as Pesquisas e as Descobertas de um Europeu habitante do interior do Brasil, o qual, por um efeito mesmo da necessidade, e das circunstâncias em que se encontrava, esforçou-se para obter ótimos resultados com baixos meios e conseguiu dessa maneira simplificar algumas Artes e inventar novas. 2º Caderno, iniciado em 1835.*[25]

25 Dois anos depois, em 1837, *L'Ami des arts livré à lui-même ou Recherches et découvertes sur différents sujets nouveaux, Par Hercule Florence, Sam*

Essa cascata de títulos demostra o quanto Hercule Florence estava à procura de uma formulação adequada à sua experiência. Sob o nome de "Novo Robinson", ele se apresenta doravante como inventor, à maneira de um sujeito que se tem confrontado com todos os poderes negativos de um mundo que tenta transformar. O autor insiste, em particular, sobre o fato de que, tal como Robinson Crusoé, ele se viu "entregue a si mesmo" sem apoio exterior para ajudá-lo a cumprir a sua missão. Assim, o exílio e o abandono enobrecem o herói que sacou todos os recursos de si mesmo, ao mesmo tempo em que indicam ao leitor que essas condições difíceis podem ter influenciado os resultados obtidos e, portanto, explicar as decepções experimentadas. A insistência com a qual Hercule Florence se queixa de sua solidão enquanto filho exilado e inventor desconhecido faz dele uma figura literária fundamental: um herói problemático.

O personagem romanesco é uma figura pela qual o desejo de transformar o mundo se torna uma forma infeliz da sua própria vida. Assim, comparando a autoficção que Hercule Florence nos propõe nos textos com a figura do herói problemático analisado por Georg Lukács, podemos talvez pensar melhor o trabalho literário assumido por Florence como também às contradições que esses textos manifestam. A narração através da qual Hercule Florence constrói a sua vida na forma de um "Novo Robinson" o leva a fazer dela um *quase-romance*, o que inspirou o título desse ensaio: a tentação do romance.

Carlos, Province de St. Paul, le 11 Août 1837, integra também o texto da *Viagem fluvial*. A partir do final dos anos 1840, Hercule Florence retoma os textos que reúne com novo título: *O inventor no Brasil ou pesquisas e descobertas de um Europeu, durante 18 anos de moradia no interior deste império.*

Para entender como essa noção de romance pode nos ajudar na compreensão do conjunto de textos escritos por Hercule Florence, é sem dúvida útil voltar à figura matricial do gênero romântico na literatura ocidental: o Dom Quixote de Cervantes. Como René Girard mostrou claramente, o Cavaleiro Dom Quixote manifesta um desejo que não é seu: os objetos de seu desejo são designados a ele por um corpo externo cuja autoridade ele reconhece, Amadis de Gaule – o mais perfeito dos cavaleiros errantes. O herói que Cervantes propõe à história literária do Ocidente desistiu de seu livre-arbítrio em favor de uma lei externa, ditada por Amadis, de modo que "a obra de Cervantes é uma longa meditação sobre a influência nociva que as mentes mais saudáveis podem exercer umas sobre as outras".[26]

O infortúnio de sua experiência como explorador e, depois, como inventor europeu exilado no Brasil parece empurrar espontaneamente Hercule Florence a confiar nesse modelo de heróis cujo desejo de transformar o mundo é frustrado pelo fato de que essa paixão de ciência e de melhoramento do mundo emana de uma fonte externa, fora de alcance para o personagem. Todo o infortúnio do jovem que embarcou em Toulon se deve ao fato de ter trazido consigo esperanças concebidas lá, em sua longínqua pátria, longe da terra onde está se desprendendo. Sua vontade de modernização, de arte, esse poder de invenção que ele sente borbulhar dentro de si, não encontram o lugar nem a acolhida esperada por ele no Brasil onde desembarcou. É como se seus desejos de inovação fossem movidos por um demônio externo que lhe dá ordens às quais ele é incapaz de responder por causa do contexto. Ele mesmo aponta esse aspeto de sua psicologia, mostrando a

26 Girard, 1961, p. 13.

"sua infeliz mania de aperfeiçoar".[27] Sua vida, portanto, sob a pena cada vez mais desesperada de Hercule Florence, se torna uma condenação irremediável.

Na origem dessa tentativa de colocar sua vida na forma romanesca está, portanto, a experiência fundadora da impossibilidade de reunir seus desejos em um mundo que obedece a uma lógica que recusa a sua realização. O próprio herói de sua história, o autor da autoficção, luta constantemente contra o mundo onde vive, sabendo não ter as ferramentas certas para realizar as transformações com que sonha.

Marthe Robert fala a respeito de um narrador que, por causa dessa mesma discrepância,

> tem consciência de não ter sido iniciado ou de ser incompleto; sentindo-se, também, maldotado para mostrar o início e o fim da criação, ele traça todas as coisas criadas de uma só vez, criando países imaginários onde a aventura é proporcional à fantasia, ilhas desertas das quais ele é o engenhoso e despótico Robinson.[28]

A crítica e psicanalista sublinha, assim, a estreita ligação existente entre a resistência que o mundo opõe à realização de esperanças e desejos e a produção de uma espécie de imaginário compensatório cujo grau de realidade muitas vezes permanece um tanto vago.

Exilado voluntário, Hercule Florence começa sua luta no Brasil sob a modalidade muito particular da invenção. O inventor

27 Luret, 2001, p. 251.

28 Robert, 1972, p. 77.

é alguém que age como se, diante de um mundo imperfeito, fosse possível reinventá-lo, e com esse fim

> recriar todas as ciências, todas as técnicas, todos os processos de dominação da natureza à maneira de alguém que saberia tudo sem saber de onde vem seu conhecimento, (coisa notável, é precisamente esse hipócrita "como se" que torna suas aventuras fascinantes).[29]

Explorador, artista, inventor, o exilado Hercule Florence luta contra um Brasil incapaz de compreender a novidade da qual ele é o portador. Seus confrontos com o seu meio social, e, mais geralmente, com a sociedade brasileira, revelam a que ponto ele se sentia um precursor à frente de sua época. É à luz dessa discrepância que podemos compreender porque Hercule Florence quis se apresentar sob a figura de um "Novo Robinson".

O Robinson Velho

> *E ele lhe entrou de tal forma na imaginação que toda essa máquina de sonhos e invenções que ele estava lendo era verdade, que para ele não havia outra história mais certa em todo o mundo.*
>
> Dom Quixote[30]

Ao colocar-se sob os auspícios de Defoe, Hercule Florence refere-se muito mais do que somente a um personagem (Robinson): como já foi visto junto a Marthe Robert, é toda uma tradição ro-

29 Ibid., p. 146.

30 Cervantes, 1934, p. 28-29.

manesca ocidental que vem, através dessa alusão, constituir o horizonte sobre o qual se perfila o personagem do aventureiro, do inventor e do artista. Mas reivindicar Defoe em meados do século XIX é expor-se, como outrora Dom Quixote, a um confronto violento entre os valores do passado e os da atualidade. Sem querer e sem saber, Hercule Florence está opondo duas épocas e dois tipos de descobertas.

O século XVIII, com seus navegantes George Anson, James Cook, Jean-François de La Pérouse e Nicolas Baudin, havia impulsionado ao sublime a descoberta das terras desconhecidas. *Robinson Crusoé*, o romance de Defoe, é o filho literário dessa epopeia. Com o século XIX surgem, no entanto, inumeráveis invenções que transformam as condições científicas e técnicas da navegação e, com isso, o tamanho do mundo. Depois que a máquina a vapor domesticou a força motriz, as invenções das quais o século terá orgulho levarão os nomes de James Watt, Louis Daguerre e Thomas Edison, dando início a um novo paradigma técnico, no qual a informação e a comunicação irão dominar.

Nascido em 1804, Hercule Florence emerge, pois, com respeito ao mundo repleto de descobertas, no intervalo entre dois períodos caracterizados por dois tipos diferentes de energias e de comportamentos. E ele será embrulhado nessa mudança tecnológica. Ao se referir a *Robinson Crusoé*, Florence olha para trás, fascinado por sonhos que já desapareceram, tais como os do cavalheirismo sonhado por Dom Quixote.

Um signo dessa incapacidade, por falta de informação, de se situar concretamente no movimento das invenções científicas é o projeto de uma nora que Hercule nutre no seu coração e manda para a Real Academia das Ciências de Torino. Essa *Noria hydrostatica* pretende criar – conforme Hercule Florence – o movimento perpétuo.

De Heron de Alexandria até Hercule Florence, passando por Da Vinci, Cardano e Newton, sabe-se bem que o movimento perpétuo foi objeto de inumeráveis pesquisas e "invenções", até que se descobrisse a sua radical impossibilidade. A quantidade de inventores que se confrontaram com essa questão evidencia a sedução do projeto e a proliferação das soluções quiméricas. No entanto, a partir do século XVIII, os cientistas admitem definitivamente essa impossibilidade, o que motiva em 1775, por parte da Real Academia das Ciências de Paris, a resolução de deixar de examinar os *Mémoires* dedicados aos problemas "da duplicação do cubo, da trisecção do ângulo ou da quadratura do círculo nem de nenhuma máquina anunciada como de movimento perpétuo".[31]

A Academia, ademais, explicita o porquê de sua decisão: "Este tipo de investigação tem o inconveniente de ser muito custoso, de ter arruinado mais de uma família e, seguidamente, Mecânicos que teriam podido prestar grandes serviços têm nela consumido a sua fortuna, seu tempo e sua genialidade".[32] Essa argumentação ecoa de maneira contundente com os impasses da própria atitude de Hercule Florence. Não tendo a informação que lhe teria evitado gastar sua energia em vão, o exilado de Campinas não pode, senão retrospectivamente, zombar de si mesmo e do poder que, sobre o seu espírito efervescente, exerceram as quimeras científicas: "Tive ainda a ideia de lhe mostrar o meu projeto de

31 Histoire de l'Académie royale [...], 1778, vol. I, p. 61. No original: "*L'Académie a pris cette année la résolution de ne plus examiner aucune solution des Problèmes de la duplication du cube, de la trisection de l'angle ou de la quadrature du cercle ni aucune machine annoncée comme un mouvement perpétuel*".

32 Ibid., p. 65. No original: "*L'Académie explique en outre les motifs de sa décision: 'Ce genre de recherche a l'inconvénient d'être coûteux, il a ruiné plus d'une famille & souvent des Mécaniciens qui eussent pu rendre de grands services, y ont consumé leur fortune, leur temps & leur génie'*".

uma espécie de Nora que não era outra coisa senão o moto-contínuo; não tenho recordação do que ele me disse, mas estou certo que interiormente terá zombado de mim, e com muita razão".[33]

Contrariamente ao jovem francês, ainda preso às suas ilusões, Defoe fala de um tempo em que a burguesia inglesa, já economicamente poderosa, mas excluída do poder político por culpa de sua tradição aristocrática, se irrita impaciente enquanto fomenta a Revolução Industrial. Em um contexto político bloqueado, o desenraizamento narrativo imaginado por Defoe, abandonando seu herói naufragado numa praia deserta, é a sua melhor chance de sucesso. Defoe coloca Robinson em um mundo livre das barreiras constituídas pela tradição e pelos costumes da Inglaterra de sua época. Em sua ilha, Robinson pode inventar e agir livremente, o que dá seu caráter experimental e progressista a um romance que se desenvolve em um mundo desprovido de ancestrais e títulos de nobreza.

O personagem inventado por Defoe pertence ao tempo das descobertas dos territórios e, do ponto de vista da história industrial, localiza-se na fronteira entre a indústria artesanal e a manufatura. Robinson Crusoé é um homem empreendedor, que desenvolve a sua atividade no início dos tempos modernos, um artesão polimórfico que, graças à sua habilidade e sua ética de trabalho, consegue superar todos os obstáculos que as circunstâncias contrárias lhe opõem.

Em relação a esse mundo aberto com o qual sonha, como muitos jovens de sua época, Hercule Florence nasceu tarde demais. As regras de sucesso que permitiram a vitória de Robinson Crusoé não são mais válidas. A expedição de Nicolas Baudin, uma das últimas pertencentes ao mundo de descobertas geográficas e

33 Bourroul, 1900, p. 33.

etnológicas do século XVIII, acaba de terminar, enquanto isso o *SS Savannah*[34] irá atravessar o Atlântico em 1819 pela primeira vez com ajuda do vapor ao mesmo tempo em que é inventada a prensa a vapor, que iria revolucionar a comunicação por escrito e a difusão do conhecimento. Em termos de narração literária, a mudança de paradigma não é menos radical. O modelo romanesco de aventura ultramarina produziu o romance *Robinson Crusoé*, mas, doravante, serão nos romances científicos de Júlio Verne que irá se cristalizar a invenção industrial e técnica em ação.

Essas transformações dizem respeito à transição da manufatura para a indústria sob o crescente império da química e da biologia (termo cunhado por Lamarck em 1802). Os novos conhecimentos e as novas técnicas estão revolucionando o trabalho no alvorecer do capitalismo industrial através da mecanização. Hercule Florence está plenamente consciente dessas novas questões e está trabalhando duro em várias invenções que visam a reprodução mecânica e química dos textos e das imagens. Mas, com a intervenção das ciências, o sucesso das invenções técnicas torna-se dependente das condições sociais de seu desenvolvimento e da possibilidade de fazer colaborar diferentes tipos de conhecimento. É o perfil do inventor que também está mudando. Como Marx aponta, exatamente na época em que Hercule Florence escreveu:

> Esse desenvolvimento da força produtiva sempre se resume, em última instância, ao caráter social do trabalho a ser realizado; à divisão do trabalho no interior da sociedade; ao desenvolvimento do trabalho intelectual, especialmente das ciências naturais.[35]

34 O *SS Savannah* era um navio, a vela e a vapor, construído em 1818, famoso por ter sido o primeiro desse tipo a atravessar o Atlântico.

35 Karl Marx, citado por Salomon, 1992, p. 102.

A história das técnicas ilustra, abundantemente, esse fato:

> Assim, o motor das rupturas de equilíbrio não é apenas a tecnologia, e a inovação não se reduz aos elementos físicos da mudança técnica. A nova combinação é outra coisa e mais, é a criação de uma organização e de um sistema sociotécnico, dos quais as mutações da tecnologia é apenas uma, entre outras, das condições de possibilidade.[36]

Ora, se Hercule Florence[37] escolheu de forma pertinente suas áreas de pesquisa, como a reprodução mecânica de documentos e fotografias, a falta, no Brasil, de uma comunidade intelectual e científica se torna uma ameaça absoluta para o progresso de suas investigações. São Carlos, ainda menos que o Rio de Janeiro, não oferece a estrutura sociotécnica adequada à invenção. Cônscio disso, Florence nota:

---

36 Ibid., p. 113.

37 Há, na França, a figura de um inventor que vale a pena ser comparado com Hercule Florence: Charles Cros (1842-1888). Mais jovem em uma geração que Florence, ele se interessa pelos mesmos objetos, mas na perspectiva científica do momento. Assim, são dele as pesquisas que levarão à fotografia colorida e, da mesma forma que Florence inventou um sistema de notação para o canto dos pássaros, Charles Cros inventou a maneira de registrá-lo, inventando o "fonógrafo". Seu irmão, Antoine Cros, descreve o objeto que se tornaria o fonógrafo da seguinte forma: "O 'gravador de voz' consistia em uma panela do tamanho de uma mão aberta, encerrada em uma caixa de madeira. Ao lado, uma espécie de despertador matinal fazia girar a panela. Charles Cros girava a chave do despertador algumas vezes e a máquina dizia, com voz anasalada: 'Você está dormindo, Brutus, e Roma está presa nos ferros'". Citado por Partouche, 2016, p. 199.

> O que têm eles de melhor do que eu todos esses inventores felizes que tem tudo a sua porta nas cidades da Europa, artistas, sábios, materiais, etc. [...] aplausos, recompensas, ou enfim a glória, enquanto que aqui eu não consegui encontrar nenhum trabalhador capaz de me fazer uma régua de metal de dois decímetros reta?[38]

Assim, a situação do exílio e a natureza do contexto social em que ele tenta se estabelecer exercem uma influência diretamente negativa sobre a capacidade de Hercule Florence de desenvolver as técnicas que ele imaginou. Além disso, e por falta de treinamento científico, ele é dependente de encontros que possam lhe trazer informações, que lhe permitam avançar, especialmente no campo da química. Os poucos que ele faz permanecem esporádicos demais, na medida em que o ambiente de rotina em que ele opera não é muito interessado na inovação.

Nota-se que desde a *Viagem fluvial*, Hercule Florence acusa os brasileiros de não estarem interessados no progresso; ao contrário dos pioneiros norte-americanos, eles se apegam ao que sempre foi feito, à tradição. Esse ponto essencial pode ajudar a entender melhor a menção dos escravos nauseabundos da primeira sentença da narrativa da viagem. Hercule Florence tem plena consciência de que o apego atávico à tradição está ligado ao peso da escravidão sobre o sistema social e, portanto, sobre a maneira de pensar dos brasileiros. Por permitir manter o preço barato do trabalho, a lógica da escravidão não instiga os agricultores brasi-

38 Correspondances, p. 10. No original: "*Qu'ont-ils de mieux que moi tous ces inventeurs heureux qui ont tout à leur portée dans les villes d'Europe, artistes, savants, matériaux etc. […] applaudissements, récompenses, ou enfin la gloire, tandis qu'ici je n'ai pas même rencontré un ouvrier capable de me faire une règle de métal de deux décimètres, bien droite*".

leiros a buscar o progresso técnico que impulsionaria a mecanização do trabalho e aumentaria a produção.

Assim, se a aventura de Robinson Crusoé conduz a uma utopia harmoniosa, é por causa da adaptação das habilidades de Robinson à época em que vive. Desse ponto de vista, a Providência é apenas a alegoria dessa adaptação. Ao contrário, a aventura de Hercule Florence se transforma em distopia pelo fato de que a bagagem técnica à sua disposição não é apropriada para o tempo e para o lugar onde tem que viver em seu exílio.

***

Poderíamos ficar surpresos com o tom melancólico que marca o conjunto de seus textos se esquecêssemos que Hercule Florence se considera plenamente como um inventor que trabalha pelo bem da humanidade. Aliás, ele não é um caso isolado na época e, em muitos aspectos, não era necessário ir se perder nas florestas do Mato Grosso para sofrer do sintoma de exilado. Este é, de certo modo, a própria figura do herói romântico dos romances da primeira metade do século XIX. Na verdade, o sonho encantado de um lugar diferente onde as aspirações se realizariam ocupava então as cabeças de muitos jovens ambiciosos dessa geração, tanto na França quanto além das fronteiras. Gilberto Freyre ecoa essa doença da alma tão difundida na época:

> Seu sonho desde meninote fora aquele: embarafustar pelas matas de um país tropical. Atribuía a Defoe e a seu Robinson Crusoé, ao Capitão Mayne Reid e a outros escritores de romances de aventura, a responsabilidade de animarem tantos rapazes ingleses a viagens aos trópicos.[39]

39 Freyre, 1977, p. 63-64.

Para esses espíritos empreendedores, a epopeia napoleônica havia fornecido suas imagens mais belas. O modelo oferecido pelo imperador era ainda mais fascinante porque Bonaparte:

> teve o gênio de explorar mais o tema do grande homem do que o do herói. O herói, essencialmente guerreiro, alcança a imortalidade no instante em que ele realizava o feito extraordinário. O grande homem se distingue por uma vida inteiramente dedicada a tornar-se útil à sociedade.[40]

Hercule Florence nasce exatamente quando essa dimensão quase estética do mito napoleônico se cristaliza. Balzac, cinco anos mais velho que ele, não terá medo de escrever: "O que ele não chegou a concluir com a espada, eu realizarei pela caneta".[41] Como tantos jovens europeus de seu tempo, Hercule Florence saiu de casa para circum-navegar o mundo tendo a intenção de ser o sábio descobridor de uma civilização perdida. Se imaginava no papel de Vivant Denon, o desenhista de Bonaparte, que fixou a imagem dos tesouros do Egito para a humanidade futura. No entanto, o mito de Napoleão enterrou-se nas planícies de Waterloo e no exílio em Santa Helena.[42] O que resta desse devaneio quando Hercule Florence toma a caneta é a quintessência melancólica do mito, um fermento romântico nascido nas almas da juventude. Será forçado a constatar que os seus sonhos se depararam com circunstâncias que romperam seu ímpeto: o exílio, a solidão, o Brasil subdesenvolvido, a sociedade escravista. Essas potências

40 Bertrand, 1998, p. 287-288.

41 Citado por Zweig, 1927, p. 26.

42 Na sua biografia de Hercule Florence, Bourroul enfatiza essa admiração com a figura de Napoleão: "Não lhe neguemos, pois, a sua Pátria. É a Pátria de Napoleão, que ele tanto admirava". Cf. Bourroul, 1900, p. 443.

negativas esclarecem o caráter radicalmente patético do "Novo Robinson". Mesmo quando ele nos conta sua descoberta da fotografia, Hercule Florence narra a experiência de um fracasso. Da mesma forma, quando ele fala da invenção do "papel inimitável", ele não pode deixar de notar: "meu trabalho, que poderia ser aceito se me dessem atenção".[43]

Essas anotações, que salpicam o conjunto de suas narrações, demonstram que Hercule Florence se percebe a ele mesmo como um ímpeto fracassado, um anjo caído, o filho ilegítimo de uma história maravilhosa que aqueceu sua imaginação, mas que a realidade desmentiu. Da mesma forma que Fabrice del Dongo, em *A Cartuxa de Parma*, de Stendhal, que se sente o filho ilegítimo da graça italiana e da Revolução Francesa, Hercule Florence tem a dolorosa consciência de ter vindo tarde demais num mundo muito velho onde nunca irá encontrar o seu lugar. E é, em última análise, nesse descompasso vivenciado como um destino contrariado que a aventura de Hercule Florence se separa de seu modelo: *Robinson Crusoé*.

Com mais pertinência, poderia ter se comparado ao autor da *Confession d'un enfant du siècle*. Encontramos em Alfred de Musset, seis anos mais novo que ele, a exata expressão dessa situação tão dolorosamente vivenciada por Hercule Florence.

> Três elementos compartilhavam, portanto, a vida que era oferecida aos jovens: atrás deles um passado para sempre destruído, ainda se movendo em suas ruínas, com todos os fósseis dos séculos do Absolutismo; diante deles a aurora de um horizonte imenso, os primeiros vislumbres do futuro; e entre

43 Cf. Brizuela, 2017, p. 331. Numa carta ao seu filho Paulo, em 8 de outubro de 1878, Hercule Florence constata de repente: "Aqui ninguém fez caso de meus trabalhos" (Ibid., p. 334).

> estes dois mundos ... algo semelhante a um Oceano que separa o velho continente da América jovem, alguma coisa vaga e flutuante, um mar tempestuoso e cheio de naufrágios, atravessado de tempos em tempos por algumas velas distantes ou por alguns navios soprando um vapor pesado; o presente século, em uma palavra, que separa o passado do futuro, que não é nem um nem o outro e que se assemelha a ambos ao mesmo tempo, e onde não sabemos, a cada passo que damos, se marchamos sobre uma semente ou um detrito.
>
> Eis o caos no qual era necessário então escolher; eis o que se apresentou às crianças, cheias de força e ousadia, filhos do império e netos da revolução.[44]

Um novo Robinson?

A recorrência com que surgem as queixas e os arrependimentos do narrador indica a necessidade para ele de consolar, em si mesmo, o filho rebelde que sofre por não ter "nascido" sob uma boa estrela como o Robinson de Defoe. As aventuras dos dois "Robinson" não são de fato iguais. Quando Crusoé naufraga numa ilha deserta, essa terrível aventura não se constitui em um golpe inesperado do destino. A catástrofe acontece depois de uma sucessão de felicidades e infortúnios (típicos do estilo picaresco) que recobrem a primeira parte do livro no qual o leitor viu o herói ser escravizado pelos Mouros, regozijou-se com sua fuga milagrosa e com seus sucessos subsequentes como proprietário de escravos no engenho que adquiriu no Brasil. O leitor já sabe, portanto, que a Providência cuida de Robinson Crusoé. Nada comparável com Hercule Florence, cujo primeiro texto anuncia de imediato

44 Musset, 1836, p. 17-18.

– como já vimos – a sequência de suas decepções e o papel deceptivo da civilização que haveria podido ser a nova Providência, a promotora do progresso.

O tratamento da questão da escravidão revela-se central na comparação dos destinos dos dois Robinson: em Defoe, a escravatura é a força motriz da economia, a base que faz possível a acumulação primitiva. Por outro lado, o romance de Defoe mostra claramente que a escravidão é o símbolo da ganância "patológica" que anima o narrador, que se expõe aos últimos perigos enquanto sobrecarga,[45] para aumentar o número de seus escravos sem ter que pagar o dinheiro correspondente.[46] Robinson encarna também a *hybris* que o leva a não se satisfazer com a "mediocridade dourada" que a Providência generosamente lhe assegura. A busca da maximização do lucro, que produz perigos e ganância, estabelece a escravatura como a forma emblemática do espírito do capitalismo e de suas ambivalências.

Nos dias de Hercule Florence, no entanto, a situação se apresenta de maneira bem diferente. A escravidão já não se constitui mais numa perspectiva de lucro e de fortuna: ela não é – conforme o discurso dominante – nada mais do que a condição de sobrevivência do modelo agrícola brasileiro. Hercule Florence bem

45 Sobrecarga: o encarregado de administrar o navio, dirigir o carregamento, cobrar fretes e comprar, vender ou consignar mercadorias por conta e ordem do seu dono.

46 Robinson Crusoé abandona a tranquilidade de sua exploração brasileira para se jogar no tráfico de escravos com o objetivo de aumentar o número de seus próprios escravos sem pagar. É essa escolha que o levará a naufragar em sua ilha deserta antes de um retorno triunfal a Londres: "Em uma palavra, a questão era que, se eu quisesse embarcar como sobrecarga, para dirigir o comércio na costa da Guiné, eu teria minha porção de um contingente de negros sem fornecer minha parte do dinheiro". (Defoe, 1995, p. 63.)

pode criticá-la, denunciar o vício do lucro, mas ele deve assumir um compromisso com ela para poder sobreviver e cumprir com o seu dever de pai de família.

> Dirse-ha que fallo mal dos Brazileiros, ou pelo menos dos Paulistas. Si não querem ouvir duras verdades, não sejam tão ávidos de dinheiro; não continuem o trafico dos Africanos, á face de todos os povos, que o proscrevam; dêm uma educação a seus filhos, ensinem-lhes a Religião e a Moral; reflictam que sob o ouro de suas fortunas vêr-se-hia o sangue dos negrosos chicotes, as flagellações se perpetuando de gerações em gerações...[47]

A violência das palavras que usa para criticar os paulistas não deixa dúvida alguma sobre o seu engajamento.[48] Este está em contradição, no entanto, com o seu dever de pai, de administrador da herança deixada aos seus filhos pelos seus avós Álvares Machado e Vasconcellos.

Ele tentará, sim, trazer colonos suíços livres para trabalhar nas terras que administra, mas essa tentativa de fugir da lógica escravista não se revelará uma alternativa, e, apesar do relativo

47 Bourroul, 1900, p. 47 (ortografia original).

48 Sua rejeição à escravidão se exprime desde o momento de seu desembarque no Rio de janeiro ao chegar da França: "*Nous descendîmes à terre et la première impression que j'éprouvai fut accompagnée ~~d'une indéfinissable tristesse~~, de quelque chose de pénible. Était-ce un pressentiment? La vue de cette population bigarrée de blancs, noirs et mulâtres de toutes les gradations m'attrista un peu. Je traversai la petite place du Capím où l'on fouettait un noir attaché au Pilori. J'étais novice en fait d'esclavage des noirs. Plus loin je vis la façade de S. François de Paule, où il était écrit en grosses lettres Charitas, et je me mis à maudire un peuple qui affectait de la charité et qui fouettait les noirs*". Lada, p. 193 (o manuscrito possui um tachado que eu mantive).

sucesso da experiência, não renovará o contrato com a agência de imigração que lhe havia fornecido trabalhadores livres.

De fato, a situação econômica brasileira se encontra ameaçada por duas forças: o sistema escravista ameaçado pelos ingleses e pelas restrições que impõem ao tráfico negreiro, e a ameaça de esgotamento das terras por causa do sistema de gestão das mesmas com o uso das queimadas. Daí o balanceamento tão típico da frase de Hercule Florence já citada: "O homem é um ser racional e religioso: essa definição é a mais bela que se pode fazer desse rei da Criação, mas um rei destronado por seu orgulho para com Deus e seu egoísmo em relação aos homens".[49]

Razão e fé definem o ser humano como o rei todo-poderoso da criação e o dono da natureza, tanto como orgulho e egoísmo o definem como rei destronado. O "romance" de Hercule Florence é a história de um rei destronado tentando, sem sucesso, se reapropriar de seus valores originais (o belo, o bom e o verdadeiro) enquanto que a posição de Robinson Crusoé é espontaneamente e radicalmente cínica, pois termina com o pleno sucesso do traficante que, finalmente, em Londres recupera todos os seus bens, ainda majorados pelo lucro que correu durante o tempo das aventuras.

Trata-se do contrário do que ocorre com Hercule Florence que nunca chegará a acumular nada, pois quando se engaja para participar da expedição financiada pelo czar de todas as Rússias, Hercule Florence tem em vista a celebridade científica que o barão Langsdorff lhe prometeu. Alexandre I deveria recompensar os sofrimentos da jornada por uma fama compatível com a magnifi-

49 Florence, *Voyage fluvial du Tietê à l'Amazone*, em Lada, p. 56. No original: "*L'homme est un être raisonnable et religieux: cette définition est la plus belle que l'on puisse faire de ce roi de la Création, mais roi détrôné par son orgueil envers Dieu et son égoïsme envers les hommes*".

cência de sua corte. Só que a expedição Langsdorff se transformará numa tragédia, seu organizador afundará na loucura e a missão científica nunca será completada, a tal ponto que os documentos científicos produzidos pelos membros da expedição entraram por mais de um século no secreto dos arquivos da Academia de Ciências Russa.[50] Definitivamente, as duas narrações não pertencem ao mesmo modelo.

Ainda mais, a pessoa com quem Hercule Florence travou os contatos mais íntimos, apesar de alguns desentendimentos políticos, foi o próprio sogro, Francisco Álvares Machado e Vaconcelos. Esse homem que também era mais animado pelas ideias do que pelo lucro, a ponto de deixar inexploradas umas terras de sesmaria que possuía na beira do rio Tietê, perdeu o direito sobre essas terras em função dessa negligência, um erro que Robinson Crusoé nunca teria cometido.[51]

De fato, Hercule Florence será o administrador de uma tropa de até mais de trinta escravos ligados a uma propriedade fundiária de mais de 150 hectares, herança de seus filhos que estão estudando em universidades alemãs. Ele administrará também os quatro escravos que são de sua própria propriedade.

---

50 "Um século depois, em 1930, material iconográfico da expedição – 368 aquarelas – foi descoberto nos porões do Museu do Jardim Botânico de São Petersburgo, à época Leningrado." (Monteiro e Kaz, 1998, p. 7.)

51 Bourroul, 1900, p. 495.

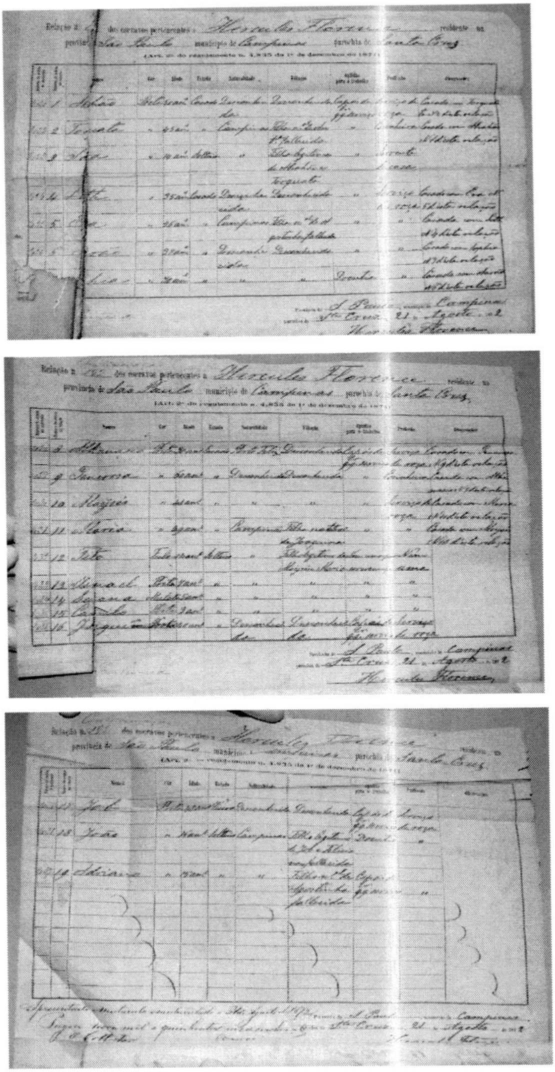

Figura 2. Inventario *post mortem* das propriedades de Hercule Florence, Provincia de São Paulo, Municipio de Campinas, Paroquia de Santa Cruz, 1879, [Paginas 026, 027 e 028].[52]

52 Esses documentos me foram generosamente fornecidos por Maria Alice Rosa Ribeiro.

Por outro lado, símbolo de uma existência diferente, ele também será o administrador da escola criada por sua segunda esposa, Carolina Krug, onde se desenvolve uma pedagogia de vanguarda oferecida às crianças da poderosa classe dos Senhores de Engenho. Contada desse jeito, a vida de Hercule Florence poderia parecer uma história de sucesso, a não ser que os valores que dão forma à sua existência confortável não fossem aqueles em que ele acredita. Com certeza obteve, sim, uma vida sem maiores preocupações de dinheiro, mas era a glória que ele procurava, e o Brasil tanto quanto a Europa lhe recusou.

A decepção que transparece na narrativa de Hercule Florence deve ser entendida a partir dessa sua expectativa científica e humanista, tomando em conta uma vocação que lhe animava desde a infância e o desejo de glória e de imortalidade levado pelo sonho bonapartista. Em lugar dessa luz esclarecendo o horizonte, todos os seus textos, sob pretextos científicos, repetidamente proclamam uma só verdade existencial: eu, aventureiro sem nascimento, vi tudo e inventei tudo, e aqui estou, pobre e incompreendido, tendo engolido minhas ideias progressistas para ser apenas um pequeno mestre de escravos sem fortuna pessoal, exilado no fim de um mundo subdesenvolvido e selvagem.

Pintor e romancista?

A prática de escritura de Hercule Florence consiste pois em duas coisas distintas: primeiramente, o trabalho de simples *scriptor*, que fixa por escrito as aventuras vividas e as descobertas efetuadas. Porém, além disso, existe um trabalho literário mais valioso, quase que indicado a ele pela Providência, que consiste em montar um dispositivo romanesco capaz de transcender cada aventura particular, de situar cada circunstância singular, dentro do destino de um herói romanesco, um "Pai Tomás de raça branca".

> Cada um de nós cumpre uma função que nos foi designada com antecedência. O quadro singular da minha vida é feito para preencher um dos inúmeros vazios que existem na literatura e no imenso quadro de nossas vicissitudes. Vimos uns Juan Fernandez, uns Robinson Crusoé, ficções felizes repletas de filosofia, mas ainda não vimos um Robinson artista.[53]

Esse esforço constante de Hercule Florence, para novamente situar cada assunto do seu destino precário no horizonte global do exílio nessa terra, sob o olhar da Providência, constitui-se em mais uma tentativa de elevar o mero trabalho à altura da Arte, a vida quotidiana à altura do Destino, última tentativa para escapar do esquecimento.

Essa vontade de generalização fica muito óbvia quando o autor conta a dolorosa história do dia em que soube da descoberta de Daguerre. Após ter lembrado a dor que sentiu, e que ficou perceptível para todos os que lhe rodeavam, Hercule Florence comenta: "E se alguém pensa que esses medos, essas emoções são pueris, que ele se lembre que um inventor não pode ser levado a trabalhos tão pouco lucrativos, senão pelo desejo de ganhar uma patente de imortalidade aos olhos da posteridade".[54]

---

53 No orginal: "*Chacun de nous remplit un rôle qui lui a été assigné d'avance. Le cadre singulier de ma vie, est fait pour remplir un des innombrables vides qui existent en littérature, et dans l'immense tableau de nos vicissitudes. On a vu des Juan Fernandez, des Robinson Crusoé, heureuse fiction remplie de philosophie, mais on n'a pas encore vu un Robinson artiste*". Correspondances, p. 151-152.

54 Florence *apud* Nagler, 2017, p. 63. No original: "*Et si quelqu'un trouve que ces craintes, ces émotions sont puériles, qu'il se rappelle qu'un inventeur ne peut être poussé à des travaux si peu lucratifs que par le désir de gagner un brevet d'immortalité aux yeux de la postérité*".

Essa referência a "emoções pueris" refere-se ao sonho que o envolveu desde sua partida de Mônaco, um sonho infantil no qual ele se encenou e meditou sobre sua incapacidade de cumprir sua exigência de absoluto. O caráter desinteressado do desejo de reconhecimento se revela ainda mais desesperado por ter consciência de estar frente a um público incapaz de compreendê-lo. Lamenta: "imprimo desde 1831 aqui, no meu exílio, diante de ---- nacionais e estrangeiros que não percebem nada, sem jornais, sem público".[55]

Figura do profeta que fala no deserto, "alma caída" por existir num mundo sem ideal, Quixote a busca de um Cervantes, o narrador insiste sobre a maldição do mundo em que vive:

> O desprezo e a humilhação estão lá para me envolver, e os remorsos despertam-se em minha alma caída. Por que com tão pouca fortuna eu tenho o gosto da pintura? Que destino me empurrou no meio de uma plateia que não tem nenhum interesse por essa nobre e maravilhosa arte?[56]

Dentro do esquema da maldição, o qual se refere ao mito cristão da queda de Adão, Hercule Florence introduz um segundo motivo, de certa forma também relacionado com a questão do conhecimento: ser *artista*, ter gosto para a pintura. Aí encontramos mais um tema recorrente da atitude romântica tão profundamente ancorada na mente de Hercule Florence. Ser artista é uma maldição, pois o mundo não se interessa pelas altas exigências da

55 Ibid., p. 62. No original: "*j'imprime depuis 1831 ici, dans mon exil, en face de ---- nationaux et étrangers qui n'y voyent goûte, sans journaux, sans public*".

56 Lada, p. 90. No original: "*Le mépris, l'humiliation sont là pour m'envelopper, et les remords s'éveillent dans mon âme afaissée. Pourquoi avec si peu de fortune, ai-je le goût de la peinture? Quel sort m'a poussé au milieu d'un public qui n'attache aucun intérêt à cet art noble et merveilleux?*".

arte, porque o artista vive "no meio de uma plateia que não tem nenhum interesse por essa nobre e maravilhosa arte?". Ser artista implica a recíproca: encontrar um público. Hercule Florence deixa claro na sua carta ao Major Charles Auguste Taunay: o livro terá que ser publicado na França ou na Bélgica, pois não existe no Brasil nem desenhista que possa ilustrar o livro nem público para ler e celebrar tal obra.

Desde jovem, a carreira de Hercule Florence estava ligada ao desenho e à pintura, pois o seu avô materno, Arnaldo Vignalis, havia estudado em Roma, tendo sido honrado com o primeiro prêmio da Academia e, também, por ter recebido incentivo da parte do próprio Jacques-Louis David, figura dominante do mundo das artes na época. O seu pai, Arnaud Florence, teve vários cargos, entre os quais o de professor de desenho em escolas secundárias de Nice.[57]

Em sua primeira experiência naval, durante o cerco de Barcelona, o jovem Hercule aprende a desenhar cartas marítimas, competência que lhe servirá depois quando oferece seus serviços ao Barão Langsdorff, quando descobre tribos, animais e plantas durante a expedição. Mas ele nunca estudou propriamente nem a pintura, nem o desenho: "Eu o aprendi sem outro mestre que os modelos que tinha diante dos olhos, e animado pelos amigos de minha mãe; bem longe de pensar então que obstáculos sucessivos e o meu gênio haviam de impedir-me toda a vida de ser pintor...".[58]

De fato, apesar dos elogios do seu biógrafo,[59] Hercule Florence não apresentava um talento excepcional como desenhista. Nessa arte que nunca aprendeu, manifestava, no entanto, uma simplici-

57 Fouilleron, 2017, p. 170.

58 Bourroul, 1900, p. 20 (ortografia original).

59 Ibid., p. 43, nota 2.

dade que distingue seus desenhos por sua candura em comparação com aqueles que provêm de uma mão muito educada e experiente, como aquela de Aimé-Adrien Taunay. Assim, nas representações das florestas que se encontram hoje nos arquivos da Academia das Ciências de São Petersburgo, essa falta de aprendizagem, a ausência dos truques de ateliê conferem uma modernidade surpreendente às imagens produzidas por ele durante a *Viagem fluvial*.

Figura 3. Hercule Florence, *Cocaes, 27 août 1827 Samambaya e Guaytivoca.* (Cat. 507.)[60]

Um exemplo dessa arte ingênua se encontra no retrato da família que lhe acolhera nos primeiros meses da sua viagem. Nessa época, várias esperanças de felicidade ainda brotavam no seu espírito quando encontra pela primeira vez Francisco Álvares

60 Esta aquarela faz parte dos fundos da expedição Langsdorff conservada pela Academia das Ciências da Rússia em São Petersburgo [catálogo: n. 507].

Machado e Vasconcellos, um médico e cirurgião estabelecido na cidade de Porto Feliz. É então que conhece a filha de seu anfitrião, Maria Angélica, uma moça ainda muito jovem e com quem virá a se casar mais tarde, após o seu regresso da expedição.

Hercule Florence realiza então um retrato em aquarela da família, que mostra o pai e a mãe cercados por seus dois filhos. O pintor os colocou em um ambiente que oferece todos os signos da ciência experimental do tempo: uma máquina eletrostática (tipo de máquina Töpler), um microscópio, várias garrafas rotuladas e até mesmo um crânio que simboliza o conhecimento cirúrgico do mestre da casa.

Figura 4. Hercule Florence, *Sem título* (*A família Álvares Machado*), aquarela, ca 1826. (CHF 095)

A atmosfera concentrada e feliz do cenário doméstico, um tanto rígida, reflete a ingenuidade do olhar de Hercule Florence nessa época, mas também a esperança do jovem viajante de ter encontrado nesta família o apoio, não apenas sentimental, mas também intelectual e científico, que lhe fazia falta.

Além dessa imagem que pertence ainda à época da expedição Langsdorff, existe um conjunto de imagens de paisagem que foram pintadas a partir dos anos 1830, quando já estava se interessando pelos problemas da agronomia. Nessa época, beneficiou-se durante os meses que ficou no Rio de Janeiro de alguma formação artística por parte do Mestre Félix-Émile Taunay, professor de paisagem na Academia Imperial de Belas Artes, e irmão do seu companheiro de viagem falecido, Aimé-Adrien Taunay. Essas obras dedicadas à paisagem agrícola constituem-se num universo completo, acabado e redondo, de algum modo oposto ao mundo deceptivo das invenções, sempre frustrantes. Mesmo se essas pinturas não encontram nenhum público e ficam quase que circunscritas ao registro privado, elas estão autossuficientes. Não precisam da legitimação de ninguém, nem das instituições acadêmicas torrinhenses ou parisienses.

Essa capacidade de autolegitimação da representação pictórica remete a uma experiência fundamental do exilado: a dualidade das línguas. Hercule Florence, enquanto escritor, ficava dividido entre o francês e o português, como confessa na carta a Charles Auguste Taunay, ao passo que a pintura, enquanto linguagem universal, não padece da determinação geopolítica da língua.

A questão da "nacionalidade" e, portanto, também da linguagem usada no ambiente em que Hercule Florence viveu até sua partida de Toulon é complexa. Sabemos que chegou ao Brasil com passaporte monegasco, endossado pelas autoridades da Sardenha e da França. Desde 1792 e até 1814, o principado de Mônaco e o condado de Nice haviam sido anexados à França pela Revolução e, portanto, foi em 8 de ventoso, ano XII (28 de fevereiro de 1804) que ele nasceu em Nice, e seus pais se estabeleceram em seguida em Mônaco, de onde sua mãe era nativa. Em 1814, após a queda de Napoleão, Honoré IV Grimaldi foi restaurado como príncipe soberano de Mônaco, mas submetido, em 1815, ao protetorado do Reino da Sardenha. Hercule Florence tornou-se então um cidadão monegasco, ao passo em que o italiano novamente se estabelecia como uma língua oficial de ensino juntamente com o francês nas escolas secundárias do principado. Deve-se notar também que, neste período de forte regressão social após os avanços da Revolução Francesa, e enquanto um poderoso movimento liberal ressoava pela Europa, a Igreja católica desempenhava um papel decisivo na educação. As diretrizes do novo príncipe Honoré V são, a esse respeito, inequívocas:

> Aprovo com veemência o ensino mútuo que se pretende estabelecer nas oficinas, mas deverá se ter o cuidado de observar que, para os pobres, esse tipo de educação deve se limitar à leitura, à escrita e um pouco de cálculo. Não preciso lhe dizer que a base tem que ser a religião e a moralidade; o primeiro uso a ser feito do ensino mútuo é o aprendizado do catecismo e dos dogmas da Religião.[61]

Esse clima politicamente agitado, reforçado pelas fomes causadas por condições climáticas catastróficas, culmina em revoltas que colocam em perigo o poder principesco. Foi nesse clima quase insurrecional que Hercule Florence, embora pertencente a uma família relativamente protegida desses perigos, partiu para o Brasil.

Além dessa imersão num contexto político plural, Hercule Florence se voltou muitas vezes para Turim, a capital intelec-

61 Ordonnance au directeur général des manufactures du 2 avril 1818, citado por Fouilleron, 2017, p. 178. No original: "*J'aprouves fort l'enseignement mutuel que vous comptez établir dans les ateliers mais vous aurez soin d'observer que pour les gens pauvres, ce genre d'éducation doit se borner à la lecture, l'écriture et un peu de calcul. Je n'ai pas besoin de vous dire que la base doit être la religion et la morale; le premier usage que l'on doit faire de l'enseignement mutuel est d'aprendre le catéchisme et les dogmes de la Religion*".

tual do reino da Sardenha, em particular para tentar que suas invenções fossem reconhecidas pela Academia das Ciências da Sardenha. Seu biógrafo, Leão Bourroul, insiste, por sua vez, no fato de Hercule Florence ser francês, de família e de língua e, sem dúvida, também de cultura, mesmo que não tenha feito um curso escolar coerente antes de sua partida, o que terá uma grande influência nas dificuldades posteriores de sua existência.[62] Quanto à ideia de "pátria", Hercule Florence sublinha que, na época da viagem amazônica, a saudade da pátria não existia para ele ao passo que, 22 anos depois, quando retoma o texto do seu diário, a evocação das "costas de França" provocam nele um "estremecimento de alegria".[63] Não obstante, ao escrever a seu filho Paulo em 1878, pouco antes da sua morte, lhe lembra que o Brasil é a sua pátria; enquanto a dele, exilado há mais de cinquenta anos, a pátria está, como diz, "onde os pais", o que remete tanto ao país de origem, Itália, quanto ao estatuto de exilado nesse Brasil novo.[64]

Por causa do exílio ocorrido durante a sua juventude, nenhuma das duas línguas havia alcançado um nível de aperfeiçoamento propriamente literário. Mesmo frente ao espetáculo da natureza, Hercule Florence sente e exprime as suas carências literárias: "Onde eu encontraria expressões para descrever o que vi? Eu sei que sou apenas um autor analfabeto cujos escritos não verão a luz do dia".[65]

Essa tomada de consciência levou-o sintomaticamente a misturar as duas línguas no momento culminante da emoção estética

62 Bourroul, 1900, nota 2, p. 443.

63 Florence, *Voyage fluvial du Tietê à l'Amazone*, em Lada, p. 83.

64 Marquese, 2017, p. 321.

65 Florence, *Voyage fluvial du Tietê à l'Amazone*, em Lada, p. 173.

expressada no *Voyage fluvial* frente às cascatas do rio Tietê em Avanhandava. Escreve:

> Et dans un moment d'enthousiasme, je me suis écrié:
> Avanhandava! Ainda vejo e admiro,
> sobre teu anfiteatro de granito,
> um caudaloso rio transformado em toalha tecida,
> d'alvos brilhares, trêmulo-cadentes!
> Itapura! Ainda aos ouvidos soam-me
> com eternos trovões, harpas eólicas,
> que vagamente enlevam.[66]

Misturando as duas línguas que mais ou menos dominava, Hercule Florence abre um espaço metalinguístico onde a possibilidade de uma representação pictórica emerge no horizonte do Avanhandava, da qual os olhos e os ouvidos só podem ser os intérpretes.[67] A experiência estética do escritor, nesse momento sublime, se transforma em uma tela, que constituiria o único legítimo receptáculo do choque estético. Assim, a pintura parece ser a modalidade expressiva por excelência da experiência do sublime por existir além do discurso, além da comunicação verbal. Ela não

---

66 Ibid., p. 71.

67 Florence encontra aqui um tema recorrente da experiência do sublime na consciência romântica frente à natureza. É interessante comparar o seu texto com outro, da mão de Carl Gustav Carus, escrito em 1819 quando visitava a ilha de Rügen: "*Là, je découvris un endroit où, le vent d'est animant plus fortement les flots, les vagues roulaient plus haut leur masse brune, se déversaient en écume et, se régénérant sans cesse, se fracassaient contre le sable de la côte. Je voulais jeter quelques études sur le papier, mais à peine eus-je esquissé quelques traits que je lançai mon carton au loin, persuadé qu'ici chaque trait était une profanation de ce phénomène qui laisse pantelant d'émotion et, bouleversé, je demeurais les yeux fixés sur ce combat grandiose entre les éléments*" (Carus, 1999, p. 23).

precisa de público e exprime a sua magnificência sem mesmo se confrontar com o olhar humano: "É porque Deus não precisa do olhar dos mortais para mostrar sua magnificência, cuja grandeza é suficiente por si mesma".[68]

Assim, parece que está se constituindo, num espaço distinto daquele dos textos, um domínio a parte onde reina o visual e onde Hercule Florence poderia (ou teria podido) expressar a sua emoção estética e, através dela, a sua participação no mundo esplêndido criado por Deus. Pelo menos é a impressão que surge à leitura dos textos produzidos vinte anos depois dos acontecimentos. Mas assim que ela se abre, essa porta se fecha para o infeliz viajante percorrendo esse vale de lágrimas:

> Eu sempre tive um quadro desta cascata presente no meu espírito. Nunca consegui pegar os pincéis para colocar um pensamento na tela; eles teriam caído de minhas mãos a qualquer momento, obcecados com a necessidade, o ódio e o desprezo. Eu teria dado a cada pedra sua cor; movimento para as massas de água, aos milhares de reflexos caindo incessantemente; eu teria pintado o rio, fugindo de tudo, convulso novamente, levando nossas canoas inclinadas montadas pelos nossos pilotos de elite, dos quais os cabelos eriçados pelo choque do ar mostram a violência da corrente marítima e cuja atitude firme na manobra, como aquela do gladiador que resiste ao leão, mostra a sua habilidade em governar seu barco sobre um elemento em fúria, eu teria pintado a bela paisagem, para além desta tempestade, que eu descrevi há muito tempo, e, para realçar a brancura de tanta espuma, eu teria pintado a aproximação de um

68 Lada, p. 231. No original: "*C'est que Dieu n'a pas besoin des regards des mortels pour étaler sa magnificence dont la grandeur se suffit à elle-même*".

> grão tropical: uma ponte de nuvens escuras cujo arco abraça o horizonte, a chuva e os relâmpagos caindo desta ponte aérea; acima as nuvens amontoadas, e em seguida o céu azul no topo do quadro. Mas, pintar uma grande cena da natureza sob sua inspiração incessante e mágica, o coração ofegante e a alma vibrante, deixemos isso... consumamo-nos como a lâmpada esquecida no jazigo; sua fraca luz iluminará apenas por alguns momentos túmulos congelados e será perdida sem reflexão nos recessos da morte.[69]

Raramente em seus livros, Hercule Florence achou uma linguagem tão poética e, ao mesmo tempo, tão melancólica e sem esperança. Um lirismo poderoso se expressa aqui; pode-se mesmo dizer que a cena atinge o sublime tanto quanto o poder da natureza desencadeia o sentimento de impotência do homem, que aqui

69 Lada, p. 231-232. No original: "*J'ai toujours eu depuis un tableau de cette cascade présent à l'esprit. Jamais je n'ai pu prendre les pinceaux pour mettre une pensée sur la toile; ils me seraient tombés des mains à tout moment, obsédé par le besoin, la haine et le mépris. J'aurais donné à chaque rocher sa couleur, le mouvement aux masses d'eau, aux milles reflets tombant sans cesse; j'aurais peint le fleuve, fuyant tout, convulsif encore, emportant nos canots inclines montés par nos pilotes d'élite, dont les cheveux hérissés par le choc de l'air montrent la violence du courant, et dont l'attitude ferme à la manœuvre, comme celle du gladiateur qui résiste au lion, montre leur habileté à gouverner leur barque sur un élément en fureur, j'aurais peint au-delà de cette tempête, le superbe paysage que j'ai décrit naguère, et, pour rehausser la blancheur de tant d'écume, j'aurais peint l'approche d'un grain des tropiques: un pont de nuages sombres dont l'arche embrasse l'horizon, la pluie et la foudre tombant de ce pont aérien; au-dessus, les nuages amoncelés, et puis le ciel bleu dans le haut du tableau. Mais peindre une grande scène de la nature sous son incessante et magique inspiration, le cœur haletant et l'âme en vibration, laissons cela… consumons-nous comme la lampe oubliée dans le caveau; sa faible lueur n'éclairera pour peu d'instants que des tombeaux glacés, et se perdra sans reflets dans les enfoncements de la mort*".

se torna o do artista. O paradoxo final dessa janela aberta sobre a natureza é que o único quadro, no sentido forte que esta palavra toma na passagem citada, que Hercule Florence deixará para a posteridade é um quadro escrito e não pintado, uma *ekphrasis*, ou seja, a descrição literária de um quadro possível, de uma pintura imaginária pois nunca teve a força de pegar os pincéis para realizá-la. Apesar do seu declarado amor pela pintura, da prática que desenvolveu nesse campo, da formação tardia e sumária que recebeu de Félix-Émile Taunay, o campo da arte pictórica nunca foi dominado por Hercule Florence. Consciente disso, ele tentou, fiel à sua verdadeira vocação de inventor, submeter esse campo à sua fértil capacidade de invenção. Assim Florence inventou a pintura "solar", "cisparente", e finalmente a "estereopintura" sobre a qual mandou, em outubro de 1861, um artigo à Academia das Belas Artes do Rio de Janeiro.[70] Se poderia até pretender que a única obra de arte pictórica totalmente acabada que produziu foi o *papel inimitável*, obra pictórica única, inimitável e, consequentemente, "pura obra de arte" como diz Natalia Brizuela, e finalmente obra de arte abstrata por antecipação.[71]

Se a representação da natureza se revela além das capacidades do nosso pintor, ele encontra, entretanto, vários temas que lhe convêm e interessam no campo da pintura.

70 Carta ao major Taunay, em Correspondances, p. 11.

71 Brizuela, 2017, p. 336.

Figura 5. Hercule Florence, *Sem título (Sara e o peso de papel de vidro),* (sd). (CHF 311)

Hercule Florence deixou em particular um quadro que talvez seja exemplar dessa autonomia do campo pictórico ao qual foi colocado o título: Sara e o peso de papel de vidro. Tanto pelo seu tema, uma jovem escrava, quanto por sua composição, esse quadro exerce sobre o espectador uma atração muito diferente e fora dos marcos habituais da pintura. Em lugar de ocupar o centro da imagem, o retrato da jovem escrava fica descentralizado de maneira que o centro está ocupado por um peso de papel colocado sobre uma imensa mesa vazia. A inversão de importância entre o objeto e a figura humana deixa uma interrogação. No retrato da família Álvares Machado, os objetos conotam o saber e a competência do pai, dono de casa. Aqui é a jovem escrava que está na posição conotativa com respeito ao objeto. Qual seria, pois, a importância desse objeto, relativamente misterioso nessas circunstâncias bem particulares? Sara, a jovem escrava, é a filha de Torquata, uma das escravas africanas que Hercule Florence possuía.[72] Ela nasceu em 1858 de maneira que se pode datar esse estranho quadro, aproximadamente, da segunda metade dos anos 1860, durante o período de preparação da Lei do Ventre Livre (1871).[73]

Outrora chamado *millefiori*, ou sulfureto, esse tipo de peso de papel, de origem veneziana, tornou-se moda na década de 1840, mesmo que as técnicas de fabricação sejam muito mais antigas.[74] Diz-se que a mania desses objetos está relacionada ao desenvolvimento internacional do correio, que estaria ligado à sua função de peso para as cartas de correspondência. Que tal objeto seja encontrado nessa época em Campinas e que tenha chamado a atenção de Hercule Florence ao ponto de lhe dedicar uma pintura, indica o valor simbólico que a ideia da circulação internacional das cartas e das informações deve ter assumido para o artista. Hercule Florence, sem dúvida, quis, através desse objeto, significar seu afastamento e seu exílio. Ao mesmo tempo, o objeto simboliza a rede de comunicação e de correspondências trocadas durante o

72 Com relação a Sara, faz sentido lembrar o culto de Santa Sara, a Virgem negra. De acordo com uma tradição cristã popular do século I, a jovem escrava Sara, juntamente com as santas mulheres que acompanhavam Jesus (Maria Salomé, Maria Madalena e Maria de Betânia), foram condenadas à morte. Elas foram mandadas embora para o mar em um barco sem velas ou remos. Milagrosamente salvas, elas teriam desembarcado em Provence depois de atravessar o Mediterrâneo. Hoje, Sara, a Negra é a santa padroeira dos ciganos e outros "viajantes".

73 Também conhecida como Lei Rio Branco, a Lei do Ventre Livre foi promulgada em 28 de setembro de 1871; concedia alforria às crianças nascidas de mulheres escravizadas no Brasil.

74 Sob a Restauração, as efígies de Napoleão Bonaparte circularam nesse tipo de bolas de cristal, dando-lhes uma conotação política que será reforçada quando o último modelo produzido pela famosa fábrica de cristal de Saint-Louis, em 1860, será dedicado à rainha Vitória. Hoje em dia, as "bolas de neve" se fabricam em vidro e plástico.

período sobre o tema da libertação dos escravos, a alforria. Enfim e para reforçar a ligação simbólica entre Sara e o peso de papel, a decoração do *millefiori* integra no seu centro uma camélia, a flor simbólica dos abolicionistas brasileiros.

Conhecemos a história do Quilombo do Leblon. José de Seixas Magalhães era um fabricante de malas de viagem no centro do Rio de Janeiro. Ele também possuía uma chácara ao sul da cidade, onde cultivava flores, tendo como mão de obra escravos fugitivos que ele escondia com a ajuda dos principais abolicionistas da capital. O local era conhecido, nos anos 1880, como o Quilombo do Leblon, em referência ao antigo dono, o francês Carlos Leblon. Era nesse sítio que Seixas Magalhães cultivava as famosas camélias que levava todos os dias para a princesa Isabel e que se tornaram o símbolo dos abolicionistas.[75]

Além desse quadro muito simbólico, a obra pictórica de Florence evidencia dois campos onde ele desenvolveu um trabalho pictórico sistemático: a representação dos céus e nuvens e aquele das fazendas e engenhos.

Esse interesse em relação à paisagem remonta aos tempos da *Viagem fluvial*. Já nessa época, Hercule Florence havia notado, nas paisagens que atravessava com os colegas da expedição Langsdorff, objetos esquisitos que marcavam as regiões agrícolas: os troncos queimados de várias árvores maiores. Nunca havia presenciado tal espetáculo quando atravessou a França, caminhando a pé de Mônaco à Antuérpia. Escreve no seu diário:

75 O Quilombo do Leblon desfrutou da proteção da princesa Isabel. Em reconhecimento ao fato, Seixas entregava regularmente camélias no Palácio Isabel, em Laranjeiras, em Oliveira Mattos, 2006.

Figura 6. Hercule Florence, *Sem título (Cena de queimada)*, 1837. (CHF 124)

> Não podemos adivinhar por que todas as cepas e os ramos tortuosos destas árvores do Serrado são de um preto brilhante como a gralha, e porque a grama é de um verde tão igual; é porque o fogo passou e tudo renasce ao mesmo tempo; mas este uso/costume do caipira que quer renovar de forma fácil anualmente o pasto do seu gado, prepara a esterilidade dessas belas terras, se uma cultura inteligente não surgir para reparar tanto dano.[76]

Essa maneira de estranhamento nos faz pensar que talvez Florence fosse um leitor de Auguste de Saint-Hilaire ou que o conde Langsdorff lhe havia transmitido os ensinamentos do botânico francês sobre essa matéria. Seja como for, Hercule Florence condenava as queimadas por trazer infertilidade à terra num futuro próximo.[77]

76 Florence, *Voyage fluvial du Tietê à l'Amazone*, em Lada, p. 202.

77 Em seu *Mémoire sur le système d'agriculture adopté par les Brésiliens et les résultats qu'il a eus dans la province de Minas Gerais*, Saint-Hilaire escreve: "Onde existiam árvores gigantescas entrelaçadas com lianas elegantes, o

Nessa pintura representando um engenho, Hercule Florence constrói uma paisagem que vale como emblema dessa atitude violenta com respeito às florestas.

Figura 7. Hercule Florence, *Engenho da Cachoeira. Taça da cana de açúcar, 17 de outubro de 1848.* (CHF 001)

À direita e à esquerda, há um alinhamento de árvores plantadas e produtivas. Porém, no centro dessa cena de exploração agrícola, e como que em sobreposição, aparecem enormes carcaças queimadas de Jequitibá, cujos troncos perderam a sua casca, uma recordação de que essa área teria sido uma floresta primária

viajante só descobre os imensos campos de Capim Gordura, e, no entanto, parece indiscutível que essa gramínea só foi introduzida acerca de 70 anos atrás na província de Minas. [...] Assim, os agricultores da província de Minas, completam o que já haviam iniciado os homens que estavam à procura de ouro, a destruição tão desastrosa da floresta [...] Todos os dias, valiosas árvores caem sem proveito sob o machado do agricultor negligente. É impossível acreditar que no meio destes fogos tantas vezes repetidos uma série de espécies úteis para as artes e para a medicina já não tenham desaparecido, e em poucos anos, a Flora que neste momento estou publicando será, em alguns cantões, um monumento histórico" (Lamy, Pignal, Sarthou e Romaniuc-Neto, 2016, p. 334-335).

(mata atlântica), agora transformada em área agrícola. Os troncos dos Jequitibás, que atingem sessenta metros de altura, permanecem na paisagem como a alma ferida de uma natureza poderosa e generosa que a indústria humana tem destruído por descuido e pelo espírito do lucro. Essas grandes árvores queimadas permanecem como espectros que testemunham da dor que sente o pintor confrontado a esse modo de exploração.

> Estes fogos serpenteiam em torno dessas árvores conquistadas como fortalezas, envolvem-nas, elevam-se até seu cume e, separados da terra, eles se assemelham àquelas estrelas de um vermelho lúgubre que aparecem no céu para anunciar grandes desgraças para a terra.[78]

Mas no campo da agronomia como naquele da força de trabalho, Hercule Florence nunca conseguiu impor suas convicções, a ponto de – e isso faz parte de sua melancolia – sua vida se transformar em administrador de fazenda de café explorando um número importante de escravos.[79]

Como mencionei, o trabalho pictórico sobre os céus fica talvez a maior realização de Hercule Florence no campo da pintura. Isso se deve, sem dúvida, ao caráter sistemático da empreitada, a qual era destinada aos pintores europeus. Florence pensava editar um livro, o *Atlas Pitoresco-Celeste*, do qual conhecemos várias versões a partir de Études de ciels à l'usage des jeunes paysagistes, inserido no manuscrito de *L'Ami des arts*. Aos seus olhos, trata-se,

78 Lamy, Pignal, Sarthou e Romaniuc-Neto, 2016, p. 98-99.

79 Ibid., p. 321. Na hora da sua morte, metade do patrimônio de Hercule Florence era composto de escravos. Que ele não tenha tomado nenhuma disposição testamentária para libertá-los quando de sua morte, uma prática então muito comum, permanece um mistério perturbador.

pois, de um trabalho original mesmo se ele lembra de ter ouvido falar da existência de um pintor alemão que teria também trabalhado sistematicamente sobre os céus.[80] Florence insiste sobre a novidade da empreitada, pois é dela que espera uma forma de reconhecimento:

> Finalmente, se é verdade que ninguém até hoje teve a ideia de enriquecer as suas paisagens graça a céus feitos "d'après nature" e escolhidos dentro do que a atmosfera nos mostra de mais notável, tenho a certeza que uma coleção de paisagens onde céus deste *Atlas* seriam colocados com inteligência, atrairiam fortemente a atenção de todos os conhecedores e fariam nascer neles a ideia de que a pintura acaba de fazer uma aquisição.[81]

Esse ruminar sobre a impossibilidade de ser um pintor e de poder reivindicar uma forma de originalidade só faz sentido, finalmente, depois que as vastas expectativas que haviam se materializado durante a expedição Langsdorff tiveram que ser engolidas sob a pressão das necessidades diárias. É, portanto, a coalizão da "necessidade, do ódio e do desprezo" que lhe terá proibido o acesso ao que sempre foi seu ideal: ser pintor. Tendo tomado conhecimento de que a carta que ele enviou para sua família foi lida por toda a cidade de Nice, Hercule Florence comenta: "Um pouco de glória, que felicidade! Eu era jovem, eu era como um amante que toma o primeiro sorriso de uma bela como um sinal precur-

---

80 Trata-se provavelmente de Carl Gustav Carus (1789-1869) ou de Caspar David Friedrich (1774-1840). C. G. Carus, contemporâneo de Florence, publicou *Neun Briefe über Landschaftsmalerei* (1831) (*Nove cartas sobre a pintura de paisagem*), um livro sobre o qual Florence parece ter ouvido falar.

81 Lada, p. 91.

sor de um amor constante, cujo lindo céu cor-de-rosa se transforma num longo mártir".[82]

Apesar desse clima romântico que Lukács caracterizou como "romance da desilusão",[83] no entanto, existem artistas, mesmo nas terras desoladas do Brasil, e isso Hercule Florence não deixou de o constatar.

> As poucas artes e ofícios que são praticadas em Cuiabá estão quase todas nas mãos de mulatos. Eles são músicos, ourives, bons professores, bons alfaiates, sapateiros e carpinteiros. Eu conheci mais de um mulato, espírito ardente, conhecedor de Voltaire, Rousseau e Volney, capazes de revolucionar o seu país e de produzir novos Louverture, Dessalines.[84]

Portanto, neste país não faltam almas ambiciosas e espíritos ardentes nos quais qualquer um pode se reconhecer. E esses espíritos inquietos, regados nas fontes dos pensadores das Luzes, são potenciais revolucionários, discípulos dos vencedores haitianos de 1804. Essa constatação final desvela um aspecto pouco esperado do pensamento de Hercule Florence. De onde vem e como entender essas referências ao movimento revolucionário dos escravos haitianos? Será que, no foro interior de Hercule Florence, arte e revolução social mantêm um acordo secreto juntando o en-

82 Florence, *Voyage fluvial du Tietê à l'Amazone*, em Lada, p. 101. No original: "*J'étais jeune, j'étais comme un amant qui prend le premier sourire d'une belle pour un signe précurseur d'un amour constant, et son beau ciel de roses se change en un long martyr*".

83 Lukács, 1975, p. 109.

84 Florence, *Voyage fluvial du Tietê à l'Amazone*, em Lada, p. 168-169. No original: "*J'ai connu plus d'un mulâtre, esprits ardents, sachant Voltaire, Rousseau et Volney, capables de révolutionner leur pays et de produire de nouveaux Louverture et Dessalines*".

tusiasmo da vontade e a febrilidade do sublime? Seja como for, trata-se de uma contradição que foi estruturando toda a vida do exilado de Mônaco, que nunca pensou poder ultrapassar. No entanto, ele a tem experimentado através de seus escrúpulos cristãos e da agitação política que sacudia o império brasileiro.

Europeu demais para adotar o partido dos mulatos, muito branco para sentir plenamente a solidariedade cristã que o ligava idealmente aos escravos africanos, demasiado comprometido, enfim, por seus laços familiares e sociais com o meio dos agricultores e fazendeiros escravocratas, Hercule Florence constrói ao longo dos seus textos o personagem literário de um herói caído, um exilado melancólico arrastado pela tormenta de suas desilusões. É provavelmente por isso que ficará alheio às apostas políticas desse novo Brasil que finalmente, na segunda metade do século, estava caminhando ao seu lado para a revolução da abolição, mas sem que nela ele tomasse claramente partido.

Referências

Fontes manuscritas, digitalizadas e *on-line* (para os acrônimos, ver nota "Sobre as fontes manuscritas", no início do livro)

Fontes impressas

BERTRAND, Jean-Paul. L'expédition d'Egypte et la construction du mythe napoléonien, *Cahiers de la Méditerranée*, 1998, vol. 57, n. 1, p. 287-288.

BOURROUL, Estevam Leão. *Hercules Florence (1804-1879)*: ensaio histórico-literário. São Paulo: Gráfica Andrade, Melo & Comp., 1900.

BRIZUELA, Natalia. De la valeur. In: *Hercule Florence*: Le Nouveau Robinson: catálogo de exposição, sob a direção científica de Linda Fregni Nagler. Monaco: NMNM/Humboldt Books, 2017. p. 326-343.

CARUS, Carl Gustav. *Voyage à l'île de Rügen: sur les traces de Caspar David Friedrich*. Paris: Premières Pierres, 1999, p. 23.

CERVANTES SAAVEDRA, Miguel de. *L'Ingénieux Hidalgo Don Quichotte de la Manche*. Paris: Gallimard, 1934.

DEFOE, Daniel. *Robinson Crusoé*. Arles, Actes-Sud: Babel, 1995.

FLAUBERT, Gustave. *Madame Bovary*. Paris: Michel Lévy Frères, 1857.

FLORENCE, Hercule. Esboço da viagem pelo senhor Langsdorff no interior do Brasil desde setembro de 1825 até março de 1829. Trad. Alfredo D'Escragnolle Taunay. *Revista Trimensal do Instituto Histórico, Geographico e Ethnographico Brasileiro*, t. 38, n. 49, 1875, pp. 355-469; t. 38, n. 50, 1875, pp. 231-301, e t. 39, n. 52, 1876, pp. 157-182.

FOUILLERON, Thomas. Quitter son pays. Monaco en 1823. In: *Hercule Florence*: Le Nouveau Robinson: catálogo de exposição, sob a direção científica de Linda Fregni Nagler. Monaco: NMNM/Humboldt Books, 2017. p. 168-194.

FREYRE, Gilberto. *Ingleses no Brasil*: aspectos da influência britânica sobre a vida, a paisagem e a cultura do Brasil. Rio de Janeiro: José Olympio Editora, 1977.

GIRARD, René. *Mensonge romantique et vérité* romanesque. Paris: Grasset, 1961.

HEGEL, Georg Wilhelm Friedrich. *Principes de la philosophie du droit*. Paris: Gallimard, 1940 [1821].

HISTOIRE de l'Académie royale des sciences: suivi des Mémoires de mathématique et de physique tirés des registres de l'Académie royale des sciences, *Année 1775*, Paris, Imprimerie Royale, 1778, vol. I.

RAYNAL, Guillaume-Thomas. *Histoire Philosophique et Politique des Établissements et du Commerce des Européens dans les deux Indes*. Genève: Pellet, 1780.

LAMY, Denis ; PIGNAL, Marc ; SARTHOU, Corinne; ROMANIUC-NETO, Sérgio (coord.). *Auguste Saint-Hilaire (1779-1853)*: un botaniste français au Brésil. Paris: Museum d'Histoire Naturelle, 2016.

LUKÁCS, Georg. *La théorie du roman*. Paris: Gonthier, 1975.

LURET, William. *Les trois vies d'Hercule Florence*. Paris: JC Lattès, 2001.

MARQUESE, Rafael de Bivar. Hercule Florence et les paysages du sucre et du café dans l'Ouest pauliste: 1830-1879. In: *Hercule Florence*: Le Nouveau Robinson: catálogo de exposição, sob a direção científica de Linda Fregni Nagler. Monaco: NMNM/ Humboldt Books, 2017. p. 289-325.

MONTEIRO, Salvatore; KAZ, Leonel. *Expedição Langsdorff ao Brasil, 1821-1829*. Rio de Janeiro: Edições Alumbramento, 1998.

MOOG, Vianna. *Bandeirantes e pioneiros*. Rio de Janeiro: Ed. Globo, 1954. [*Défricheurs et pionniers*. Paris: Gallimard, 1963.]

MUSSET, Alfred de. *La Confession d'un enfant du siècle*. Paris: Alfred Bonnaire, 1836.

NAGLER, Leda Fregni. Du dessin à la Photographie. La main de l'artiste, la lumière et la contemplation du ciel. Un écho du tropique du Capricorne. In: *Hercule Florence*: Le Nouveau Robinson: catálogo de exposição, sob a direção científica de Linda Fregni Nagler. Monaco: NMNM/Humboldt Books, 2017. p. 48-83.

OLIVEIRA MATTOS, Augusto. Das camélias do Leblon à Rosa de Ouro: as representações de Isabel no contexto do abolicionismo, *Tempo de Histórias*, Programa de Pós-Graduação em História PPG-HIS/UnB, n.10, Brasília, 2006.

PARTOUCHE, Marc. *La Ligne oubliée, Bohèmes, avant-gardes et art contemporain de 1830 à nos jours*. Paris: Hermann, 2016.

ROBERT, Marthe. *Roman des origines et origines du roman*. Paris: Grasset, 1972.

SALOMON, Jean-Jacques. *Le Destin technologique*. Paris: Balland, 1992.

VOLNEY, Constantin François de Chasse-Boeuf, comte de Volney. *Les Ruines, ou Méditations sur les révolutions des empires*. Paris, 1791.

ZWEIG, Stefan. *Balzac-Dickens*. Paris: Simon Kra, 1927.

Hercule Florence e o século

Antonio Herculano Lopes

Antoine Hercule Romuald Florence, ou simplesmente Hercule Florence (1804-1879), viveu a metade final da sua vida sob o sentimento do fracasso. Das múltiplas facetas que desenvolveu, por gosto ou por necessidade, as de artista e de inventor foram as que mais prezou. Tendo sido um dos pioneiros nas experimentações que resultaram na invenção da fotografia, além de ter criado inúmeros outros processos voltados sobretudo para a impressão, seu isolamento na modesta São Carlos de Campinas, no interior de São Paulo, desde 1830, com sua consequente enorme distância do "mundo civilizado", impediu que essas e outras experiências e descobertas tecnológico-artísticas lhe dessem reconhecimento público – ou ao menos essa foi a sua percepção, expressa repetidamente em seus diários e escritos autobiográficos.

Marco importante desse sentimento foi o enorme choque que relata ter sofrido em 1839, quando soube do anúncio do sucesso de Daguerre. Mais tarde, no entanto, Florence reconheceu que não tinha levado a termo suas experiências com a fotografia e, mais do que essa glória, passou a lutar pelo reconhecimento de outras de suas invenções, como as de um processo tipográfico a que batizou de poligrafia e a de um papel inimitável, com alto potencial de interessar o mundo das finanças. Seus esforços de "vender" suas ideias, porém, foram sempre vãos.

Uma outra via para escapar do olvido foi sua participação na condição de artista na expedição Langsdorff (1825-1829), que contou com a publicação na *Revista do IHGB* de seu diário de viagem, ainda em vida do autor.[1] Curiosamente, apesar de sua busca incessante por notoriedade, ele parece ter dado pouca importância para essa sua produção textual e pictórica e, não fora por ter deixado uma cópia de seu diário em mãos da família Taunay, seu relato não teria vindo a lume tão cedo. O fato é que, ainda que não se possa falar de um completo apagamento de sua memória, a vida e os feitos de Florence só começaram a ganhar mais atenção dos historiadores cerca de um século após a sua morte.

A expedição, que contava com a publicação do IHGB, sem no entanto as imagens, passou a atrair maior interesse no Brasil a partir dos anos 1970, como resultado sobretudo dos estudos que vinham surgindo na Rússia, depois que o material enviado ao czar foi redescoberto nos Arquivos de São Petersburgo. Nos anos 1980, o governo brasileiro obteve uma cópia de boa parte do acervo, tornando-o disponível para a pesquisa e suscitando uma série de exposições que despertaram o interesse público para algo pouco conhecido e valorizado na história brasileira. Em 1977, Boris Kossoy publicou seu estudo seminal, que consegue colocar nosso malogrado inventor na história da fotografia, demonstrando ter ele sido o primeiro a usar o termo e ter antecedido Daguerre na

1 Florence, 1875/76. O papel de "artista viajante", exercido por Florence na expedição Langsdorff, é explorado em profundidade pelo artigo de Maria de Fátima Costa neste livro. Meu olhar aqui se volta para o período posterior, quando, já não mais a serviço de algum poderoso, nosso personagem passa a elaborar representações de si enquanto artista e inventor.

resolução de uma série de problemas para se obter a impressão de imagens em nitrato de prata numa câmera escura, produzindo algumas fotografias ainda nos primeiros anos da década de 1830, apesar dos parcos recursos com que contava.[2]

Passados quase 50 anos do início do movimento de resgate dessa personalidade rica, com sua biografia aventurosa e singular, ainda estamos longe de compreendê-la. Qual a importância real de Hercule Florence? Inventor isolado da fotografia? Artista e narrador de uma trágica expedição científica, que nos deixou um importante legado etnográfico, histórico e paisagístico? O "novo Robinson", o amigo das artes, o inventor no exílio, predestinado ao fracasso? Estas últimas são algumas das imagens adotadas em seus escritos. As investigações recentes, aliás, puderam valer-se do zelo com que a família, ao longo de quase século e meio, guardou seu acervo e, claro, do caráter quase obsessivo com que o próprio personagem registrou suas ambições, angústias e concepções sobre a vida em diários, memórias, correspondências e, não menos importantes, desenhos e pinturas.

***

O primeiro aspecto que salta aos olhos na fase de juventude de Hercule Florence é seu espírito de aventura, movido por um sentimento libertário, seu desprendimento das raízes familiares e geográficas e sua busca de exploração de novos territórios físicos e intelectuais, características que lhe inspiraram, na maturidade, o epíteto de "novo Robinson". No entanto, isso veio desde sempre associado a um espírito eminentemente prático, que, diante das dificuldades que a vida lhe colocou para alcançar o que ambicionava, buscava soluções possíveis que respondessem aos desafios postos pelo acaso e pela necessidade. Se Florence era movido

2 Kossoy, 2006 [1977].

por ideais, como sua impulsiva saída para o mundo desde muito cedo parece indicar, a cada passo também dava mostras de uma alta adaptabilidade e de "ter os pés no chão". Ao longo da vida, e sobretudo a começar de seu casamento, tomou decisões que lhe garantiram uma progressiva inserção no meio social da elite agrária e intelectual do seu país de adoção. Assim como o segundo casamento viabilizou que sua numerosa prole pudesse usufruir de uma formação sofisticada em países europeus. Isso se reflete até hoje em ramos de sua família, que detêm grande parte de seu acervo pessoal e promovem o cultivo de sua memória.

Quando comecei a me aproximar de Florence enquanto tema de pesquisa, logo me chamou a atenção o contraste entre o entusiasmo juvenil com que se lançou aos mares para se fixar em terras distantes, o Brasil recém-independente, e o crescente desgosto de sua maturidade, em que o migrante apaixonado se tornaria um exilado da civilização. Na busca de interpretar tal trajetória, pareceu-me uma explicação plausível que o seu decantado espírito prático o tivesse afastado progressivamente de seu caráter idealista e que a sua autocaracterização como "inventor no exílio" refletisse a noção de perda, ainda que resignada, de um espaço para a sobrevida daqueles ideais. No entanto, essa ideia se chocava com o já mencionado caráter obsessivo com que Florence procurou garantir, para além de sua morte, um reconhecimento para as atividades que envolveram até o fim o melhor de seus empenhos e energia.

Desse contraste surgiu-me a hipótese de que ideal e real sempre caminharam juntos no seu espírito, em relações tensas, às vezes contraditórias, às vezes complementares. Florence, esta é a convicção que busco explorar neste texto, acalentou a ideia de alcançar a glória. Não era um projeto de objetivos claros, delineados, mas um que partia de uma intuição de sua excepcionalidade.

Nosso Quixote, no entanto, convivia com um Sancho Pança que o impedia de combater moinhos de vento; por outro lado, nunca abandonou a luta, pois ela é que lhe dava o sentido da existência. Não contando com recursos de família e tendo crescido numa Mônaco pobre e sem perspectivas para alguém com suas ambições, o lançar-se ao mundo, mais do que refletir seu gosto pela aventura, era quase um destino natural. O fato é que nem seu sentido prático o levou a somente se dedicar a construir uma situação material mais sólida, nem seu espírito romântico o impulsionou a descurar dos compromissos que deliberadamente assumira ao constituir uma numerosa família. Até o fim, tratou de conciliar ideal e real e sua frustração pelo insucesso não foi maior do que sua convicção pelo acertado de sua trajetória.[3]

***

A presente reflexão pretende sugerir uma leitura combinada do destino particular de Hercule Florence, conforme entendido por ele próprio, com alguns de seus condicionamentos históricos, dando especial atenção aos da esfera cultural, num exercício em que indivíduo e sociedade em seus movimentos próprios contribuem para uma compreensão ampliada de ambos os polos. Por trás da ambição dessa empreitada, orienta-me uma concepção de que se a consciência humana, tanto individual quanto social, é plasmada pelos embates históricos conjunturais e pela força dos elementos estruturais de longa duração, é também determinante dos rumos tomados pelo devir social, mais claramente nos tem-

3 Jacques Leenhardt, neste livro, propõe uma leitura original das escritas de si de Florence como constituindo uma narrativa romanesca. Minha proposta volta-se mais para a decifração da construção do personagem do que para a estrutura narrativa em que ele se move.

pos acelerados da pequena história cotidiana, mas também nas lentas transformações das culturas e dos modos de ser e pensar.

Nesse sentido, ressaltam algumas das grandes ideias que marcaram o período de vida de Florence, como as advindas do Iluminismo, sobretudo rebatidas nas ciências e nas artes como produções superiores do espírito, e às quais nosso fracassado herói (ou exitoso anti-herói) dedicaria seus melhores esforços; os ideais revolucionários franceses de liberdade, igualdade e fraternidade, que ainda em contextos adversos nunca abandonou; ou a base moral de sua formação católica, que orientaria sua vida para a busca do Bem e o confortaria em face das frustrações e dos sofrimentos. Todos esses elementos de uma consciência idealista, acrescidos dos fortes afetos que o uniam às ideias de família, religião e natureza, se combinaram num espírito eminentemente prático, formando uma personalidade complexa. O mais importante, no entanto, no argumento que aqui procuro desenvolver, é que as tensões e contradições entre os diversos aspectos dessa personalidade não se resolviam pelo puro apagamento do ideal pelo real, mas se renovavam em permanentes tentativas de manter acesa uma chama, ainda quando todas as condições em torno apontavam para a sua impossibilidade.

Procurarei explorar esse caminho interpretativo a partir de como determinados temas se apresentaram para nosso personagem ao longo de sua existência: a revolução, a nação, a família, natureza *versus* civilização e vida espiritual (religião, ciências e artes) *versus* vida material (em particular, o dinheiro).

A revolução

Florence nasceu em Nice (Niça ou Nissa em niçardo; Nizza em italiano) em pleno período napoleônico ou, para ser mais preciso, no mesmo ano da aclamação e coroação do general corso como imperador dos franceses. Seu pai, Arnaud, foi médico-cirurgião das tropas francesas de ocupação da cidade, que pertencia até então ao reino da Sardenha e esteve ligada por cerca de 400 anos à Casa de Savoia. A ocupação francesa se estendia a toda a costa lígure até Gênova, incluindo Mônaco, cidade da mãe de Hercule, Célestine Vignalis, que o nomeou a partir da denominação grega para o primeiro assentamento permanente na região: Herakles Monoikos – a morada singular de Hércules. Até hoje, o porto antigo se chama Port Hercule. A família morou por um breve período em Ventimiglia (Vintimille, em francês), onde Arnaud desempenhou funções de coletor de impostos, até sua morte prematura, quando Hercule nem tinha completado quatro anos. Célestine voltou então definitivamente para Mônaco, com "quatro filhos em tenra idade, sem bens nenhuns".[4]

Todas as indicações são de que Hercule cresceu num ambiente que nutria enorme admiração pelo general tornado imperador. O evento de sua coroação, no entanto, foi marcado por sentimentos ambivalentes. Se para a grande massa dos franceses e muitos mundo afora Napoleão encarnava a Revolução Francesa e seus ideais em armas, para muitos outros o simbolismo do retorno de uma cabeça coroada era a pá de cal definitiva nos ideais revolucionários, movimento iniciado pelo golpe do 18 de brumário, que se realizara declarando finda a revolução. Para o nosso jovem monegasco-niçardo, Napoleão era o grande herói, e essa foi a imagem que dele reteve pelo resto de sua vida. Em esboço autobiográfico datado de 1849,[5] o "inventor no Brasil" assim recorda de seus tenros anos:

4 Bourroul, 1900, p. 4.

5 O Instituto Hercule Florence, em São Paulo, detém alguns manuscritos, muitas vezes com datas na folha de abertura que correspondem ao momento em que Florence começou a produzir aquele documento, mas

> De Mônaco, percebe-se a ilha da Córsega, mas bem fracamente, e ainda somente de manhã e ao final do dia, quando o tempo está sereno. Eu ficava satisfeito a cada vez que percebia essa ilha montanhosa, eu sentia que respirava o mesmo ar que Napoleão havia respirado na sua infância, eu era então seu concidadão.[6]

Em anotação de 1876, já mais próximo de sua morte, é ainda mais enfático: "Napoleão foi o flagelo dos povos e dos reis. A este duplo título, reconhece-se a mão divina e Napoleão crescerá sempre mais em face da posteridade".[7] Por vezes, demonstra uma certa hesitação diante da figura gigantesca. Em texto de seu diário datado de 1833, portanto mais de 40 anos antes, Florence incluía e em seguida cortava o nome de Napoleão entre os que o faziam "ver como se reformam os povos".[8] Temos que levar em conta que todos esses escritos da maturidade não refletem necessariamente seus sentimentos de juventude, mas não é despropositado consi-

---

que a fatura pode ter se estendido por décadas. Sempre que possível, indico no texto a data revelada no interior do manuscrito para aquela citação específica e na nota a data da folha de abertura. Os manuscritos foram quase integralmente produzidos em francês. Nesse caso, no corpo do texto, apresento minha tradução e reproduzo o original em notas. Quando não as há é que o original era em português.

6 Lada, p. 178. No original: "*On aperçoit de Monaco, l'île de Corse, mais très faiblement, et encore seulement le matin, et à la fin du jour, quand le temps est serin. J'étais satisfait, chaque fois que j'apercevais cette île montagneuse, je sentais que je respirais le même air qu'avait respiré Napoléon dans son enfance, j'étais donc son concitoyen*".

7 Correspondances, p. 132. No original: "*Napoléon a été le fléau des peuples et des rois. À ce double titre, on reconnait la main divine et Napoléon grandira toujours plus devant la postérité*".

8 Diário I, p. 153.

derar que a sombra do grande corso foi um fator importante, ao lado de algumas leituras como *Robinson Crusoé* e o abade Raynal,[9] para incendiar a sua imaginação de jovem, enquanto se preparava para sair à conquista do mundo. E que Napoleão trazia – talvez junto com uma certa leitura da religião – o elemento de reforma e de redenção da sociedade que ele tanto prezaria nos escritos que nos deixou.

Tendo perdido o pai "soldado da liberdade" muito cedo, Hercule também logo viu seu grande herói sair da cena histórica, quando tinha entre 10 e 11 anos. Cresceu numa Mônaco sob o protetorado de Vittorio Emanuele I e, quando saiu de casa em busca do mundo, não hesitou em se alistar na Marinha Real francesa e mesmo participar do combate aos liberais espanhóis no bloqueio ao porto de Barcelona. Sobre os sentimentos do jovem soldado, diria mais tarde o adulto em suas memórias: "Cumpre notar que quase todos os oficiais da fragata eram liberais, mas o soldado obedece sempre a seus chefes".[10] O espírito prático se revelava, nesse episódio, mas na Europa da Restauração foi também a forma de manter vivo o sonho de romper com os limites impostos pelo ambiente familiar, talvez já com a percepção de que lhe faltava talento para ser grande na carreira de artista plástico, em que vários membros da família se destacaram. Sobretudo, foi a forma de romper com os limites de uma Europa que derrotara Napoleão. A América das revoluções de independência era o seu

9 Guillaume-Thomas Raynal (1713-1796), conhecido como o Abade Raynal, foi um escritor do Iluminismo francês, autor da à época influente *História filosófica e política dos assentamentos e do comércio dos europeus nas duas Índias*, de 1770.

10 Lada, p. 192. No original: "*Il est à remarquer que presque tous les officiers de la frégate, étaient libéraux, mais le soldat obéit toujours à ses chefs*".

destino e trabalhar para o governo francês foi o que lhe permitiu concretizá-lo.

No Brasil, sua forte adesão aos princípios liberais se revela na aproximação com Francisco Álvares Machado e Vasconcellos, que se tornaria um dos chefes do Partido Liberal em São Paulo e com cuja filha iria se casar. O sogro, que atuava no Parlamento e tinha posições moderadas, foi contrário à insurreição armada promovida por seu partido em Minas e São Paulo em 1842, mas Florence, em raro momento de aberto engajamento político, associou-se a Feijó para produzir em Sorocaba o jornal que incitava os revoltosos. Essa atitude deve ter contribuído para as dificuldades de relacionamento com a sogra e o cunhado.

Mas o problema maior para um espírito liberal no Brasil oitocentista era a escravidão. Ainda em seus escritos memoriais, Florence menciona que em seu primeiro dia no Rio de Janeiro viu um escravo no pelourinho sendo açoitado. E recorda: "eu me pus a maldizer um povo que se passava por caridoso, e que chicoteava os negros".[11] Mas, com a perspectiva dos anos passados, acrescenta: "Essa visão me revoltou, porque eu era inexperiente quanto à escravidão negra".[12] O fato é que seu espírito prático permitiu que se integrasse à sociedade escravista, inclusive tornando-se cafeicultor e proprietário de escravos. Mas seus sentimentos, na maior parte do tempo abafados, volta e meia explodiam na censura à sua terra de adoção: "Se [os brasileiros] não querem ouvir duras verdades, não sejam tão ávidos de dinheiro; não continuem o tráfico

---

11 Ibid., p. 193. No original: "*[J]e me mis à maudire un peuple qui affectait de la charité, et qui fouettait les noirs*".

12 Ibid. No original: "*Cette vue me révolta, car j'étais novice en fait d'esclavage des noirs*".

dos africanos, abertamente, e sem vergonha de todos os povos que o aboliram".[13]

Ainda que tornado senhor de escravos, ao se dedicar à agricultura foi um dos pioneiros, em parceria com outro grande liberal brasileiro, o senador Vergueiro, na implantação do trabalho livre por meio de uma colônia de imigrantes suíços. Já nesse momento, em meados dos anos 1850, era um dos seus filhos adultos que tocava os negócios da fazenda. Terminado o contrato com aquele grupo de suíços, a experiência não foi renovada. E em seu testamento Florence não alforriou os escravos que ainda possuía, talvez pensando ainda em não causar prejuízo aos filhos.

Um caso curioso, que pouco se esperaria de alguém que tivesse a plena compreensão da dimensão trágica da escravidão, aparece em carta de setembro de 1862 a seu amigo Charles Auguste Taunay, em que lhe pedia que o ajudasse a escrever uma autobiografia intitulada "O inventor no Brasil" e propunha como título alternativo "Pai Tomás da raça branca": "[A]presentemos ao Público um 'Pai Tomás da raça branca', vítima há trinta e dois anos de uma escravidão que o torna prisioneiro das angústias da alma que formigam sob a Civilização".[14] Compara assim seus sofrimentos enquanto inventor no exílio aos de um escravo negro retirado à força de sua terra.

---

13 Ibid., p. 187. No original: "*Si [les Brésiliens] ne veulent pas entendre de dures vérités, qu'ils ne soient pas si avides d'argent, qu'ils ne continuent pas le trafic des Nègres, à la face, et sans honte de tous les peuples, qui l'ont proscrit*". Para uma análise mais detalhada da atuação de Florence como proprietário de escravos, ver Marquese, 2016.

14 Correspondances, p. 16. No original: "*[P]résentons au Public un 'Oncle Tom de race blanche', victime depuis trente deux ans d'un esclavage rivé par les angoisses de l'âme qui fourmillent sous la Civilisation*".

O fato é que o uso retórico da imagem da escravidão para falar de situações difíceis vivenciadas pelas elites brancas não era incomum naquele século XIX, e no teatro, por exemplo, eram frequentes as personagens femininas que se queixavam de seus maridos, equiparando-se para tanto às escravas.

Passados já quase quarenta anos de Brasil, dos quais mais de trinta na fronteira do café, em que o sistema servil se impunha com mais força, não é de se admirar que uma certa naturalização dessas relações desumanas invadisse o discurso daquele espírito liberal. Afinal, como celebremente viria a dizer Machado de Assis, "a paisagem depende do ponto de vista, e [...] o melhor modo de apreciar o chicote é ter-lhe o cabo na mão".[15]

O Rio de Janeiro dos anos 1820 não se apresentava como uma terra em que Florence poderia levar adiante seu projeto de aventura e de glória. O acaso propiciou-lhe um emprego, primeiro numa loja de tecidos, depois numa gráfica, ambas mantidas por imigrantes franceses, levando-o a decidir-se por ficar – espírito prático falando mais alto. Quando tudo parecia se encaminhar para um aquietamento do espírito rebelde, de novo o acaso lhe bateu à porta, oferecendo-lhe retomar a aventura e o espírito de explorador de novos territórios. Um anúncio de jornal o levou a se apresentar como desenhista numa expedição que estava sendo organizada pelo cônsul da Rússia, barão Georg de Langsdorff, e que o faria embrenhar-se por milhares de quilômetros nas regiões mais remotas do Brasil, registrando povos, animais e plantas. A expedição tinha potencial para receber grande reconhecimento da comunidade científica, mas acabou em desastre. Retrospectivamente, Florence assim registrou sua decisão: "Se eu tivesse ficado em casa do Sr. Plancher [o editor francês para quem

15 Assis, 1968 [1892], p. 39.

trabalhou], não me teriam sido precisas muitas aptidões para fazer minha fortuna antes da idade de trinta anos".[16]

Se a malograda expedição não parece ter rendido os frutos que poderia, propiciou a Florence duas coisas em que de novo se combinavam os aspectos práticos e idealistas de sua personalidade: um casamento e a revelação para si de um talento que poderia dar-lhe um caminho para a realização de suas ambições espirituais. Hercule voltou da viagem com um manuscrito sobre algo a que chamou de zoofonia, um estudo sobre uma forma de registro dos sons dos animais – algo entre arte e ciência, entre ciência e técnica. O casamento com Maria Angélica, filha de Álvares Machado, conhecido médico da região de expansão agrícola de São Paulo, que teria carreira política de destaque no Partido Liberal, deu-lhe um grau de segurança material superior ao que tinha conhecido até então e um lugar entre a cidade conectada com o mundo (e com suas mazelas), que era o Rio de Janeiro, e o isolamento quase completo do *hinterland* brasileiro – espaço também de exploração de novos territórios, que vinha sendo ocupado pela nova riqueza do país, a cultura do café, em substituição à cana-de-açúcar.

Nesse espaço geográfico e social, Florence se dedicou ao seu novo projeto: tornar-se um inventor num recanto isolado do mundo. Para tanto, seu sogro era peça-chave, na medida em que, médico de olhos, tinha instrumentos óticos por ele próprio desenvolvidos; era dono de uma botica, facultando ao genro o acesso a produtos químicos; e, igualmente importante, fez vir do Rio de Janeiro uma tipografia (a primeira da região), que ficaria aos cuidados de Hercule – a mesma que anos depois serviria aos propósitos revolucionários de Feijó.

---

16 Lada, p. 196. No original: "*Si j'eusse resté chez Mr. Plancher il m'aurait suffi d'un peu d'aptitude, pour avoir fait ma fortune avant l'âge de trente ans*".

O impulso dado pelo desejo de publicar seu estudo sobre a zoofonia fez com que, pelo restante de sua vida, Florence se dedicasse a pesquisar formas alternativas de imprimir. Difícil dizer se, já naquele início dos anos 1830, recém-casado e tratando de fazer da tipografia um meio de vida, já se havia formado em seu espírito de reformador do mundo a ideia de que a impressão barata e fácil pudesse exercer tal papel. O fato é que, talvez numa racionalização *a posteriori*, deu a esse projeto um caráter emancipatório da sociedade. Em carta de 1864 a Charles Taunay, dizia:

> Quem sabe se, uma vez suprimida a prensa, e a impressão tornada mais fácil, [...] não tenhamos aberto as vias para alguma grande e útil revolução? [...] Seria desejável que pudéssemos disseminá-la [a pintura] por toda parte, nas praças públicas, em todas as ruas [...] e sobretudo na habitação do pobre. [...] Ora, a impressão é, entre todas as artes, a que me parece difundir seus produtos com maior profusão. Não poderíamos realizar uma parte dos sonhos dos utopistas imprimindo as obras de arte de pintura e as disseminando por entre o povo?[17]

Mergulhado em pleno sentimento do malogro de seu desejo de ver-se reconhecido por seus feitos, Florence não só não abandonaria suas experiências como ainda se consolava com a ideia de

17 Correspondances, p. 72-73. No original: "*Qui sait si une fois la presse supprimée, et l'imprimerie devenue plus facile, [...] nous n'aurons pas ouverts les voies à quelque grande et utile révolution? [...] Il serait à désirer qu'on pût la répandre [la peinture] partout, sur les places publiques, dans toutes les rues [...] et surtout dans l'habitation du pauvre. [...] Or, l'imprimerie est de tous les arts, celui qui me paraît répandre ses produits avec le plus de profusion. Ne pourrions-nous pas réaliser une partie des rêves des utopistes en imprimant des chefs-d'œuvre de peinture, et en les répandant parmi le peuple?*".

que elas eram expressão de uma superioridade moral. Seu obsessivo registro de tudo o que fazia, se não lhe proporcionasse a glória em vida, haveria de conquistar o reconhecimento da posteridade.

A nação

Uma curiosa faceta de nosso personagem é como ele se via inserido no mundo dos Estados-nações. Filho de um francês e uma monegasca, nascido em Nice, cidade então recém-conquistada pelas tropas revolucionárias francesas, mas com longa história de vinculação à Casa dos Savoia, e tendo crescido num principado sob o protetorado do reino da Sardenha (dos mesmos Savoia), Florence finalmente emigrou para o Brasil, onde passou o resto de sua vida, equivalendo a cerca de 70% de sua existência. Mais provavelmente, viajou com passaporte monegasco. Sabemos, por exemplo, que em sua primeira saída de casa, aos 16 anos, teve problemas com a polícia ao atravessar o território francês com passaporte de Mônaco. No país de adoção, nunca abandonou a fidelidade à língua francesa, mais do que à nacionalidade, que não reivindicava, apesar de ser mais comumente identificado como francês. Quando finalmente manifestou seu desejo de pertencimento foi enquanto sardo/italiano.[18]

No momento e lugar em que Hercule veio à luz, a noção de pertencimento era ainda predominantemente ligada a um espaço geográfico mais circunscrito – que em francês era referido como *pays* ou em italiano como *paese*. As unidades políticas, submetidas a cabeças coroadas, abrangiam com frequência uma diversidade de povos, de línguas e culturas, além de mudar de mãos

18 A questão da nacionalidade de Florence é discutida em mais detalhe no artigo de Chiara Vangelista neste livro. Aqui estou mais interessado em como lidou com ela em função tanto de seus ideais como, e talvez principalmente, de seus interesses.

com frequência em função das guerras. As cidades de Nice e de Mônaco alternaram momentos de maior autonomia e de submissão aos Bourbon, aos Savoia, aos Grimaldi ou ao plebeu autocoroado Bonaparte. Falava-se o italiano, o francês, o niçardo, o monegasco, o lígure. Talvez o mais próximo sentimento de identidade a uma terra vivenciado pelo jovem Hercule tenha sido aquele pedaço do Mediterrâneo, parte da costa lígure, estendendo-se de Nice até Gênova – ou ao menos até Ventimiglia, que foi o espaço realmente vivido por ele. Assim, o Florence adulto, já em seu "exílio" paulista, recorda sempre com ternura de "meu país, que está nos pés dos Alpes, sobre o Mediterrâneo".[19]

Numa passagem de suas memórias sobre o momento em que definitivamente deixou sua família e se dirigia à cidade de Toulon, na França, para se alistar na Marinha francesa, Florence descreveu seus sentimentos, ao atingir o vilarejo de La Turbie e se sentar na base das ruínas de uma torre romana para apreciar a paisagem do Mediterrâneo: "Eu estava sentado sobre o monumento de César e tinha diante de mim a ilha onde nasceu Napoleão; parecia que o meu país, que eu deixava talvez para sempre, se mostrava mais belo e mais glorioso, para que eu não perdesse jamais a lembrança".[20] Há nesse trecho uma sugestão interessante de dupla pertença: "o meu país", isto é, aquele pedacinho do Mediterrâneo onde nasceu e cresceu, mas também a civilização ocidental do *continuum* histórico que liga aqueles dois grandes homens, César e Napoleão.

---

19 Lada, p. 97. No original: "*[M]on pays, qui est au pied des Alpes, sur la Méditerranée*".

20 Ibid., p. 190. No original: "*J'étais assis sur le monument de Cézar, et j'avais devant moi l'île où est né Napoléon; il semblait que mon pays que je quittais peut-être pour toujours, se montrait plus beau et plus glorieux, pour que je n'en perdisse jamais le souvenir*".

O extremo oposto – e complemento – do sentimento de pertencimento local é o pertencimento à Europa, a que Florence alude com frequência em seus escritos. Sem prejuízo da importância de seus laços com as elites brasileiras, grande parte das redes de relações construídas por Florence no Brasil era constituída por europeus, sobretudo franceses, mas também de outras nacionalidades, culminando com o seu segundo casamento com uma alemã, Carolina Krug, com quem compartilhou o projeto agrícola na Fazenda Soledade e a criação da Escola Florence para moças em Campinas. Não é de se espantar, portanto, que, ao elaborar suas memórias *O inventor no Brasil*, Florence tenha posto por subtítulo "Pesquisas e descobertas de um *europeu* durante vinte anos de residência no interior deste império" (grifo meu; o número de anos foi sendo alterado na medida que produzia novas versões).[21] Por um bom tempo, essa foi a fórmula encontrada pelo frustrado inventor: a identificação europeia em oposição à residência americana. Tratava-se de um europeu exilado na América. Em determinado momento, para além de europeu ou americano, pareceu flertar com a ideia do cidadão universal, algo aliás coerente com os valores revolucionários e as utopias democráticas. Em anotações avulsas em seu diário, que devem datar do início dos anos 1840, Florence enumerou alguns tópicos, que parecem ser um roteiro para um poema:

> "Hino à Riqueza.
> ' __ à Pobreza.
> ' __ ao Talento.
> ' __ ao Amor
> ' __ à m ao Cosmopolytis à minha Pátria.

21 Ibid., p. 175. No original: "*Recherches et Découvertes d'un Européen pendant vingt ans de résidence dans l'intérieur de cet empire*".

'__ ao Brasil
à Glória
Navegação dos rios."[22]

Na quinta linha, ele hesitou. Começou a escrever algo ("à m"), cortou, escreveu "ao Cosmopolytis", arrependeu-se, cortou de novo e escreveu finalmente "à minha Pátria" (talvez seu primeiro impulso), sem identificá-la. Naquele momento, portanto, nosso autor (ainda?) considerava uma adesão ao cosmopolitismo, evitando uma identificação nacional.

O exame de seus escritos combinados com sua trajetória de vida me fazem tender para a hipótese de que, à medida que o pertencimento a um Estado se fazia importante, Florence decidia em função do interesse, ainda que as questões afetivas e ideológicas não estivessem de todo ausentes. Uma opção por considerar-se um súdito do principado de Mônaco teria combinado diversas dimensões do afeto: terra da mãe e da família europeia, que ele amava (não há nenhum registro de que ele tivera contatos com a família do pai), lugar em que ele passou sua infância e juventude, parte da região mediterrânea a que ele chamava de "meu país", e até, do ponto de vista burocrático, o Estado que lhe deu um passaporte para sair para o mundo.

O problema é que ser monegasco não ajudava nos ambiciosos projetos do jovem Hercule. A precariedade do país e as condições de vida de sua família saltam à vista num relato que Florence faz, ao retornar de Toulon a Mônaco, porque não se pudera alistar em virtude da falta de alguns documentos, que então decidiu ir buscar. Para começar, por falta de dinheiro o deslocamento foi feito a

22 Diário II, p. 160. No original: "*Hymne à la Richesse./'__ à la Pauvreté./'__ au Talent./'__ à l'Amour/'__ à m au Cosmopolytis à ma Patrie./'__ au Brésil/__ à la Gloire/ Navigation des rivières*".

pé, tomando-lhe três dias. Isso era o de menos, considerando que poucos anos antes havia retornado também a pé da Antuérpia, na Bélgica, para sua casa. Antes de entrar em sua cidade, Florence tinha uma preocupação, pois saíra numa despedida definitiva: "Eu queria esperar a noite para entrar em casa de minha família, pois eu tinha medo de ser visto e de ser objeto da zombaria dos oitocentos habitantes da cidade."[23] Por fim, família e amigos o receberam com grande alegria e ele foi festejado com um jantar consistindo de salada de vagem e cebola. O relato se encerra em nota melancólica: "essa festa foi o último reflexo de quão pouca felicidade desfrutei em meus primeiros anos".[24]

Essa "pouca felicidade" pode se relacionar em parte com a saúde precária que comenta ter tido. Mas o peso maior, essa é a minha hipótese, vinha do sentimento de estar condenado à mediocridade e à miséria naquele "buraco" distante do "mundo", onde a vida acontecia. Sobretudo para quem como ele que recebera da família um capital intelectual e artístico nada desprezível e que, como veremos, se tinha em alta conta.

Ao buscar se alistar na Marinha Real Francesa, Florence revelou sob a proteção de quem pretendia ganhar o mundo. A alternativa seria o reino da Sardenha, sem o mesmo poder naval da França. A escolha logo demonstrou seu acerto, propiciando-lhe a viagem que o traria ao Brasil. É claro que uma opção por "ser francês" também envolvia questões afetivas. Apesar de se tratar, naquele momento, da França da Restauração, era antes disso a

---

23 Lada, p. 187. No original: "*Je voulais attendre la nuit, pour entrer chez ma famille, car je tremblais d'être vu, et d'être la risée des huit cent habitants de la ville*".

24 Ibid., p. 188. No original: "*[C]ette fête a été le dernier reflet du peu de bonheur dont j'ai joui dans mes jeunes premières années*".

nacionalidade do pai, era o país de sua língua materna, o país de Napoleão, da Revolução e dos filósofos de seus ideais.

Justificativas à parte, as vantagens práticas superavam em muito as ideais e do coração. Entre outras coisas, a língua abriu-lhe portas para os empregos obtidos na nova terra. E o tornava para todos os efeitos identificado como francês, muito poucos sendo os que teriam mesmo notícia da existência do pequeno principado de onde provinha. Não sabemos por quanto tempo ele manteve o passaporte monegasco, mas em suas movimentações no Brasil não há nenhum registro dele enquanto tal.

A identificação com o reino da Sardenha parece ter ido se formando gradualmente ao longo do tempo. Florence não falava italiano, ou ao menos é o que diz no mesmo trecho de seu diário em que relata suas dificuldades com documentação em Toulon. Um francês a quem tinha sido recomendado se dispôs a ajudá-lo, em troca de aulas de italiano, possivelmente presumindo que quem vinha de Mônaco, um protetorado do Piemonte-Sardenha, dominava essa língua.[25] Bem mais tarde, quando já se inclinara por ser sardo, Florence começou a se aventurar em escrever alguns trechos de suas memórias e registros em um italiano canhestro.

Também para essa última opção, havia uma lógica, pois tanto sua cidade natal, Nice/Nizza, quanto a de seus anos de formação e pátria materna, Mônaco, permaneceram sob o reino da Sardenha até 1860. Do ponto de vista dos ideais e dos afetos, devem ter influenciado em seu espírito figuras que encarnavam o combate pelas liberdades e pela justiça, como Libero Badaró, a quem Florence conheceu em São Paulo, e Giuseppe Garibaldi, aliás um niçardo. Numa versão de suas memórias datada de 1849, dizia nosso inventor:

25 Ibid., p. 186.

> Pouco depois de meu nascimento, [meu pai] foi exercer o emprego de coletor de impostos em Vintimille, a 4 léguas a leste de Nice: foi o único caminho que fiz para a Itália, que por tanto tempo eu desconheci como pátria e que hoje amo tanto, por causa de seus infortúnios.[26]

Essa identificação, que começou a dar sinais depois do choque provocado pelo anúncio da invenção da fotografia por Daguerre em 1839, ganhou força quando, a partir de 1842, Florence passou a buscar o reconhecimento da Academia das Artes e Ciências de Turim para seus inventos e encontrou melhor recepção do que entre os franceses. Mas o fato é que, em 1850, em carta a um senhor Ferraz Amaral, no Rio de Janeiro, ainda não se mostrava decidido: "Nem cá eu esperei resultado algum que me auxiliasse nesta empresa. Pois quê? um triste inventor de Campinas, que nem é Brasileiro, nem sei a que Pátria pertence, será crido e aceito?"[27] Em 1855, os cônsules sardo e francês compareceram ao porto para se despedir de nosso personagem, algo que pode refletir ainda alguma hesitação no espírito do próprio inventor. Foi sua única viagem à Europa durante todo o período brasileiro, e incluiu uma ida a Paris, onde tentou sem sucesso sensibilizar alguns homens de ciência para as suas invenções.

Em 1860, quando se consolidava o processo de unificação italiana, ao preço da perda de Nice e de Mônaco para a França (o último na condição de protetorado), Florence requisitou e foi autorizado a obter a nacionalidade sarda, às vésperas da mudança

---

26 Ibid., p. 175. No original: "*Peu après ma naissance, [mon père] fut exercer l'emploi de percepteur à Vintimille, à 4 lieues est de Nice: c'est le seul chemin que j'ai fait vers l'Italie, que j'ai si longtemps méconnue comme patrie, et que j'aime tant aujourd'hui, à cause de ses malheurs*".

27 Diário III, p. 30.

de denominação do país para reino da Itália, que ocorreria no ano seguinte. Em carta de 1862 ao irmão Fortuné, Hercule lhe pedia gestões junto à Academia de Turim para que reconhecesse sua precedência na invenção da poligrafia, "porque ela [a Academia] provará que a poligrafia foi inventada por um italiano muito antes de ter sido anunciada na França".[28] Isso se deveu ao fato de uma publicação na França ter anunciado e saudado a invenção em 1859 da neografia, que segundo Florence nada mais era do que a poligrafia. Afinal, a Academia tinha recebido a memória de sua invenção já em 1842.

É possível duvidar um pouco das razões idealistas apresentadas para essa sua opção nacional e o que é certo é que Turim passou a ser, a partir de determinado momento, a mais concreta possibilidade de reconhecimento seu no mundo da ciência. Mas é fato também que a opção pela nacionalidade italiana se fortaleceu no espírito do nosso inventor, independente de não ter rendido os frutos que ele almejava. Em carta de 1878 a um dos filhos, Paulo, que estudava na Alemanha, ele afirmava de forma inequívoca: "não se esqueça que sua pátria é aqui, e que você deve servi-la e amá-la. Eu que sou originário da Itália, agora, depois de 53 anos, me recordo com mais intensidade de meus pais, mas é porque aqui ninguém se interessa pelos meus trabalhos".[29]

Se o movimento que o levou da hesitação à afirmação foi estimulado pelo interesse, ao fim revestiu-se também de um con-

---

28 Correspondances, p. 27. No original: "*[P]arce qu'elle prouvera que la polygraphie a été inventée par un italien longtemps avant qu'elle fût annoncée en France*".

29 Marquese, 2017, p. 321. No original: "*[N]oubliez pas que votre patrie est ici, et que vous devez la servir et l'aimer. Moi qui suis originaire d'Italie, maintenant, après cinquante-trois ans, je me souviens avec plus de force de mes parents, mais c'est parce qu'ici, personne ne s'intéresse à mes travaux*".

teúdo afetivo. O "país" de suas recordações da infância (a costa mediterrânea entre Nice e Ventimiglia, oscilando entre ser sarda ou francesa), a pátria de lutadores pela liberdade como Badaró e Garibaldi, a Europa culta que se interessou, ainda que sem consequências práticas, por seus trabalhos (a Academia de Ciências de Turim), tudo isso pode se combinar ao final de sua vida, quando ele por fim havia atingido uma segurança material e, aparentemente, uma vida familiar mais harmônica, ao preço de nunca perder sua condição de exilado.

E o Brasil? Se, ao longo dos 55 anos de vida aqui, nunca lhe ocorreu tornar-se um brasileiro, essa era, no entanto, a pátria de seus filhos. A recusa não significava falta de reconhecimento de uma dívida com o país que o acolheu, e há vários momentos de identificação com a terra. Em carta de 1865 a Charles Taunay, Florence reagia aos eventos da guerra contra o Paraguai: "Pelo momento, *nossos* soldados de terra não tiveram grandes vantagens sobre os paraguaios, enquanto a flotilha brasileira assegurou sua superioridade sobre a flotilha inimiga, no belo combate de Riachuelo".[30] O pronome em primeira pessoa revela que no momento da crise Florence não fugiu a um sentimento de pertencimento contra um inimigo externo.

Ainda mais expressivo é quando o pronome aparece no contexto da ocupação do território, mesclado com uma alusão a "o brasileiro", isto é, o outro. Referindo-se à derrubada das florestas a machado e fogo e às árvores gigantes, como o jequitibá, que se encontram no caminho, diz Florence:

---

30 Correspondances, p. 83 (grifo meu). No original: "*Pour le moment nos soldats de terre n'ont pas encore remporté de grands avantages sur les paraguayens, tandis que la flotille brésilienne a assuré sa supériorité sur la flotille ennemie, par le beau combat de Riachuelo*".

> O que sobrará dos gigantes telúricos? O brasileiro não os poupa; os colonos mais ativos só pensam em seu interesse material. Se nossas belas florestas vierem a desaparecer; se nossos campos se cobrirem de pés de café, alinhados ou perfilados, a monotonia terá substituído a natureza majestosa".[31]

Ainda que não fazendo parte do genérico "o brasileiro", Florence se coloca como parte interessada, como o estrangeiro residente, que ama também o país e suas ("nossas") belas florestas, que compartilha do seu ("nosso") futuro. A ironia é que, alguns anos adiante, nosso autor, transformado em fazendeiro de café, iria repetir as mesmas práticas que naquele então criticava, assim como aceitou e se beneficiou da escravidão, conforme a já mencionada análise de Rafael Marquese.[32] Havia se tornado mais brasileiro. Não por cinismo ou por abandono de seus valores, mas porque, quando o conflito se colocava entre ideal e real, o senso prático sempre prevalecia; e isso cobrava seu preço.

De um modo geral, os gestos de homenagem ao país por nosso artista-inventor estavam relacionados à natureza. Um dos mais expressivos é o esforço de transformar em poema as emoções que sentiu ao viajar com a expedição Langsdorff pelo interior selvagem do país e, em particular, ao se deparar, no trecho de São Paulo a Cuiabá, com as cachoeiras Avanhandava e Itapura. O esforço se estendeu no tempo, aparecendo em seus diários diversas

---

31 Marquese, 2017, p. 302. No original: "*Que restera-t-il des géants telluriques? Le brésilien ne les épargne pas; les colons les plus actifs ne pensent qu'à leur interêt matériel. Si nos belles forêts viennent à disparaître; si nos champs se tapissent de pieds de café, alignés ou profilés, la monotonie aura remplacé la majestueuse nature*".

32 Marquese, 2016.

versões, em português e em francês, tratando de burilar sua obra, ainda que alegando não ter o talento para tanto.

Hercule se considerava um artista do traço, das cores e da luz, mas não se animou em representar pictoricamente a emoção que lhe proporcionaram aquelas maravilhas da natureza. Por outro lado – talvez por ter menos autocrítica neste domínio – permitiu-se o risco de dedicar anos à elaboração, em língua portuguesa, da ode *Ao Brasil*. Preito de gratidão? Artifício para obter as boas graças dos brasileiros? Talvez haja um pouco do segundo, mas a não ser que admitíssemos um cinismo que está longe de caracterizar nosso personagem, revela um afeto pela terra que em geral fica soterrado nas lamúrias do inventor no exílio. Em versão datada de 1846, assim abre Florence seu poema:

> O soberbo Amazonas não rejeita
> D'ignorado ribeiro, a leve oferta:
> Ouve, áureo Brasil, d'um filho d'Ausônia,
> O Canto amigo e puro!
> Canto amigo, sim: astro mais subido
> Se peito e alma, fortes eu tivesse,
> Que atrevido embocasse heroica tuba,
> À Pátria votaria![33]

Descontado o tom grandiloquente e a falsa modéstia, que cabem bem a uma ode, ainda é possível ler a estrofe como um sincero acerto de contas afetivo com essa segunda pátria de que tanto se queixa. A ela, esse "filho da Ausônia" dedica uma amizade no sentido forte. O sentimento, mais que ao povo, se volta à terra, e logo o poema toma essa direção:

33 Lada, p. 162.

A ti te abastas, mesmo em teus sertões,
Onde ignorado, mil cenas sublimes,
Que enriquece fecunda natureza,
Majestoso apresentas!
Avanhandava! ainda vejo e admiro
Um caudaloso rio transformado
Sobre teu anfiteatro de granito
Em toalha tecida,
D'alvos brilhares, trêmulo-cadentes!
Itapura! aos ouvidos inda soam-me
Com eternos trovões, harpas eólicas
Que vagamente enlevam![34]

O longo poema (65 estrofes de quatro versos – três decassílabos e um hexassílabo) acompanha o nascimento, as lutas e dificuldades dessa "terra de Santa Cruz", que, numa América "asilo das Repúblicas", eleva o grito de "liberal Monarquia", à qual "a culta Europa / verá com simpatia". E lhe prevê um futuro glorioso, quando a civilização "jucunda / Virá sentar-se, nela derramando, / Das Artes, do Comércio, e Agricultura, / Os copiosos tesouros".[35] Com a elite brasileira, com quem convivia, Florence devia compartilhar da ideia da terra do futuro, cuja glória seria a herança que deixariam para os seus netos.

Em certo ponto, o poema anuncia algo que se vinha gestando no espírito do artista-inventor e que talvez seja sua homenagem melhor sucedida à pátria de seus filhos: a criação de uma sexta ordem de colunas arquitetônicas, a que chamaria de ordem brasileira ou palmiana. Eis o trecho:

34 Ibid., p. 163.

35 Ibid., p. 166.

Cem frondosas palmeiras assombravam
A cena augusta: e formavam um Templo
De Brasílica Ordem, majestosa:
Templo de cem colunas,
Que franjados elipses [sic] sustentavam
Para todos os lados divergentes,
Que entre si se cruzavam, e rendadas,
Flutuantes abóbadas
Formavam: fina e aérea arquitetura,
Que só à natureza, usar é dado,
E que entre enfeites mil, não menos ricos,
Enfeita teus sertões![36]

Em anotação no diário datada provavelmente de 1839, Florence já havia feito a relação: "Quem pode ver uma palmeira sem se lembrar de um templo?"[37] Reunindo natureza e cultura, América e Europa, Hercule criou colunas inspiradas na beleza das palmeiras, que tanto o impressionaram em sua longa viagem pelo interior do Brasil. A ordem palmiana simbolicamente representa uma solução feliz para os conflitos internos do "inventor no exílio", permitindo uma reconciliação entre a pátria espiritual e a pátria real.

A inspiração lhe teria vindo da pindoba, espécie de palmeira que viu na Chapada dos Guimarães, em Mato Grosso, em 1827, cujas folhas se apresentam num mesmo plano, como um leque.[38] No retorno ao Rio de Janeiro, em 1829, viu "os franceses do Rio de Janeiro" prepararem um cenário para a recepção à imperatriz

36 Ibid., p. 163-164.

37 Diário II, p. 134. No original: "*Qui peut voir un palmier sans se rappeler un temple?*".

38 Florence, H., 2017, p. 352.

Amélia com uma coluna cujo capitel era de folhas de palmeira.[39] A ideia de dar uma cor local ao estilo clássico, substituindo as folhas de acanto da ordem coríntia por uma planta do país, não era original. Bardi já havia observado que ela tinha sido usada, por exemplo, no Capitólio de Washington, com a folha de tabaco.[40] Florence, porém, não se limitou a mexer no capitel e propôs, na verdade, um conjunto de elementos (coluna, capitel, abóbada) que tirasse pleno proveito da elegância da palmeira, com seu tronco esbelto e sua cúpula graciosa. A solução técnica foi substituir a coluna por uma "pilastra quadrada ornada com a palmeira pindoba", que seria "representada em relevo, contra a pilastra".[41] O toque final foi introduzir na frisa o condor, "[h]abitante do Peru, [que] não deixa de fazer aparições na província de São Paulo".[42]

39 Ibid., p. 349.

40 Bardi, 2017, p. 347.

41 Florence, H., 2017, p. 353. No original: "*Pilastre carré orné du palmier Pindóva [...] représenté en relief, contre le pilastre*".

42 Ibid. No original: "*Habitant du Pérou, [qui] ne laisse pas que de faire des apparitions dans la province de St. Paul*".

Figura 1. Hercule Florence, Essai d'un 6me. Ordre d'Architecture, Ordre Brésilien ou Palmien, 1852, Manuscrit. (CHF 4476-4495)[43]

Para chegar a esse resultado, Florence dedicou tempo e esforço, como se pode constatar no manuscrito a seu invento, cuja abertura é datada de 29 de setembro de 1852 e o encerramento, de 10 de dezembro de 1878.[44] Resolvida a questão técnica, restou uma estranha estética compósita, reunindo o que de melhor o país podia dar ao mundo com o que de melhor "o mundo" (ocidental) podia oferecer à nação infante – uma bela representação de como o inventor-artista via sua relação com o Brasil.

A importância que Florence conferia à ordem palmiana é comprovada pela folha inicial do manuscrito: "À Academia Real das Ciências, em Turim".[45] Colocava, portanto, em pé de igual-

43 Ibid., p. 351.

44 Ibid., p. 349 e 354 respectivamente.

45 Ibid., p. 346.

dade com outras de suas principais invenções, como a poligrafia e o papel inimitável. O senso prático de nosso personagem não poderia deixar de fazê-lo tentar tirar proveito de uma realização tão inspirada. Não sabemos quando ele enviou o manuscrito para a Academia, mas existe a comprovação de que ele foi recebido.[46]

A família

Longe do embate entre ideal e real nos caminhos trilhados por Hercule Florence, mas atravessando ambos os planos, está a questão da família – ou das famílias. É de se supor que a morte prematura do pai e o recolhimento a Mônaco do núcleo familiar Vignalis-Florence em situação de restrição financeira tivesse estreitado laços entre seus membros, ainda que não impedindo afastamentos, não só de Hercule, mas de outro irmão, que morreu jovem no Egito. O fato é que Hercule manteve o contato epistolar com a família e em outros textos lhe fazia referências muito calorosas.

Em suas memórias, Hercule fala de como sua mãe sempre resistiu ao seu impulso de viajar, mas, diante da insistência do jovem, cedia e o apoiava como podia. Na primeira grande viagem, quando ele partiu de navio para a Antuérpia com uma carta de recomendação para tentar uma vida no ambiente de negócios de Flandres, ela lhe deu uma quantia em dinheiro, que evidentemente significava um sacrifício familiar: "Minha mãe me deu doze luíses, o que representava o terço da colheita [renda familiar?] anual, e eu deixei o teto maternal no ano de 1820. Minha mãe, meu irmão e minha irmã choraram, e eu não derramei uma lágrima, mas desde então derramei muitas".[47]

46 Ibid., p. 345.

47 Lada, p. 180. No original: "*Ma mère me donna douze louis, ce qui était le tiers de la récolte de l'année, et je laissai le toit maternel, dans l'année 1820. Ma mère, mon frère et ma soeur pleurèrent, et je ne versai pas une larme, mais j'en ai beaucoup versé depuis*".

No momento da segunda viagem, a que o levaria definitivamente para longe dos seus, Florence também deixou registros de forte emoção familiar. Da irmã Célestine, que permaneceu solteira e ao lado da mãe, escreveu: "minha irmã, cuja amizade me consola ainda hoje dos ódios atrozes de que desde então me tornei o joguete".[48] A referência a "ódios atrozes" é algo misteriosa – quais seriam eles? Seria uma expressão forte demais para descrever o ambiente de hostilidade que se desenvolveu na sua segunda família, a partir de sua sogra e seu cunhado? Talvez, mas por outro lado seu diário é salpicado por lamúrias quanto aos seus infortúnios, em que a sensação do exagero se faz sentir. Outra hipótese é que Florence se estivesse referindo a algo mais geral, à brutalidade daquele novo mundo em que fora viver, em choque com os valores que prezava e defendia, com seu sistema escravocrata e seu desapreço pelos valores do espírito. E nesse sentido, só a lembrança do afeto da família monegasca o consolava.

A recordação que guardou de seu irmão Fortuné vai na mesma direção. Este, que teve um bom casamento e ganhou posição de certo prestígio na região, ter-lhe-ia dito, na hora da despedida:

> nós perdemos um irmão no Oriente, quem sabe onde você irá morar ou levar uma vida errante? Aonde quer que você vá, Deus, que ouvirá nossas preces, ouvirá também as suas; nossos votos ao menos estarão unidos. [...] Adeus, não esqueça jamais da sua família![49]

48 Ibid., p. 188. No original: "*[M]a soeur, dont l'amitié me console encore aujourd'hui des haines atroces dont j'ai été depuis le jouet*".

49 Ibid., p. 189. No original: "*[N]ous avons perdu un frère au levant, qui sait où tu iras habiter, ou mener une vie errante? N'importe où tu iras, Dieu, qui entendra nos prières, entendra aussi les tiennes; nos voeux au moins, seront unis. [...] Adieu, n'oublie jamais ta famille!*".

Uma vez no Brasil, Hercule demorou pouco para preparar o terreno para a constituição de nova família. Cerca de um ano após chegar, estando em Porto Feliz, nos preparativos para a viagem da expedição Langsdorff ao Norte, conheceu e se afeiçoou a Álvares Machado. Se ali ainda não surgira o projeto de se casar com sua filha, ao menos ficou a impressão de um ambiente em que poderia ser feliz. O fato é que pelos três anos subsequentes Florence se embrenhou nas regiões mais ermas do país, enfrentando mortes, doenças, desavenças e frustração (além de momentos de encantamento, sobretudo com a natureza), e pouco depois de seu retorno à "civilização" (ou ao que mais próximo disso o país podia oferecer), partiu de novo para uma vida na fronteira e para o casamento com Angélica – para ser mais preciso, com a filha de Álvares Machado.

As coincidências com seu pai não são insignificantes: Álvares Machado era médico e um liberal, homem cultivado, amante da poesia, numa região que, por outro lado, prometia riqueza material, algo de que Hercule nunca descuidou de todo. A diferença de 13 anos entre os dois tornava o sogro uma espécie de irmão mais velho, ou mesmo um segundo pai, provedor de segurança, algo que, sem dúvida com algum trauma, perdera na infância.

Uma pintura que Florence fez, provavelmente já depois de seu retorno da viagem à Amazônia, mas retratando a família do sogro quando de sua passagem inicial por Porto Feliz, sugere uma vida simples, mas com uma atmosfera cálida de família, algo a que Hercule seguramente aspirava.

Figura 2. Sem título (A família Álvares Machado), aquarela, ca 1826. (CHF 095)

Estão presentes os instrumentos de ciência, de cultura e de arte, os semblantes estão serenos, a unidade familiar é reforçada pelo braço do pai nas costas do filho e o toque suave de Maria Angélica nos ombros da mãe. A pretendida noiva é representada como figura grácil. O colorido em tons pastéis reforça a calidez do ambiente.

No dia 4 de janeiro de 1830, Hercule e Maria Angélica se casaram em São Paulo e em seguida se estabeleceram em São Carlos de Campinas (o último nome ao fim prevalecerá), junto a Francisco e Cândida Álvares Machado. Logo desataram a botar filhos no mundo. Tiveram um total de treze até a morte de Angélica em 1850, dos quais cinco não sobreviveram até a idade adulta. Difícil saber o que, com o tempo, criou animosidades entre Hercule e d. Cândida, a ponto de esta não incluir o genro em seu testamento. Sugeri atrás a possibilidade de que o envolvimento de Florence com Feijó numa aventura revolucionária condenada por Francisco tenha sido um fator. Mas também é muito possível que tenha tido o seu peso o fato de Hercule dedicar tanto tempo a tarefas "inúteis", como as suas invenções e sua atividade pictórica, tornando-o relativamente dependente do sogro. Essa situação é revelada numa carta de 1839 ao irmão em que Hercule diz não poder se mudar de volta a Mônaco, pois seu sogro, muito apegado à filha, não pagaria por tal empreendimento, a não ser que o casal lhe deixasse com dois dos netos, o que ele não se dispõe a fazer.[50]

Paralelamente às suas atividades "inúteis", Florence se esforçava para ganhar dinheiro: trabalhava na botica do sogro, numa loja de tecidos, representava firmas farmacêuticas na região, tratava de usar comercialmente sua tipografia, além de, é claro, tentar vender seus quadros e suas invenções. Queixava-se, aliás, com frequência de como suas responsabilidades com a família, de que em nenhum momento descurou, impediam que ele tivesse o tempo necessário para desenvolver a bom termo suas pesquisas.

Em carta de 1862 a Charles Taunay, dizia: "É uma luta que enfrento há 32 anos por ter uma família numerosa que é meu dever sagrado não abandonar e que me retém num canto ignorado do mundo, onde não há nem artes, nem manufaturas, nem indústria, nem sábios, nem artistas que possam me ajudar".[51]

O tom de queixa é uma constante em seus escritos. Como também o é a marca do sofrimento que a vida lhe impinge. As muitas perdas de filhos são registradas, revelando a sua imensa dor. Em seu diário, Hercule em determinado momento lista os

---

50 Florence, L., 2017, p. 361.

51 Correspondances, p.7. No original: "*C'est une lutte que je supporte depuis 32 ans parce que j'ai une famille nombreuse qu'il est de mon devoir sacré de ne pas abandonner et qui me retient dans un coin ignoré du monde, où il n'y a ni arts, ni fabriques, ni industrie, ni savants, ni artistes qui puissent m'aider*".

treze tidos com a primeira mulher, com precisão de data e hora de nascimento e, quando era o caso, data, hora e condições de morte:

> Minha filha Adelaide nasceu a 19 de março de 1834, às duas e meia da tarde, e Deus a chamou para si no nono dia de uma dolorosa existência. Meu filho François nasceu a 27 de março de 1835, e Deus o chamou para si a 25 de maio de 1836, por um ataque que o tirou de nós às 12 horas, estando cheio de saúde, antes desta terrível doença. Ele nos deixou em meio à dor mais profunda; tal golpe foi para mim um tranco forte que me separou mais de uma vida da qual sempre meditei a efemeridade, e cujo fim é o melhor instante.[52]

Quando Angélica morreu, em 1850, deixando Hercule responsável único pela prole, sem apoio da sogra e com o sogro já falecido, ele durou quatro anos no estado de viúvo. Em 4 de janeiro de 1854, mesma data, 34 anos depois, casou-se com Carolina Kruger, 24 anos mais nova, com quem teve mais sete filhos. Da nova mulher, escreveu para a mãe ressaltando as qualidades, inclusive a de que falava perfeitamente francês, por ter estudado em Genebra. A produção pictórica parece indicar um olhar extremamente afetuoso e uma nova felicidade doméstica. Carolina na rede contrasta com os escritos que se queixam de seu isolamento

52 Diário I, p. 170. No original: "*Ma fille Adélaïde est née le 19 Mars 1834, à 2 heures et demie de l'après midi, et Dieu l'a appelée à lui, le neuvième jour d'une existence douloureuse. Mon fils François, est né le 27 Mars, 1835, et Dieu l'a appelé à lui, le 25 Mai 1836, par une attaque qui nous l'a ravi au 12 heures, étant plein de santé, avant cette terrible maladie. Il nous laissa au milieu de la douleur la plus profonde; un tel coup a été pour moi une forte secousse qui m'a détaché davantage d'une vie dont j'ai toujours médité l'éphémérité, et dont le terme en est le meilleur instant*".

num país inculto, representando uma harmonia entre Europa e América.

Figura 3. Lina metamorfoseada em brasileira, 1854 (CHF 097).

Carolina amamentando na fazenda, com um sorriso suave nos lábios, sua face e o bebê recebendo o foco principal da luz, outra criança tocando a mãe carinhosamente, num ambiente composto por elementos das experiências de Florence e a janela ao fundo aberta para o verde da natureza, que contrasta com os tons terrosos e cálidos do interior – tudo se afasta do azedume de vários textos de Hercule, revoltado contra seu exílio.

Figura 4. Sem título (Carolina amamentando no ateliê de Florence), s.d. (CHF 098).

As representações de Carolina se distanciam muito das de Angélica, em que, se há respeito, falta esse elemento de afeto que transpira no da segunda esposa. Como a opção de se casar com a filha de Álvares Machado parece ter estado muito mais associada à atração que este exerceu sobre o espírito de Hercule, como a um pai que praticamente não teve, o casamento com Carolina parece ter se devido muito mais aos méritos próprios dela, independente de poder ter incluído também eventuais considerações de ordem prática.

Figura 5. Sem título (Maria Angélica), s.d. (CHF 096)

A família poderia ser um obstáculo para Florence atingir a glória como artista-inventor, mas era um preço que ele pagava com a convicção do quanto ela lhe era importante. Junto com os sentimentos, havia sempre também o espírito prático. Carolina era de uma família de situação econômica mais forte e todos os sinais são de que um período menos angustiado com a sobrevivência cotidiana teve início ali. Com a morte quase sequencial de Álvares Machado (1846), Angélica (1850) e Cândida (1851),

Hercule se tornara responsável pelos bens da família, ainda que com a limitação de que as principais propriedades estivessem em nome dos filhos. O casamento com Carolina em 1854, num momento em que os filhos mais velhos já se tornavam adultos, ajudou a consolidar a estabilidade da família, que logo voltaria a se expandir. Não à toa, no ano seguinte, Hercule se permitiu uma viagem à Europa, em que, em paralelo aos objetivos comerciais – romper a barreira do mercado europeu para as suas invenções –, foi fazer sua última despedida da família europeia e receber as bênçãos para a nova família americana.

Natureza e civilização

Outro elemento que atravessa as questões de realidade e idealização é a paixão de Florence pela natureza. Aqui não é o caso de entrar na discussão dos limites entre natureza e cultura (ou, no termo que lhe é caro, civilização), mas partir das percepções de nosso personagem sobre a questão. Se, por um lado, seu impulso desde muito cedo de partir para muito longe, deixar para trás uma Europa saturada de história e civilização e buscar novas terras, novos povos, novos costumes tinha a ver com a fascinação do civilizado pelo selvagem – por uma busca voluntária por se tornar um "novo Robinson" –; por outro, suas queixas de maturidade iam no exato oposto: o exílio do artista-inventor civilizado numa terra de "selvagens". E quando recordava saudosamente de sua "terra natal", seu pedaço de Mediterrâneo, o que lhe falava ao coração eram sempre as paisagens – o céu, a luz, o mar, os cheiros.

Precisamos qualificar o que significavam tais polos de natureza e civilização para Florence. Não era uma ideia de excesso da segunda que ele condenava na Europa. O problema era o oposto, de falta: ficara incompleto o projeto da reforma moral da sociedade, o sonho de igualdade entre os homens, em uma palavra, a utopia, aquilo que os *philosophes* do Iluminismo haviam colocado no horizonte e que em determinado momento pareceu se apresentar como possível, com a grande liderança de Napoleão. Mas que depois sofreu o refluxo da Restauração. Por outro lado, a natureza não era apenas um ideal de pureza; ela podia ser bela, mas também bruta, violenta, ameaçadora, como a de sua nova pátria, que dolorosamente se lhe apresentara a ele na expedição. Como a civilização é humana, a natureza, assim a via Florence, é criação divina e, enquanto tal, é para ser respeitada, admirada, temida e... conquistada. Bem entendida, é fonte de conhecimento, ainda que por meio do sofrimento:

> Tudo o que está na natureza é bom. As doenças, essa fonte de tantos males, ocasionaram uma classe de homens independentes e essencialmente dados ao estudo da filosofia: livres pelo seu talento de toda sujeição em face dos déspotas, eles ousaram pregar a verdade, ao tempo em que aliviavam a humanidade de seus males físicos. As doenças desaparecerão ou serão atenuadas pelo progresso da medicina, e os tiranos terão sofrido golpes mortais.[53]

A natureza é para ser perscrutada pelo olhar inquiridor do cientista. Apesar de Hercule se ter como um dublê de artista e cientista, é sempre a segunda persona que prevalece. Não à toa, o que trouxe de volta de sua grande viagem pelo interior do Brasil

53 Diário I, p. 155. No original: "*Tout ce qui est dans la nature est bien. Les maladies, cette source de tant de maux, ont occasionné une classe d'hommes indépendants, et essentiellement donnés à l'étude de la philosophie: libres par leur talent, de toute sujétion envers les despotes, ils ont osé, tout en soulageant l'humanité de ses maux physiques, prêcher la vérité. Les maladies disparaîtront ou seront atténuées par les progrès de la médecine, et les tyrans auront souffert des atteintes mortelles*".

como resultado de sua observação da natureza foi o livro sobre a zoofonia – um estudo sobre como registrar as vozes dos pássaros, que tanto lhe chamaram a atenção em suas longas e penosas viagens fluviais.

Na abertura do segundo volume de seu diário, Florence coloca o apóstrofo: "Natureza, revela-me os teus segredos!".[54] Em seguida, ao discutir sobre o tempo de trabalho que é preciso para que a humanidade satisfaça suas necessidades, chega à conclusão de que uma hora ou duas de cada pessoa seriam suficientes. E então exclama: "Quanto tempo retirado ao culto [religioso], à fruição da natureza, às ciências e às artes!".[55] Uma vez dominada, a natureza é fonte de fruição, a par com as grandes criações do espírito.

No período em que ficou vivendo na fazenda Soledade com Carolina, Hercule apreciava a vida do campo – importante dizer, enquanto proprietário –, e assim descreveu sua situação em carta de setembro de 1869 a Castro Alves: "Moro a metade do tempo na roça, e quisera morar sempre, porque aprecio os matos virgens, o ar livre, o nascer e o pôr do sol".[56] Mas o amor aos "matos virgens" não impedia que estes também fossem vistos como território a ser conquistado para a civilização.

Parece-me inclusive que uma das atrações que Florence entreviu na possibilidade de ir morar no interior do país foi o fato de se tratar de uma fronteira entre os "desertos" do Mato Grosso e a quase civilização de São Paulo e do Rio de Janeiro. Numa terra virgem dos valores superiores do espírito, mas também dos males

---

54 Diário II, p. de abertura. No original: "*Nature, révèle-moi tes secrets!*".

55 Ibid., p. 130. No original: "*Que de temps ravi au culte, à la jouissance de la nature, aux sciences et aux arts!*".

56 Bourroul, 1900, p. 107.

da cobiça e da arrogância, em que as coisas ainda estavam por ser feitas, construir uma nova civilização, sem os vícios e problemas da velha Europa, pode ter parecido uma possibilidade atraente para Florence: "Ainda teus sertões, virgens de bens e males europeus, aguardados ficam para vindoura Idade d'Ouro!".[57]

A figura de Álvares Machado, que tanto encantou Hercule quando chegou pela primeira vez a Porto Feliz, seria uma prova de que uma elite esclarecida era possível naqueles sertões:

> Já desde aquele dia, ele me tratou como se fosse da família: os livros franceses, os instrumentos de física, a calma perfeita que se desfruta numa cidade pequena, e mais do que tudo isso, a sua sociedade, sua conversação variada, viva, provocante, envolvendo tudo; sua casa e seu jardim, sobranceiro a uma colina rápida, na base da qual corre o Tietê; a visão de uma vasta planície, onde o rio serpenteia e foge para o deserto; uma sociedade numerosa de bons habitantes desta cidade, todos brasileiros e liberais, todos os dias, à mesa, a qualquer hora; tudo isto fez da minha estadia em Porto Feliz um momento de felicidade de que raramente gozei. Sinto falta desse tempo, sinto falta de Francisco Álvares me recitando Camões, Francisco Manuel, Bocage [...]. Francisco Álvares me fez amar a poesia portuguesa, ou melhor dizendo, a poesia, pois só depois de conhecê-lo é que tomei gosto por ler o Dante, Petrarca e o Tasso.[58]

57 Diário II, p. 165.

58 Lada, p. 209-210. No original: "*Dès ce jour même, il me traita comme si j'étais da sa famille: des livres français, des instruments de physique, le calme parfait dont on jouit dans une petite ville, et plus que tout cela, sa société, sa conversation variée, vive, piquante, embrassant tout; sa maison et son jardin, donnant sur un côteau rapide, au bas duquel coule le Tiété; la vue d'une vaste plaine, où le fleuve serpente, et fuit vers le désert; une nom-*

A descrição do primeiro encontro sintetiza todos os elementos que pareceram se combinar no espírito de Florence: a terra inculta e bela, em que ainda há "desertos", a pequena sociedade de homens bons e liberais e uma liderança sensível, portadora dos valores mais altos da civilização, que poderia a partir dali ser construída tão longe da sua Europa natal. Naquele momento (1826, prestes a partir na expedição que durou três anos), para o jovem monegasco de 22 anos, a futura esposa, Maria Angélica, se resume a uma graciosa criança de 11 anos. Não parece ser muito forçado supor que na decisão de se fixar em Campinas como parte da família Álvares Machado, ao lado de considerações de ordem prática, havia uma expectativa de que algo novo e grandioso poderia surgir daqueles sertões.

Em vários momentos de seus diários, Hercule fala desse sonho: "Vivemos aqui à beira ou orla de um imenso deserto; o mais fértil, o mais belo, por seu clima, seus rios; que são os primeiros do mundo, etc. Podemos aqui fundar uma sociedade nova".[59] No mesmo conjunto de escritos, provavelmente datado de 1839, quando está sob o impacto do anúncio de que Daguerre inventou a fotografia, Hercule fazia o balanço dos prós e contras de seu

breuse société des bons habitants de cette ville, toute Brésilienne et Libérale, tous les jours, à table, à toute heure; tout cela a fait de mon séjour à Porto Féliz, un temps de bonheur dont j'ai rarement joui.. Je regrette ce temps, je regrette Francisco Alvarez me récitant Camões, Francisco Manoel, Bocage [...]. Francisco Alvarez me fit aimer la poésie portugaise, ou pour mieux dire, la poésie, car ce ne fut qu'après l'avoir connu que je pris goût à lire le Dante, Pétrarque et le Tasse".

59 Diário II, p. 126. No original: "*Nous habitons ici le bord ou la lisière d'un immense désert; le plus fertile, le plus beau, par son climat, ses rivières; qui sont les premières du monde, etc. Nous pouvons y fonder une société nouvelle*".

voluntário "exílio", comparando a situação nos chamados Velho e Novo Mundos:

> Mudar completamente as leis, os costumes, os usos e hábitos de um povo é obra que só se pode esperar ao longo de séculos, e se ocorrem épocas em que a marcha se acelera, são sempre sangrentas; mas fundar um povo e lhe dar novas leis é mais fácil.[60]

Minha hipótese é que isso já estava nos cálculos de Florence, quando em 1830 se casou com Angélica e se fixaram em Campinas. Logo ele teria ocasião de conhecer melhor aqueles "brasileiros liberais", que afinal eram a elite escravista e patriarcal da região, e que estavam promovendo a expansão da cultura cafeeira, em substituição à cana-de-açúcar. Mesmo Álvares Machado era firme defensor da escravidão.

Já em seus primeiros anos no novo lar, Hercule se esforçou por usar suas habilidades de desenhista e pintor como forma de garantir seu sustento. Começou a produzir retratos e paisagens que registravam as transformações do campo no oeste paulista, tendo entre os seus potenciais clientes o Senador Vergueiro, de cuja fazenda Ibicaba é a aquarela abaixo.

60 Ibid., p. 132. No original: "*Changer de fond en comble les lois, les mœurs, les usages et les habitudes d'un peuple, c'est une œuvre que l'on ne peut attendre que des siècles, et s'il vient des époques qui précipitent la marche, elles sont toujours sanglantes; mais fonder un peuple et lui donner des lois nouvelles, c'est plus facile*".

Figura 6. Vue du Sitio appellé Ibicáva, 1830 (CHF 032).

Uma boa leitura do caráter documental dessa e de outras imagens de Florence sobre a paisagem daquela fronteira agrícola é feita por Rafael Marquese.[61] Para os efeitos deste estudo, é suficiente notar a tematização da conquista da natureza e do método de queimada empregado. A aquarela não suscita um olhar crítico ao método, e nem poderia, se a intenção era de interessar ao proprietário. A julgar por um texto referente à expedição Langsdorff, tampouco Florence teria posição forte contra tal procedimento:

> Quando a gente por desenfado atira fogo aos campos que cercam os acampamentos, o espetáculo à tarde se transforma, mas nem por isso é menos notável. As labaredas se alargam, formam linhas de compridas chamas que sobre todos os objetos deitam claridade resplandecente, por tal modo intensa que se pode enxergar um alfinete caído ao chão.[62]

61 Marquese, 2017, p. 293-302.

62 Bourroul, 1900, p. 106.

Florence, àquelas alturas, já conhecia o hábito nacional de preparar o terreno para o cultivo por meio do fogo, e na passagem acima não demonstra repudiar tal procedimento, ainda quando num gesto gratuito de "desenfado". Nos momentos iniciais no oeste paulista, ele ainda estava apostando na ação civilizadora daqueles pioneiros e no seu diário assim descreve a paisagem que registrou da fazenda Ibicaba:

> O aspecto desta paisagem deve ser muito novo na Europa: é desconhecido. A agricultura recentemente estendeu seu império até aqui: a terra ainda está eriçada de troncos de árvores queimados e coberta com aqueles que o machado derrubou: ao fundo, ainda podemos ver as bordas de uma densa floresta, cheia de amoreiras e cobras venenosas: é porque o homem civilizado ainda não se mostrou ali: esta paisagem representa o estado primitivo da agricultura e poderia servir à sua história.[63]

Florence se sentia diante da oportunidade de ser parte da fundação de algo novo, com a experiência de quem viera de uma civilização em que aqueles processos, para o bem e para o mal, já eram história. É verdade que pouco adiante em sua vida adotará postura mais crítica. Já por volta de 1850, em documento mencionado por Marquese, em que Hercule reuniu as imagens produzidas nas duas décadas anteriores sobre a paisagem paulis-

---

63 Diário I, p. 37. No original: "*L'aspect de ce paysage doit être bien nouveau en Europe: il est inconnu. L'agriculture a nouvellement étendu son empire jusqu'ici: le terrain est encore hérissé de troncs d'arbres brûlés, et couvert de ceux que la hache a fait tomber: sur le dernier plan, on aperçoit encore les bords d'une forêt épaisse, remplie de ronces et de serpents venimeux: c'est parce que l'homme civilisé ne s'y est pas encore montré: ce paysage représente l'état primitif de l'agriculture et pourrait servir à son histoire*".

ta, acompanhadas de comentários, com o fito de publicação, ele manifestava sua preocupação ambiental: "O machado dos desbravadores passou pelo terreno onde estávamos; o fogo devorou o restante: sem eles, não desfrutaríamos desse panorama; mas eles nos preparam a esterilidade desses ricos territórios".[64] E passados mais quinze anos, em carta ao irmão, seu tom era ainda mais condenador:

> As magníficas terras [da província] do Rio se tornaram estéreis, pois no Brasil não se deseja outra coisa que tirar proveito das terras luxuriantes antediluvianas, queimando-as sem complexo, e não as trabalhando jamais. [...] Campinas poderá se sustentar por mais quinze anos, mas perecerá se não se adaptar a métodos melhores.[65]

Seguramente contribuiu para a mudança de olhar a constatação de que aquela elite liberal não era tão ilustrada quanto lhe pareceu de início. A produção pictórica de Florence sendo dotada de um olhar mais técnico e documental parecia ser um bom caminho para interessar os fazendeiros, mas, se havia uma ideia de lhes vender desenhos e pinturas, não vingou: "Eu me dedicava à pintura no meio de um povo que não a conhece. Com isso, eu

64 Marquese, 2017, p. 302. No original: "*La hache des défricheurs était passée sur le terrain où nous étions; le feu avait dévoré le reste: sans eux nous ne jouirions pas de ce panorama; mais ils nous préparent à la stérilité de ces riches territoires*".

65 Ibid., p. 318. No original: "*Les magnifiques terres de Rio sont devenues stérile, puisqu'au Brésil on ne désire rien d'autre que de profiter des terres luxuriantes antédiluviennes, les brûlant sans complexe, et ne les labourant jamais. [...] Campinas pourra subvenir à ses besoins pendant encore quinze ans, mais périra si elle ne s'adapte pas à de meilleures méthodes*".

teria sido levado a morrer de fome junto com a minha família".[66] Aqui chegamos ao cerne do conflito vivido ao longo de seus quase 50 anos na São Carlos/Campinas oitocentista. Enquanto artista e inventor, as duas personas, que lhe cabiam, Florence parece ter acreditado que teria um destino de grandeza e seguramente ambicionou a glória. Ao longo da década de 1830, suas desilusões seguidas quanto a ambos os caminhos o levaram a um discurso de resignação religiosa, apesar de nunca ter desistido de lutar pelo reconhecimento de ser gênio.

O espírito e o dinheiro

Nas duas décadas em que viveu como parte da família Álvares Machado, tudo indica que Hercule esteve sob as asas do sogro e amigo. Este provavelmente apoiava e estimulava as ambições artísticas e científicas do culto genro europeu, ainda que não se transformassem em renda. Também oferecia as condições para que ele tivesse um trabalho produtivo. Além de trabalhar na botica, Hercule tentou explorar a experiência de negócios que teve no Rio de Janeiro com venda de tecidos e com serviços gráficos, para o que não tinha capital próprio para começar.

A atividade gráfica, se teve um lado produtivo, esteve, por outro, profundamente ligada aos seus interesses de investigação científica. Mesmo as experiências com a fotografia estiveram ligadas à ideia de reproduzir imagens de maneira barata, rápida e em série – algo que, no ideário de justiça social que defendia, permitiria que a arte fosse difundida para todos. Enquanto o genro sonhava, o sogro se dedicava crescentemente à política e a sogra investia em terras para plantar café e garantir o futuro dos netos, o

66 Diário II, p. 14. No original: "*Je m'occupais de la peinture, au milieu d'un peuple que ne la connaît pas. J'en serais venu à mourir de faim avec ma famille*".

que, ao final, demostrou ser o caminho mais efetivo para garantir a segurança econômica da família.

Essas diferenças podem ter estado na origem das tensões familiares, e Hercule devia se sentir constantemente cobrado no seu dever de pai provedor:

> Quando, às vezes, cedendo à torrente que me leva, abandono a minha alma às ondas do futuro, o acaso conduz diante dos meus olhos um filho que amo, filho fraco e terno, que rasteja pelo chão, vestido de trapos, ... então, volto a mim, e me digo: veja esta criatura que reivindica um destino melhor! E todos os meus orgulhosos sonhos de glória e meus talentos não valem mais nada para mim, meu pobre filho vale mais do que tudo! Largo o pincel, ou o cinzel ou a caneta, e me resigno ao martelo e ao ferro do chapeleiro ou ao padrão do comerciante. E é no meio dessas angústias que eu ainda tenho o orgulho e o egoísmo de me dedicar às descobertas![67]

Há nesse texto imagens fortes que nos fazem pensar num exagero retórico, como a do filho vestido em trapos. Não consta que em nenhum momento a família tenha passado por dificuldades dessa monta, ainda que vivessem de maneira relativamente

67 Ibid., p. 121. No original: "*Lorsque, cédant parfois au torrent qui m'entraîne, j'abandonne mon âme à des flots d'avenir, le hazard sous mes yeux conduit un fils que j'aime, faible et tendre enfant, qui se traîne par terre, habillé de haillons, ... alors, je reviens à moi, et je me dis: vois cette créature qui te réclame un meilleur sort! Et tous mes orgueilleux rêves de gloire, et mes talents, ne valent plus rien pour moi, mon pauvre enfant vaut plus que tout! Je quitte le pinceau, ou le burin ou la plume, et je reprends résigné, le marteau et le fer du chapelier, ou l'aune du marchand. Et c'est au milieu de ces angoisses que j'ai encore l'orgueil et l'égoïsme de m'occuper de découvertes!*".

modesta. Para quem escrevia Florence seu diário? Há, sem dúvida, uma conversa interna, mas há também uma conversa com o futuro. A produção intensa e obsessiva desses diários, em que se mistura o registro das atividades de pesquisa a reflexões de caráter sociológico, filosófico, religioso e das angústias e aspirações de nosso personagem, as correções, reescrituras, interrupções, mudanças abruptas de assunto, o estilo que varia do documental e prosaico para o elevado e poético, tudo parece indicar a produção de um documento que, ao mesmo tempo em que lida com a frustração de uma glória negada, joga para as gerações futuras uma garrafa com a mensagem de um grande homem.

O tema da glória aparece com frequência, em geral para condenar a ambição de persegui-la, como no texto acima, mas também como um desejo válido e louvável:

> Espanta-me que, só estando na terra por um instante, quase todos os homens se apeguem aos bens daqui de baixo. É preciso mesmo ter o espírito bem pequeno para sonhar com a nossa pequena fortuna, com os nossos pequenos interesses, enquanto poderíamos sonhar com a glória, que nos dá a imortalidade.[68]

Os dois textos acima, com suas posturas opostas em relação à validez moral de se aspirar à glória, apesar de não datados, podem ser localizados, por suas posições no diário, antes (o do sentimento positivo em relação à glória) e depois (o negativo) de um acon-

68 Ibid., p. 53. No original: "*Je m'étonne de ce que n'étant sur la terre que pour un instant, presque tous les hommes soient attachés aux biens d'ici bas. Il faut vraiment avoir l'esprit bien petit, pour songer à notre petite fortune, à nos petits intérêts, tandis que nous pourrions songer à la gloire, qui nous donne l'immortalité*".

tecimento de impacto devastador na vida de Florence: o anúncio da descoberta da fotografia por Daguerre em 1839. A partir de então, é possível acompanhar nos seus escritos um turbilhão de emoções, que variam da revolta contra a falta de reconhecimento a que seu "exílio" o condenava a uma resignação aos desígnios divinos, que lhe reservaram uma vida de sofrimento e de esforço por refrear o amor próprio ferido e prosseguir desinteressadamente buscando o bem da coletividade. Se uma coisa parece bastante clara é que ele não duvidava de sua excepcionalidade:

> Inventar, lançar os fundamentos de uma descoberta, é ver o que o vulgo não saberia ver, o futuro. Conhecer o futuro é dado ao homem, mas apenas àquele de gênio. A prudência pode conjecturar, mas o homem de gênio vê claramente. O homem está em toda a plenitude da sua natureza de origem divina quando ele inventa, quando ele cria. Inventar é aperfeiçoar. A verdadeira condição humana é a perfectibilidade moral e material.[69]

Florence retorna com frequência em seus escritos à ideia de gênio, do grande homem, do artista e inventor que contribui para a perfectibilidade humana. Seu impulso de inventor está sempre ligado a questões práticas, como quando comenta sobre as dificuldades de viajar no Brasil: "As viagens no Brasil são penosas e fatigantes [...]. Inventemos portanto um gênero de veículo que

69 Ibid., p. 70. No original: "*Inventer, jeter les fondements d'une découverte, c'est voir ce que le vulgaire ne saurait voir, l'avenir. Il est donné à l'homme de connaître l'avenir, mais à l'homme de génie seulement. La prudence peut le conjecturer, mais l'homme de génie le voit clairement. L'homme est dans toute la plénitude de sa nature d'origine divine, lorsqu'il invente, lorsqu'il crée. Inventer, c'est améliorer. La vraie condition de l'homme c'est la perfectibilité morale et matérielle*".

sirva em tais estradas".[70] Mas o resultado dessa atividade é, ou deve ser, sempre voltado para algo superior: o bem comum. Em certo ponto ele menciona a existência daqueles que se afastam dos fins virtuosos: "Existem artistas dotados de muito talento que dele se servem para agradar os tiranos; vocês podem ter talento, ó artistas que assim tiram proveito disso, mas faltará então aquilo que vivifica, a verdade, a sabedoria, a moral, as luzes da filosofia".[71]

O problema é que a sociedade nem sempre reconhece o valor do gênio – "Aquele que inventa uma arte [...] se expõe por toda a vida talvez para nunca colher frutos".[72] A indústria, que pode ser parceira das ciências e das artes, se move pelo imediatismo dos resultados e não apoia o gênio e os talentos quando eles não estão produzindo: "Se as sociedades dão grandes passos com a indústria e a civilização, dariam gigantescos com as ciências, as artes, com a vida contemplativa e entusiasta do que é belo, e que bem vale nossas riquezas e nossas prisões".[73]

Após o "choque Daguerre", tornado mais consciente do conflito entre suas aspirações de glória e grandeza e as demandas cotidianas de produzir o sustento de sua numerosa família, Florence tratou de curar suas feridas da alma de forma crescente com a re-

---

70 Ibid., p. 6. No original: "*Les voyages au Brésil sont pénibles et fatigants [...]. Inventons par conséquent, un genre de voiture qui serve dans de telles routes*".

71 Florence, 1835, p. 54. No original: "*On a vu des artistes doués de beaucoup de talent, s'en servir à flatter les tyrans; vous pouvez avoir du talent, o artistes qui vous en servez de cette manière, mais il y manquera ce qui le vivifie, la vérité, la sagesse, la morale, les lumières de la philosophie*".

72 Diário II, p. 136. No original: "*Celui qui invente un art [...] s'expose pour toute la vie peut être, à ne jamais cueillir aucun fruit*".

73 Ibid., p. 22. No original: "*Si les sociétés font de grands pas vers l'industrie et la civilisation, ils en feraient de gigantesques vers les sciences, les arts, vers la vie contemplative et enthousiaste de ce qui est beau, et qui vaut bien nos richesses et nos prisons*".

ligião, que lhe demandava a humildade, que lhe impunha a prova dos sofrimentos e que lhe prometia o reconhecimento no outro mundo. A César o que é de César; a Deus o que é de Deus. A busca do aperfeiçoamento da sociedade tem, como vimos, uma dimensão do divino – pois a perfeição é o dom de Deus. Mas nessa sociedade imperfeita há que cuidar das demandas materiais e garantir o sustento da família, antes de se dedicar às tarefas do espírito:

> Eu não direi a um desinteressado que abandone sua família, seus amigos, que se esqueça de si mesmo, para se dedicar à busca do bem público; mas eu lhe direi que satisfaça primeiramente seus deveres em face da família e dos seus amigos, e que então empregue o maior tempo possível ao bem público.[74]

Florence condena repetidamente a ambição de fortuna material e a coloca na base dos problemas que afligem a sociedade: "A única origem das dores sociais é a desigualdade das fortunas";[75] ou, mais adiante: "Se o luxo for banido, tudo será suficiente para todos".[76] Ele adverte: "Não é que eu faça profissão de pobreza; [...] amo as comodidades da vida, porque amo a civilização";[77] mas também: "Amo para mim uma moradia simples, cômoda e decen-

74 Ibid., p. 70. No original: "*[J]e ne dirai pas à un désintéressé d'abandonner sa famille, ses amis, de s'oublier lui-même pour se livrer à la recherche du bien public; mais je lui dirai de satisfaire premièrement à ses devoirs envers sa famille, et ses amis, et d'employer le plus de temps possible au bien public*".

75 Ibid., p. 118. No original: "*La seule origine des douleurs sociales, c'est l'inégalité des fortunes*".

76 Ibid., p. 126. No original: "*Bannissez le luxe et tout suffira pour tout le monde*".

77 Ibid., p. 54. No original: "*Ce n'est pas que je fasse profession de pauvreté; [...] j'aime les commodités de la vie, car j'aime la civilisation*".

te: quanto à majestade dos edifícios, eu desejaria que fosse sempre para o culto ou para o público".[78] Adverte igualmente não acreditar que o caminho para tanto seja a abolição da propriedade privada: "Respeitemos sempre o direito de propriedade, preguemos o desinteresse em favor dos homens, esse será o meio de chegar à igualdade das fortunas".[79]

Toda essa doutrina social tem por fundamento a religião, "a ciência das ciências",[80] e com base nisso Florence afirma existirem quatro gêneros de ocupações dignas: "o culto e as virtudes religiosas, os trabalhos essenciais, as ciências e as artes".[81] Numa espécie de súmula das obrigações terrestres e divinas, em certa longa passagem que se encontra sob o título de "Pensamentos cristãos" ("Pensées chrétiennes"), diz nosso autor: "O grande homem só se faz por meio de um amor ao próximo, tendo paixão. Só deve reinar sobre a terra uma doutrina social: o desinteresse ou a abnegação de si mesmo pelo bem do outro. Só deve reinar uma religião, a do Cristo".[82]

78 Florence, 1835, p. 154. No original: "*J'aime pour moi une demeure simple, commode et décente: quant à la majesté des édifices, je voudrais qu'elle fût toujours pour le culte, ou pour le public*".

79 Ibid. No original: "*Respectons sans cesse le droit de propriété, prêchons le désintéressement en faveur des hommes, ce sera le moyen d'arriver à l'égalité des fortunes*".

80 Diário II, p. 142. No original: "*Il est impossible que la Religion, la Science des sciences, ait été inventée par l'homme, elle, qui dès le berceau du monde, a été marquée par la perfection. Or, dans toutes nos découvertes, nous n'avons pas encore aujourd'hui même, atteint la perfection*".

81 Ibid., p. 141. No original: "*Il n'y a que quatre genres d'occupation qui soient dignes de l'homme: le culte et les vertus religieuses; les travaux essentiels, les sciences, et les arts*".

82 Ibid., p. 70. No original: "*Le grand homme ne se fait que par un amour du prochain, tenant de la passion. Il ne doit régner sur la terre qu'une doctrine*

Mais especificamente, Florence defende em certa passagem o catolicismo:

> Eu gostaria de estudar as religiões, para poder falar delas conscientemente: de acordo com os parcos conhecimentos que tenho, parece-me que o culto protestante é bem seco, bem estéril para uma alma ardente; enquanto o católico é grandioso em tudo. A confissão ao pé do ouvido é a mais bela prova de humildade que o homem possa dar. Mais do que todos os outros cultos, o catolicismo abunda em preceitos, mistérios, ritos e práticas.[83]

No entanto, o que aparece nas suas elucubrações religiosas está bem distante dos "preceitos, mistérios, ritos e práticas" que diz admirar. Se seus escritos têm o ardor que defende, são por outro lado impregnados de um profundo humanismo derivado das Luzes e distante do catolicismo ultramontano que na Europa procurava resistir à laicização do mundo. Ele, que em segundas núpcias se casaria com uma luterana, já então parecia ter mais afinidade com o racionalismo protestante ou talvez ainda mais com um certo deísmo.

Tampouco se aproximava de um catolicismo "à brasileira", que tinha duas faces: a oficial, que por meio do padroado se protegia da influência ultramontana e promovia uma religião burocrá-

---

sociale; le désintéressement, ou l'abnégation de soi-même pour le bien d'autrui. Il ne doit régner qu'une seule religion, celle du Christ".

83 Ibid., p. 58. No original: "*Je désirerais étudier les religions, afin d'en parler sciemment: d'après les faibles connaissances que j'en ai, il me semble que le culte protestant est bien sec, bien stérile pour une âme ardente; tandis que le catholique est grandiose en tout. La confession auriculaire est la plus belle preuve d'humilité que l'homme puisse donner. Plus que tous les autres cultes, le catholicisme abonde de préceptes, de mystères, de rites et de pratiques*".

tica, necessária para dar respaldo moral às elites econômicas e seu materialismo, percebido e criticado por Florence; e o catolicismo popular, este sim valorizador dos ritos, das festas, dos mistérios e de relações muito concretas com o sagrado, como a busca pela proteção dos santos. É notável, aliás, a total ausência de referências de Hercule aos santos e a Maria, signos fortes de distinção entre o católico e o protestante,[84] ou mesmo menções a práticas religiosas, como a ida à missa ou o hábito de orar.

Por outro lado, encontramos momentos de comunicação direta com Deus, prescindindo da intermediação qualquer religião institucional. O que ainda permanece do Cristo é o sofrimento: "Os sofrimentos terrenos são títulos de recompensas celestes, quando são suportados pelo bem dos homens: os que provêm de doenças não são exceção".[85] Mas o sofrimento se restringe ao mundo dos homens, e de novo nisso Florence se distancia do cristianismo, ao negar a existência do inferno:

> Admitir o inferno é admitir a dor, e a dor é incompatível com os pontos de vista do Criador. Se houvesse bilhões de bem-aventurados e apenas um condenado, a ideia de um ser que sofresse infinitamente seria um tormento para os bem-aventurados. O oposto seria uma indiferença monstruosa que não é admissível no céu.[86]

84 Devo esta observação a Chiara Vangelista, feita numa de nossas reuniões de trabalho ao longo desta pesquisa.

85 Diário I, p. 153. No original: "*Les souffrances d'ici bas sont des titres à des récompenses célestes, lorsqu'elles sont endurées pour le bien des hommes: celles qui proviennent des maladies n'en sont pas exceptées*".

86 Diário II, p. 57. No original: "*Admettre l'enfer, c'est admettre la douleur, et la douleur est incompatible avec les vues du Créateur. Dût-il exister des milliards de bienheureux, et un seul condamné, l'idée d'un être souffrant*

A César o que é de César. Hercule soube separar bem os reinos terreno e celeste, e isto era uma operação necessária para conciliar seu idealismo e seu realismo. Era preciso uma justificativa moral para suas decisões de ordem prática que, muitas vezes, entravam em choque com seus valores, como foi o caso de aceitar e se beneficiar da escravidão. "Somos ainda forçados a transigir com a ordem das coisas que vemos, porque ela está relacionada a nós mesmos, tal qual somos hoje, não sendo portanto viciosa".[87] É nesse espaço de "transigir com a ordem das coisas" que entra o homem de sentido prático, que se dedica às coisas do mundo como ele é. Isso explica por exemplo que o mesmo Florence dos longos discursos de crítica às fortunas e ao apego aos bens materiais tenha dedicado tanto tempo a uma de suas invenções pelas quais mais se empenhou: o papel inimitável, destinado a produzir dinheiro, títulos de crédito e outros instrumentos do mercado financeiro.

A invenção de um papel inimitável que pudesse ser utilizado como papel-moeda se deu na sequência das experiências que Hercule vinha fazendo com técnicas de impressão, mais notadamente a fotografia e a poligrafia. O ponto de partida era de uma contribuição nobre para o aperfeiçoamento da sociedade: tornar acessível a todos, por métodos de impressão simples e baratos, as obras de arte, do pensamento e da criação do espírito. Mas na prática deveriam permitir a Florence garantir sua sobrevivência e de sua família – essa era a sua expectativa – com usos bem mais prosaicos, como a impressão de etiquetas, anúncios, convites e

sans fin, serait un tourment pour les bien-heureux. Le contraire, serait une monstrueuse indifférence qui n'est pas admissible dans le ciel".

87 Ibid., p. 70. No original: "*Nous sommes encore obligés de transiger avec l'ordre de choses que nous voyons, car il est en rapport avec nous mêmes, tels que nous sommes aujourd'hui, il n'est donc pas vicieux*".

toda a gama de impressos demandados pela indústria, comércio e residências.

Sem obter sucesso com seus inventos iniciais, Florence partiu para algo que invertia a lógica de justificação. O papel inimitável era pensado para o desenvolvimento de uma economia capitalista, processo lento e ainda extremamente incipiente no Brasil de meados do século XIX, mas que se anunciava como inevitável em face do que vinha ocorrendo nos países industrializados. Também fracassou, o que, seguindo a interessante análise feita por Natalia Brizuela, se deveu a outra inversão: pensado para ser uma peça destituída de valor intrínseco para apenas representar valor, o papel criado por Florence era inimitável justamente por ser uma obra de arte, uma combinação sofisticada, única, aleatória de cores e traços, que antecipava em quase um século a arte abstrata das vanguardas do século XX.[88]

Se o lado prático de Hercule se revelava *gauche*, incapaz de produzir algo por que seus coetâneos se interessassem, seu lado idealista não permitia que abandonasse seus sonhos, e nosso artista-inventor continuou aperfeiçoando suas criações até o fim de sua vida, assim como não perdia uma oportunidade de apresentá-las a quanto interlocutor encontrasse. Sua convicção de que seu destino não era o olvido, essa não fracassou.

Conclusão

Abordamos neste ensaio Hercule Florence enquanto um personagem nascido no bojo da Revolução Francesa, respirando o ar das utopias libertárias e de uma sociedade mais justa, regida pela razão, em que os indivíduos pudessem se dedicar às artes e às ciências, mas que, por decisões que tomou, passou praticamen-

88 Brizuela, 2017, p. 332 *passim*.

te toda a sua vida adulta numa sociedade escravista, tornando-se ele próprio fazendeiro e dono de escravos, sem abrir mão de suas fantasias de grandeza, e legando às gerações futuras um impressionante conjunto de produções literárias, artísticas, científicas e de reflexão sobre si e sobre o mundo em seu redor. Esse conjunto documental, mais do que cada uma de suas partes isoladamente, talvez seja o que de mais precioso nos deixou. Por meio de seus olhos e de sua sensibilidade, é possível ter uma percepção distinta, própria, muitas vezes surpreendente daquele meio social e de suas relações com as áreas centrais do capitalismo, com os efeitos, as demandas, as dúvidas, as angústias e as aspirações que produzia no espírito de um indivíduo que, como ele, transitou por tantos espaços-tempos, apostou, perdeu e ganhou – e a tudo isso registrou e atirou ao mar oceano da história para ganhar uma imortalidade que o seu tempo não poderia lhe garantir.

Figura 7. Às 15 horas. Céu de S.E., 1832 (CHF 258).

A imagem com que encerro este texto traduz algo dessa edênica visão que terá povoado a mente de seu autor. Produzida para uma série de estudos sobre o céu e as nuvens, destinada a ajudar estudantes de pintura, o que ela nos diz, no entanto, está nas outras partes da imagem: o que parece ser um homem e uma mulher (indígenas?) se banham nus no mar, com um navio ancorado ao fundo e o horizonte sugerindo o além-mar. O clima é de paz e harmonia. A utopia realizada? Fiquemos com as palavras de nosso artista-inventor:

> Pois bem, eu serei também um homem isolado numa praia estrangeira às ciências e às artes, só tendo salvo do naufrágio alguns livros, e ainda que ignore o que está ao alcance dos olhos de uma criança na nossa Europa, talvez invente, no meio de muitas disparidades, algo de útil.[89]

Referências

Fontes manuscritas, digitalizadas e *on-line* (para os acrônimos, ver nota "Sobre as fontes manuscritas", no início do livro)

Fontes bibliográficas e documentais

ASSIS, Machado de. *Quincas Borba*. Rio de Janeiro: Gráfica Record Editora, 1968 [1892].

---

89 Diário II, p. 72. No original: "*Eh bien, je serai aussi un homme isolé sur une plage étrangère aux sciences et aux arts, n'ayant sauvé du naufrage que quelques livres; et, quoique ignorant ce qu'un enfant est à portée de voir dans notre Europe, inventant peut être, au milieu de beaucoup de disparités, quelque chose d'utile*".

BARDI, Pietro Maria. Extrait de l'article 'Ordem brasileira ou palmiana de Hércules Florence', paru dans Arte Vogue Brasil, 1977. In: *Hercule Florence*: Le Nouveau Robinson: catálogo de exposição, sob a direção científica de Linda Fregni Nagler. Monaco: NMNM/Humboldt Books, 2017. p. 347.

BOURROUL, Estevam Leão. *Hercules Florence*: ensaio historico-literário. São Paulo: Tipografia Andrade, Melo & Cia., 1900.

BRIZUELA, Natalia. De la valeur. In: *Hercule Florence*: Le Nouveau Robinson: catálogo de exposição, sob a direção científica de Linda Fregni Nagler. Monaco: NMNM/Humboldt Books, 2017. p. 326-343.

FLORENCE, Hercule. [Manuscrit] Essai d'un 6.me ordre d'architecture: ordre brésilien ou palmien [1852-1878]. In: *Hercule Florence*: Le Nouveau Robinson: catálogo de exposição, sob a direção científica de Linda Fregni Nagler. Monaco: NMNM/Humboldt Books, 2017. p. 348-355.

FLORENCE, Hercule. Esboço da viagem pelo senhor Langsdorff no interior do Brasil desde setembro de 1825 até março de 1829. Trad. Alfredo D'Escragnolle Taunay. *Revista Trimensal do Instituto Histórico, Geographico e Ethnographico Brasileiro*, t. 38, n. 49, 1875, p. 355-469; t. 38, n. 50, 1875, p. 231-301 e t. 39, n. 52, 1876, p. 157-182.

FLORENCE, Leila. Chronologie: Hercule Florence (1804-1879). In: *Hercule Florence*: Le Nouveau Robinson: catálogo de exposição, sob a direção científica de Linda Fregni Nagler. Monaco: NMNM/Humboldt Books, 2017. p. 358-365.

KOSSOY, Boris. *Hercule Florence*: a descoberta isolada da fotografia no Brasil. 3. ed. revista e ampliada. São Paulo: Edusp, 2006 [1977].

MARQUESE, Rafael de Bivar. Exílio escravista: Hercule Florence e as fronteiras do açúcar e do café no Oeste paulista (1830-1879), *Anais do Museu Paulista*, São Paulo, vol. 24, n. 2, maio-ago 2016, p. 13-53. Disponível em: <http://dx.doi.org/10.1590/1982-02672016v24n0201>. Acesso em: 03 fev. 2023.

MARQUESE, Rafael de Bivar. Hercule Florence et les paysages du sucre et du café dans l'Ouest pauliste: 1830-1879. In: *Hercule Florence*: Le Nouveau Robinson: catálogo de exposição, sob a direção científica de Linda Fregni Nagler. Monaco: NMNM/ Humboldt Books, 2017. p. 288-325. Trata-se de versão reduzida em francês de Marquese, 2016. Usei o texto francês para poder citar os originais de Hercule Florence.

MONTEIRO, Salvador e KAZ Leonel. Expedição Langsdorff ao Brasil / 1821-1829, Iconografia do Arquivo da Academia de Ciências da Rússia, Rio de Janeiro, Edições Alumbramento, 1998

NOUVEAU Musée National de Monaco. *Hercule Florence*: Le Nouveau Robinson: catálogo de exposição, sob a direção científica de Linda Fregni Nagler. Monaco: NMNM/Humboldt Books, 2017.

INDICE DAS IMAGENS

Figuras no texto de Chiara Vangelista

Figuras no texto de Maria de Fátima Costa

Figura 2. Hercule Florence, 1828. Tucháua (Principal) Mandurucu en costume de Fête, aquarela, 36 x 25 cm. (AACSP, inventário 63/2/128.) apud MONTEIRO e KAZ, p. 345

Figura 3. Hercule Florence, 1828. Apiacás / Habitation des Apiacás sur l'Arinos, aquarela, 40,8 x 51,0 cm. apud MONTEIRO e KAZ, p. 341

Figura 4. Hercule Florence, s/d. Anto[nio] Lopez Ribeira. (Expédition au Brésil de la mission russe du Commandant Langsdorff, p. 45. Biblioteca Nacional de França.

Figuras no texto de Jacques Leenhardt

Figura 1. Hercule Florence, sem título. (Volney meditando nas ruínas de Palmira) (CHF Acervo IMS 092)[1]

Figura 2. Inventário post mortem das propriedades de Hercule Florence, Provincia de São Paulo, Municipio de Campinas, Paroquia de Santa Cruz, 1879, [Paginas 026, 027 e 028]

Figura 3. Hercule Florence, Samambaya e Guaytivoca, aquarela, Cocaes, 27 août 1827, apud MONTEIRO e KAZ, p.347

Figura 4. Hercule Florence, Sem título (A família Álvares Machado), aquarela, ca 1826. (CHF Acervo IMS 095)

Figura 5. Hercule Florence, Sem título (Sara e o peso de papel de vidro), (sd). (CHF Acervo IMS 311)

Figura 6. Hercule Florence, Sem título (Cena de queimada), 1837. (CHF Acervo IMS 124)

Figura 7. Hercule Florence, Engenho da Cachoeira. Taça da cana de açúcar, 17 de outubro de 1848. (CHF Acervo IMS 001)

1 A coleção Cyrillo Hercule Florence [ate hoje CHF] foi recentemente integrado ao Acervo do Instituto Moreira Salles doravante [CHF Acervo IMS]

Figuras no texto de Antonio Herculano Lopes

Figura 1. Hercule Florence, Essai d'un 6me. Ordre d'Architecture, Ordre Brésilien ou Palmien, 1852, Manuscrit. (CHF Acervo IMS 4476-4495)

Figura 2. Hercule Florence, Sem título (A família Álvares Machado), aquarela, ca 1826. (CHF Acervo IMS 095)

Figura 3. Hercule Florence, Lina metamorfoseada em brasileira, desenho a lápis, 1854 (CHF Acervo IMS 097).

Figura 4. Hercule Florence, Sem título (Carolina amamentando no ateliê de Florence), aquarela, s.d. (CHF Acervo IMS 098).

Figura 5. Hercule Florence, Sem título (Maria Angélica), aquarela, s.d. (CHF Acervo IMS 096)

Figura 6. Hercule Florence, Vue du Sítio appellé Ibicáva, aquarela, 1830 (CHF Acervo IMS 032).

Figura 7. Hercule Florence, Às 15 horas. Céu de S.E., aquarela, 1832 (CHF Acervo IMS 258).

Hercule Florence
Cronologia

Ano	Política	Cultura	Vida privada
1297	Os Grimaldi tornam-se senhores de Mônaco, separando-se da República de Gênova. Ao longo dos séculos seguintes, para manter sua autonomia, o pequeno Estado se põe sob o protetorado de nobrezas mais poderosas como as da Casa de Savoia, o reino da França ou da Espanha.		
1388	Tendo alternado entre república autônoma e parte do condado da Provença, Nice (Nizza em italiano) se coloca sob a proteção da Casa de Savoia.		
1561		Os Savoia tornam o italiano língua oficial de Nice.	
1612	Mônaco se torna um principado.		
1719		Publicação em Londres de *Robinson Crusoé*, de Daniel Defoe.	

1720	Surge o reino da Sardenha, derivado do antigo ducado de Savoia.		
1770		Publicação em Amsterdam da *História das duas Índias*, do abade Raynal.	
1791		O conde de Volney publica em Paris *As ruínas, ou meditações sobre as revoluções dos impérios*.	
1792-1814	Ocupação francesa de Nice, do litoral lígure, da Savoia, do Piemonte e do principado de Mônaco (que é chamado de Porto Hércules).		
1793			Casamento em Mônaco de Arnaud Florence, cirurgião militar francês e professor de desenho, e Augustine Vignali, de tradicional família monegasca de artistas.
1804	Coroação de Napoleão Bonaparte imperador dos franceses. Na sequência de uma guerra vitoriosa contra a França (1803), o Haiti se torna independente.		Hercule Florence nasce em Nice, quarto de cinco filhos, a 9 de março.[1] Passa seus primeiros anos em Ventimiglia, onde o pai é coletor de impostos.

1 Bourroul fala de quatro filhos quando da morte de Arnauld. Temos notícias desses quatro nos escritos de Hercule: Fortuné, a irmã (sem nome?), o irmão que morreu no Oriente, além do próprio H. Talvez o quinto tenha morrido muito cedo?

1807	Tropas francesas e espanholas invadem Portugal. A corte portuguesa embarca para o Brasil, escoltada pelos ingleses. A Inglaterra proíbe o tráfico de escravos para as suas colônias.		Morre Arnaud Florence. A família se fixa em Mônaco.
1808	Napoleão se volta contra seus aliados espanhóis e coloca seu irmão no trono de Madri. No Brasil, a abertura dos portos "às nações amigas" torna possível a entrada de estrangeiros. Primeiros movimentos independentistas na América espanhola.		
1814-1815	Queda de Napoleão. Tratado de Paris: voltam os Grimaldi em Mônaco, e os Savoia em Nice. O Brasil é elevado a Reino Unido a Portugal e Algarves.		
1816	Morte de d. Maria I e coroação de d. João VI.	Chegada da Missão artística francesa ao Rio de Janeiro.	

1820	Revolução Constitucionalista no Porto força d. João VI a retornar a Portugal.		Primeira saída de Hercule da família: pega um navio para Antuérpia, onde busca trabalhar para um comerciante de pedras preciosas. Sem sucesso, retorna a pé para Mônaco.
1821	Motins liberais na Itália.		
1822	Independência do Brasil.	Chegada da expedição Langsdorff ao Brasil.	Florence se alista na Marinha francesa.
1823	A França bloqueia o porto de Barcelona.		Florence trabalha no navio *Marie Thérèse* durante o bloqueio de Barcelona. Recebe o passaporte do principado de Mônaco, com o que pretende viajar o mundo.
1824	Pedro I outorga a Constituição do Brasil.	Primeira etapa da expedição Langsdorff, com viagem a Minas Gerais. Pierre Plancher publica a Constituição no Rio.	Florence chega com o *Marie Thérèse* ao Rio de Janeiro. Decide ficar e trabalhar no comércio de roupas para Pierre Dillon.
1824-1825		A expedição Langsdorff viaja do Rio de Janeiro a Minas Gerais e retorna.	
1825		O barão de Langsdorff contrata Aimé-Adrien Taunay e Hercule Florence como primeiro e segundo desenhistas da expedição.	Florence trabalha para a gráfica de Pierre Plancher. Contratado por Langsdorff, é encarregado dos preparativos da viagem. Em Porto Feliz, conhece seu futuro sogro, Francisco Álvares Machado.

1826	Pedro I assina com a Inglaterra a Convenção de 1826, pela qual se compromete a acabar com o tráfico de escravos em três anos.	Partida da expedição de Porto Feliz, em direção a Cuiabá. Início da *Viagem fluvial do Tietê ao Amazonas*.	A viagem deixa fortes impressões no espírito de Hercule, como as cachoeiras de Avanhandava e Itapura.
1827		A expedição passa o ano em Cuiabá e arredores. Florence se desentende com Langsdorff, é despedido, mas o fato não se concretiza.	Hercule é impressionado pela paisagem e pela variedade de palmeiras na Chapada dos Guimarães.
1828		Viagem de Mato Grosso ao Pará. Estada nas aldeias dos índios Apiaká e Munduruku. Florence assume a função de manter o diário.	Adrien Taunay morre afogado em tentativa de travessia do rio Guaporé. Na viagem ao Pará, todos os expedicionários adoecem. Langsdorff começa a dar sinais de perda da razão.
1829		Termina a expedição Langsdorff, com a chegada a Belém e o retorno ao Rio de Janeiro. Florence deixa nas mãos de Félix-Émile Taunay o manuscrito da *Viagem ao interior do Brasil*. Além do diário e de seus desenhos, Florence traz a ideia de um estudo sobre o canto dos pássaros, a que dá o nome de *Zoophonie*, que será publicado no Rio de Janeiro, em 1831.	Florence desenvolve com Félix-Émile Taunay seus conhecimentos de pintura, atividade pela qual ganha gosto. Sem emprego, aceita convite de Francisco Álvares Machado de mudar-se para São Carlos (Campinas).

1830	A Revolução de 1830, com a queda de Carlos X, na França, dá fim à Restauração. O assassinato de Libero Badaró, em São Paulo, acirra os ânimos políticos, culminando com a Noite das Garrafadas.	Em São Paulo, Florence faz o retrato em morte de Libero Badaró. Em São Carlos, começa a registrar as paisagens das fazendas e a elaborar o projeto de estudo dos céus para o uso de jovens artistas.	Em São Paulo, primeiro casamento de Florence: com Angélica Álvares Machado, a 4 de janeiro.
1829-1830		Elaboração das narrativas *Voyage dans l'interieure du Brésil, fait par le soussigné, en qualité de Dessinateurs de Mr le Chevalier de Langsdorff, Naturaliste et Consul Général de Russie au Brésil. Années 1825-1826-1827-1828 et 1829* e *Continuation de l'esquisse du Voyage de M. de Langsdorff dans l'interieure du Brésil depuis 7bre 1825 jusqu'en Mars 1829. Par le 2eme Dessinateur de ce Voyage Hercule Florence. Livre deuxième.*	
1830-1831	Motins liberais em toda a Europa e na Itália.		
1831	Abdicação de d. Pedro I. A Lei Feijó proíbe a entrada de novos escravos africanos no país.	J.-B. Debret volta à França. Fortuné Florence envia à Academia das Ciências de Turim seu projeto de nora. Hercule envia ao encarregado de negócios da França no Brasil o projeto da poligrafia, para que o faça chegar a Paris.	

1832		H. trabalha num projeto de fixação das imagens. Junto com Corrêa de Mello o chama de *fotografia*. Com a ajuda do sogro, faz vir do Rio de Janeiro uma prensa tipográfica, a primeira da região.	
1833		Primeiros ensaios de Florence sobre o que chamará depois de "*Photographie ou imprimerie à la lumière*".	
1834		Félix-Émile Taunay nomeado diretor da Academia Imperial de Belas Artes	
1837-1859		Várias versões de *L'Ami des arts livré à lui-même.*	
1839		A invenção do daguerreótipo é divulgada e oferecida ao público pelo governo francês. Publicação em Paris da *Cartuxa de Parma* de Stendhal.	Florence descreve em seus diários o choque que sofreu com a notícia da invenção de Daguerre.
1840	Maioridade de Pedro II.	Várias versões, até 1846, da *Ode ao Brasil.* É o ano também de numerosos rascunhos de versos dedicados à Itália, escritos em ítalo-francês.	

1842	Florence se junta ao padre Feijó na revolta liberal em Sorocaba, com sua tipografia, que é usada para imprimir o jornal rebelde *O Paulista*.		
1842-1843		Florence envia a poligrafia à Academia das Ciências de Turim.	
1846			Morte de Álvares Machado.
1847-1848	Reformas liberais no Reino da Sardenha, e concessão da Constituição. Os habitantes de Menton e de Roquebrune se manifestam pela independência do principado de Mônaco e obtêm a anexação ao reino da Sardenha.		
1850		Proibição definitiva do tráfico de escravos. Escândalo dos colonos suíços.	Morte de Angélica.
1851	Golpe de estado de Napoleão III.		Morte de Cândida de Vasconcelos, sogra de Hercule, que deixa tudo a seus netos, incluindo 26 escravos e o sítio Soledade, onde logo ele e os filhos se recolhem. Passagem do barão von Tschudi pela fazenda Soledade.

1852		Harriet Beecher Stowe publica *Uncle Tom's Cabin*. Florence cria uma sexta ordem arquitetural, a que chama de palmiana, com a intenção de mandar para a Academia das Ciências de Turim.	
1854			Em São Paulo, segundo casamento de Hercule, com a alemã Carolina Krug, a 4 de janeiro.
1855	Primeiro atentado a Napoleão III, cometido pelo italiano Giovanni Pianori.		Hercule viaja para a Europa depois de mais de trinta anos de ausência. Os cônsules francês e sardo comparecem ao cais para a sua despedida. Em Paris, busca contatos que se interessem por suas invenções. Em Nice, revê sua família. O filho Amador introduz na Soledade o sistema de parceria, com 5 famílias suíças.
1858	Segundo atentado a Napoleão III, pelo italiano Felice Orsini.		
1860	Pelo tratado de Turim, Nice e a Savoia se tornam francesas.		Hercule Florence pede a cidadania sarda.

1861	A Itália é unificada, com a capital em Turim.	Primeira versão do manuscrito *L'inventeur au Brésil*.[2]	Florence, que se tornara sardo, recebe automaticamente a cidadania italiana.
1863		O filho Francisco viaja para Turim, por motivos comerciais, e entrega material do pai à Academia das Ciências da cidade. Carolina funda o Colégio Florence.	
1865-1870	Guerra do Paraguai.		
1869		Florence manda cópias de seu papel inimitável para Kassel e Berlim, por meio de seu cunhado Otto Kupfer.	
1870	Guerra franco-prussiana e derrota francesa. Conquista italiana do estado da Igreja. Roma é capital da Itália.		
1871	A Comuna de Paris. Movimento pró-italiano em Nice. Giuseppe Garibaldi eleito para a Assembleia Nacional francesa.	Lei do Ventre Livre.	
1872-1873		Chega a Campinas a estrada de ferro, com as companhias Paulista e Mogiana.	

2 A cronologia dos textos escritos e publicados por Hercule Florence ainda hoje fica parcialmente obscurecida por causa da multiplicidade dos manuscritos, da retomada dos mesmos pelo autor e da falta de uma edição completa dos arquivos documentais.

1875-1876		Publicação na *Revista do IHGB* do "Esboço da viagem pelo senhor Langsdorff no interior do Brasil desde setembro de 1825 até março de 1829", com tradução de Taunay.	
1877		Hercule é eleito correspondente do Instituo Histórico e Geográfico do Brasil.	
1878		Florence aperfeiçoa seu projeto de uma ordem palmiana e manda para a Academia das Ciências de Turim, por meio da legação da Itália no Rio de Janeiro.	
1879			27 de março, morre Hercule Florence. Carolina Krug se torna herdeira e cuida do conjunto dos trabalhos do marido.
1889		Começa a febre amarela em Campinas. O Colégio Florence é transferido a Jundiaí.	
1899		Karl von den Steinen publica no periódico *Globus* (Braunschweig) o artigo "Indianerskizzen von Hercules Florence" [Desenhos de índios de Hercules Florence].	
1900		Estevam Bourroul publica sua biografia de Florence.	
1913			Morre Carolina Krug, em Florença.

1957		Zulmira Mendes Pereira Florence, esposa de Cyrillo Florence, funda em São Paulo o Instituto de Educação Florence.	
2012		O casarão que era sede do Instituto, na avenida Pompeia, em São Paulo, é demolido numa noite do mês de março.	

Sobre os Autores

Maria de Fátima Costa é historiadora e professora Titular (aposentada) da Universidade Federal de Mato Grosso – UFMT. Como pesquisadora, desenvolve investigações sobre as expedições científicas que estiveram na América do Sul, cartografia histórica e história indígena, tendo publicações sobre as Expedições Demarcadoras de Limites do século XVIII, a Viagem Filosófica de Alexandre Rodrigues Ferreira, a Expedição Langsdorff, a viagem de Spix e de Martius ao Brasil, a expedição Francis de Castelnau, entre outros temas. Junto com Pablo Diener é autora de *Rugendas: pintor y dibujante*; *América de Rugendas*; *Bastidores da Expedição Langsdorff*; *Martius*; e *Pantanal: Origens de um paraíso* e organizadora de *O Brasil de hoje no espelho do século XIX*; *Um Brasil para Martius*; *Spix e Martius: Relatórios ao Rei*; e *Rugendas: el artista viajero.*

Chiara Vangelista (Sauze d'Oulx 1949) é historiadora da América Latina e especialista na história do Brasil. Trabalha principalmente nas questões das relações étnicas e culturais na formação da sociedade brasileira, com especial referência aos povos étnicos autóctones (séculos XVIII-XIX) e à inserção das migrações europeias no tecido social americano (séculos XIX-XX). É professora titular aposentada pela Universidade de Génova (Itália).

Jacques Leenhardt é Diretor de Estudos na École de Hautes Études en Sciences Sociales, Paris. Pesquisador nos campos da arte, da literatura e da paisagem, é crítico de arte, Presidente de honra da AICA e curador de varias exposições, na França e no Brasil. Estudioso da cultura, publicou entre outros livros : *Les Amériques latines en France* (1992), *Dans les Jardins de Roberto Burle Marx* (1994), *Villette-Amazone. Manifeste pour l'environnement au XXIe siècle* (1996), Wifredo Lam, (2009). Editor da *Viagem pitoresca e histórica ao Brasil* de J.-B. Debret, (2016) acaba de publicar *Rever Debret*, (2023), um livro sobre a retomada no Brasil contemporáneo das imagens do pintor francês.

Antonio Herculano Lopes é pesquisador da Fundação Casa de Rui Barbosa e professor de história do seu Programa de Pós-Graduação em Memória e Acervos. Foi diretor do Centro de Pesquisa da instituição entre 2015 e 2020, tendo também exercido por sete meses a função de diretor executivo. Antes de seguir carreira acadêmica, foi diplomata, bailarino, ator e diretor de teatro. Como pesquisador, trabalhou ainda no Centro Nacional de Referência Cultural e na Fundação Nacional Pró-Memória/Iphan. Tem doutorado em estudos de performance pela New York University e mestrado em sociologia pela Universidade de Brasília. Seus estudos se concentram sobre a história cultural do teatro, de escritores, artistas e intelectuais, o pensamento social no Brasil e as culturas urbanas, em particular do Rio de Janeiro. Entre outras publicações, é organizador da coletânea *Entre Europa e África*: a invenção do carioca.

Alameda nas redes sociais:
Site: www.alamedaeditorial.com.br
Facebook.com/alamedaeditorial/
Twitter.com/editoraalameda
Instagram.com/editora_alameda/

Esta obra foi impressa em São Paulo na primavera de 2023. No texto foi utilizada a fonte Minion Pro em corpo 10,5 e entrelinha de 15 pontos.